L. AMPELIUS

AIDE - MÉMOIRE

(LIBER MEMORIALIS)

COLLECTION DES UNIVERSITÉS DE FRANCE
publiée sous le patronage de l'ASSOCIATION GUILLAUME BUDÉ

L. AMPELIUS

AIDE-MÉMOIRE

(LIBER MEMORIALIS)

TEXTE ÉTABLI ET TRADUIT
PAR
MARIE-PIERRE ARNAUD-LINDET
Maître de Conférences à l'Université de Paris I

Deuxième tirage

PARIS
LES BELLES LETTRES
2003

Conformément aux statuts de l'Association Guillaume Budé, ce volume a été soumis à l'approbation de la commission technique, qui a chargé M. Jean-Pierre Callu d'en faire la révision et d'en surveiller la correction en collaboration avec Mme Marie-Pierre Arnaud-Lindet.

95 boulevard Raspail, 75006 Paris
www.lesbelleslettres.com

Première édition 1993

ISBN : 2-251-01367-9
ISSN : 0184-7155

INTRODUCTION

En 1638, l'humaniste Claude de Saumaise (*Salmasius*), surnommé «l'Eratosthène et le Varron de son temps»[1], avait remis aux Elzévir de Leyde le texte de son édition de Florus[2] qui fut jugé un peu bref pour faire la matière d'un volume; afin de compléter l'ouvrage, il proposa alors d'ajouter un commentaire à Florus, mais il était trop long, puis il se souvint d'un petit texte, copié chez un ami vingt ans auparavant: celui-ci avait la longueur requise et fut édité à la suite de Florus[3]. C'est donc grâce à un hasard heureux, né de contraintes techniques d'édition, que fut sauvé le *Liber memorialis* d'Ampélius dont aucun manuscrit ancien n'est parvenu jusqu'à nous.

L'ouvrage Le *Liber memorialis*[4], en français l'*Aide-mémoire*, est un petit manuel scolaire qui fut

1. Né à Semur en 1588, Saumaise était le fils d'un conseiller au parlement de Bourgogne; il fit des études de philosophie à Paris, où il se lia avec Isaac Casaubon et adopta le protestantisme; il vécut à Heidelberg, puis à Leyde, et mourut en 1653. Il publia environ quatre-vingts ouvrages, parmi lesquels on peut citer un commentaire aux *Historiae Augustae scriptores* (1620), les deux volumes des *Exercitationes Plinianae* (1629), l'édition d'*Achille Tatius* (1640).

2. Édition publiée à Heidelberg en 1609.

3. *L. Annaeus Florus. Cl. Salmasius add. L. Ampelium e cod. MS. nunquam antehac editum, Lugd. Bat.* 1638. Saumaise raconte de façon très vivante l'affaire dans sa préface (p. 293-294).

4. Le titre de l'ouvrage, *Liber memorialis*, est exprimé dans la dédicace. L'expression a un sens différent de *Libri memorabilium* (Masurius Sabinus), *Collectanea rerum memorabilium* (Solin), ou encore de ces *Memoriales* que propose Aule-Gelle parmi d'autres titres convenant à ses *Nuits attiques* (pr. 8). Un *liber memorialis* n'était pas, comme ces divers ouvrages, une collection de choses mémorables, mais littéralement un «livre qui sert la mémoire»; son aspect était celui d'un cahier (*codex*), formé de pages reliées, comme on peut l'inférer d'une

probablement, comme nous le verrons, écrit à la fin du règne de Marc-Aurèle, par un obscur professeur de Césarée de Maurétanie pour son élève, un jeune Maure nommé Macrin, le futur empereur M. Opellius Seuerus Macrinus.

L'*Aide-mémoire* se présente comme une suite de notices d'importance inégale regroupées selon un plan, précis au début, assez lâche ensuite, qui se proposent de répondre à la curiosité d'un adolescent «qui veut tout savoir»[5], en lui donnant les informations indispensables à la compréhension du monde où il vit.

L'intention pédagogique se marque par le nombre des questions[6] qui introduisent une part importante des notices[7]: questions qui expriment la curiosité de l'élève — réelle ou feinte —, elles forment une transition et permettent de faire progresser l'exposé de façon naturelle[8], ou questions directes du maître qui amorcent une récapitulation de ce qui est censé avoir été appris[9], et qui n'est pas toujours développé dans le texte que nous

remarque de Suétone à propos de la correspondance de César avec le Sénat, présentée comme un *libellus memorialis* (*Caes.* 56,6).

5. «*Volenti tibi omnia nosse, scripsi ...*» (*Prol.*).

6. Les éditeurs précédents n'ont pas distingué typographiquement l'énoncé de ces questions des «titres» qu'ils ont placés en tête des différentes rubriques. En dehors des questions, qui font à l'évidence partie du texte d'Ampélius, ces titres sont soit des interpolations médiévales (ceux qui sont bâtis sur la formule «*de* + abl.»), et je les ai exclus du texte, soit des énoncés en phrase nominale (du type «reges Macedonum»), et je les ai intégrés au texte.

7. La numérotation des chapitres et des paragraphes a été faite pour la première fois dans une édition anonyme de 1762 (*Lucii Annaei Flori rerum Romanarum libri quatuor. Accessit Lucii Ampelii liber memoralis. Halae.* Elle est différente de celle adoptée par Woelfflin (*infra* p. XXVIII), suivi par Assmann (*infra* p. XXIX), bien qu'il semble préférer l'ancienne, afin de ne pas introduire de confusion dans les citations (Assmann, p. IV et n. 2). J'ai conservé leur système pour la même raison.

8. 4,1; 8,1; 9,1; 20,1; 21,1; 22,1; 27,1; 28,2; 29,1; 45,1.

9. 23,1; 24,1; 28,1; 39,1; 47,1.

avons[10]. Ce procédé donne un ton très vivant à l'*Aide-mémoire* qui, grâce à cette ébauche de mise en scène, prend la tournure d'un dialogue entre Ampélius et Macrin.

Le plan Telle que l'œuvre nous est parvenue, elle se divise clairement en deux parties d'importance inégale: la première (chap. 1-29), qui traite successivement d'astronomie[11], de géographie, puis d'histoire, répond de façon assez complète à la triple question posée dans le prologue: «qu'est-ce que le monde, quels sont ses éléments, qu'est-ce que le genre humain a accompli?»; la seconde (chap. 30-50) reprend, recoupe, ou enrichit l'information historique donnée dans la première partie[12].

10. Il y a des lacunes de faible étendue à l'intérieur des notices (8,12; 9,11; 27,3; 32,5; 45,1; 47,1-2.5) et deux plus importantes au chapitre 43; d'autre part les chapitres 28 et 39, qui semblent incomplets ont peut-être été rédigés sous cette forme. Sur la valeur du témoignage de J. Sirmond, *infra*, p. XXVI et n. 61.

11. Cette astronomie, plus proche de l'astrologie selon nos conceptions, développe essentiellement les catastérismes qui seraient à l'origine des signes du Zodiaque.

12. Assmann (p. XXVI) pensait, comme avant lui Woelfflin, que des inversions de feuillets à un moment de la tradition manuscrite avaient bouleversé l'ordre original du *Liber memorialis* et il a proposé de le rétablir de la façon suivante: 1-24; 27-28,1; 43,2-47; 39,1-3; 28,2-4; 39,4; 48-50; 29; 25-26; 40-43,1; 30-38. Outre le fait qu'il implique un nombre considérable de permutations difficilement explicables, je ne vois pas en quoi cet ordre est plus satisfaisant. En revanche, j'ai été tentée d'intervertir les chapitres 29 et 39, en me fondant sur le fait que le chapitre 29 a été copié deux fois: après le chapitre 28, et après le chapitre 38; l'interpolation à l'une ou l'autre place étant assez ancienne pour qu'il y ait des variantes notables entre les deux versions: à première vue, le chapitre 29 me semblait mieux à sa place avant le chapitre 40, et le chapitre 39 après le chapitre 28, en considération de leur sujet. Cependant j'ai gardé l'ordre des éditions précédentes eu égard à la logique du plan suivi par Ampélius, logique qu'Assmann n'avait pas comprise.

La première partie (chap. 1-29)

Après avoir donné une brève définition du monde (1,1), Ampélius utilise le rappel de la théorie des quatre éléments (1,2) comme schéma directeur de l'exposé d'astronomie et de géographie qui forme la première section de cette première partie:
— le feu → le ciel: astronomie (chap. 2-3),
— l'air → les vents: nomenclature et aires des vents (4-5),
— la terre → l'*orbis*: chrorographie (6),
— l'eau → la mer Océane: nomenclature des mers (7)[13].

Cette section se termine par deux développements particuliers, pittoresques et instructifs, amenés par des questions supposées de Macrin, qui relancent l'intérêt après la sécheresse obligée de la chorographie et forment une transition entre le traitement de la géographie et celui de l'histoire: les merveilles du monde (chap. 8) et les généalogies divines (chap. 9).

La deuxième section de la première partie développe le point trois de la question initiale: «ce que le genre humain a accompli».

Après avoir annoncé en une phrase le plan qu'il va suivre, Ampélius dessine à grands traits quelques figures remarquables qui illustrent l'histoire des Assyriens (11,1-4), des Mèdes (12,1-2), des Perses (13,1-4), des Lacédémoniens (14,1-10), des Athéniens (15,1-19), des Macédoniens (16,1-5), des Romains (17,1-29,3). Les notices concernant ces derniers sont évidemment beaucoup plus nombreuses et classées selon plusieurs thèmes: on a pour commencer deux séries de notices, en ordre chronologique pour la première et le début de la seconde, qui

13. Ce qui ressortit au deuxième élément — l'eau — est traité en dernier, sans doute parce que le procédé consistant à situer les signes du zodiaque par les aires des vents a amené Ampélius, de façon logique, à parler de ces mêmes vents après avoir parlé du ciel; la nomenclature des mers s'est ainsi vue rejetée en dernier, après la description des terres.

permettent de passer en revue les Romains — rois, généraux, magistrats — qui s'illustrèrent à la guerre (17,1-18,21) et au plan civique (19,1-13); ensuite, une série de questions permet de revenir sur des thèmes particuliers (20,1-24,1), par des énumérations récapitulatives (chap. 21 et 23) ou de nouveaux groupes de notices (chap. 20, 22 et 24); trois aperçus sur les troubles politiques, dont le dernier répond à une question (chap. 25-27), recoupent et complètent l'information donnée dans les notices individuelles précédentes.

Les deux dernières questions, l'une portant sur les ennemis du peuple romain et formulée de deux façons légèrement différentes (28,1 et 28,2), l'autre sur la vie politique (29,1), introduisent une récapitulation générale du cours, en manière de conclusion.

La seconde partie (chap. 30-50)

La seconde partie de l'*Aide-mémoire* se divise en trois sections.

La première traite des souverains étrangers (chap. 30-38), avec en conclusion une récapitulation (chap. 39) sur les rois ennemis du peuple romain, amenée par une question du maître[14].

Une deuxième section permet de rappeler brièvement les principales guerres du peuple romain, guerres civiles (chap. 40 et 42-43), puis guerres étrangères (chap. 44-47): une typologie des guerres, classées par Ampélius en quatre genres, forme une espèce de parenthèse dans le traitement des guerres civiles (chap. 41); entre deux petites synthèses sur les guerres de Macédoine (chap. 44) et les guerres Puniques (chap. 46), s'intercale une question de l'élève sur les dangers courus par la ville de Rome (chap. 45); enfin une dernière question du maître sollicite une récapitulation générale des conquêtes romaines (chap. 47) qui sert de pendant à la question précé-

14. A propos de la place de ce chapitre, *supra*, n. 12.

dente et conclut l'exposé des guerres romaines sur une note positive, ou plutôt triomphale.

La dernière section, très brève, donne quelques aperçus sur la vie politique à Rome (chap. 48-49), puis sur les systèmes de gouvernement (chap. 50).

Les sources

Pour composer son *Aide-mémoire*, Ampélius a eu recours à un petit nombre de sources[15] qu'il a utilisées successivement, sans les combiner entre elles[16]; ces sources ne nous sont pas parvenues, à l'exception du traité de Cornélius Népos *De excellentibus ducibus exterarum gentium*[17], cependant l'existence de textes parallèles aux notices de l'*Aide-mémoire* et dépendants, à l'évidence, des mêmes œuvres, permet de circonscrire avec assez de précision la nature des sources d'Ampélius, et de les identifier dans la majorité des cas[18], ce qui améliore notre connaissance de la «littérature latine inconnue», pour reprendre l'heureuse expression de H. Bardon[19].

15. Il est évident que, comme dans le cas de tout abréviateur, la part des connaissances précédemment acquises — de la culture générale, si l'on veut — est importante; plus l'information transmise est simple, moins elle a nécessité le recours à une source écrite consultée sur le moment: un écolâtre romain, par exemple, n'a pas besoin de relire le livre Ier de Tite-Live pour écrire quelques mots sur chacun des rois de Rome de la liste traditionnelle.

16. C'est la pratique normale des abréviateurs, même quand ils écrivent de gros ouvrages comme Orose (cf. l'introduction de mon édition des *Histoires* dans la CUF, p. XXV-XXIX); de plus ils citent rarement leurs sources, et quand il le font, c'est le plus souvent de seconde main et pour montrer leur culture, non pour donner des références.

17. Cf. *infra* p. XIII-XV et n. 21.25.26.

18. Cf. à l'annexe 4, le tableau des sources qui figure en regard du sommaire du texte du *Liber memorialis*.

19. Henry Bardon, *La littérature latine inconnue*, 2 vol. Paris 1952-1956.

Les sources utilisées par Ampélius peuvent se classer en sources certaines, probables et identifiables, probables et non identifiables:

1) sources certaines
— Nigidius Figulus, *Sphaera Graecanica*[20] (chap. 2,1-12).
— Cornélius Népos, *De Viris illustribus: De excellentibus ducibus exterarum gentium* (chap. 14,1.7.8.10; 15,9-18; 28,4; 32,6; 33,1; 36,2)[21].

20. Les fragments du philosophe néo-pythagoricien Nigidius Figulus, mort en 45 a.C. ont été rassemblés par A. Swoboda, *P. Nigidii Figuli operum reliquiae*, Vienne 1889 (²Amsterdam 1964); l'ouvrage plus récent de Dora Liuzzi, *Nigidio Figulo «astrologo e mago», testimonianza e frammenti*, Milella - Lecce 1983, n'apporte rien de nouveau. Le chapitre où Ampélius traite des signes du zodiaque (2,1-12) a comme source le traité astrologique de Nigidius, cité par Servius sous le nom de *Sphaera Graecanica*, dont les scolies aux *Aratea* de Germanicus nous ont conservé d'abondants extraits, souvent concordant au mot à mot avec le texte d'Ampélius (A. Swoboda, op. cit., p. 106-128). L'utilisation de ce même traité pour les chapitres 1 et 3 est vraisemblable: c'était déjà l'opinion de Woelfflin (*De Lucii Ampelii Libro Memoriali quaestiones criticae et historicae*, Göttingen 1854, p. 24-28); cependant, l'absence de textes parallèles attribués à Nigidius empêche de l'affirmer avec certitude, si bien que certains ont préféré voir dans les *Prata* (ou *Pratum*) de Suétone l'intermédiaire entre Nigidius et Ampélius (cf. R. Herzog - P.L. Schmidt, *Handbuch des lat. Literatur des Antike*, V, p. 176): hypothèse de travail indémontrable, dans la mesure où il ne reste quasiment rien de ce traité, dont l'essai de reconstitution ne repose que sur quelques *testimonia* allusifs (cf. pour ce que l'on peut savoir des *Prata*, M. Schanz - C. Hosius, *Gesch. der röm. Literatur*, III, p. 63-64).

21. Dans ces notices du *Liber memorialis*, toute l'information d'Ampélius vient de Népos; l'emprunt direct est rendu certain par l'emploi de formules similaires et par l'ordre suivi dans les chapitres 14-15, le même que celui des biographies à ceci près qu'Ampélius a séparé les Lacédémoniens des Athéniens, ce que ne fait pas Népos, et déplacé la notice concernant Chabrias après celle traitant de Phocion. La dépendance d'Ampélius envers Népos est reconnue même par O. Seel (par ex. pour les fragments 58.62.64.68, p. 73.75-76.79), ce qui est paradoxal car, par ailleurs, il met en parallèle le texte du *Liber memorialis* avec celui de Justin pour reconstituer les *Histoires Philippiques* de Trogue-

2) sources probables et identifiables
— Nigidius Figulus, *De vento* (chap. 5)[22].
— Varron, *Hebdomades* (chap. 8,18-23)[23].
— Clitomachos (Hasdrubal de Carthage), élève et successeur de Carnéade, source directe ou indirecte de Cicéron (*De Natura deorum*) et d'Ampélius (chap. 9,1-12)[24].
— Cornélius Népos, *De Viris illustribus*: *De regibus exterarum gentium* (chap. 11-13; 14,2-4.6; 15,1-6; 16; 31,1-4; 33,2-4; 34-35), autres livres (chap. 14,5.9; 15,7-8.19; 17; 19,4.8; 36,1.3)[25].

Pompée (*Pompei Trogi fragmenta*. Leipzig 1956). A propos de l'ancienne attribution du *De excellentibus ducibus exterarum gentium* à Aemilius Probus, et de l'hypothèse que ce qui nous reste du traité ne soit qu'un abrégé scolaire de l'œuvre originale, cf. M. Schanz - C. Hosius, *op. cit.* I, p. 354-355.

22. Le nom du traité est connu par Aulu-Gelle (2,22,30), qui cite Nigidius à propos des vents étésiens (= fr. 104, Swoboda, *op. cit.* p. 128). Contrairement à Woelfflin (*supra*, n. 20), Swoboda (*op. cit.* p. 61-62) ne croit pas que Nigidius soit la source d'Ampélius pour les chapitres 4 et 5; il a certainement raison pour le chapitre 4 (*infra* n. 28), incompatible avec le chapitre 5 (cf. *infra*, notes et tableaux *ad. loc.*), mais quant à ce dernier, la probabilité reste bonne que la source en soit Nigidius.

23. C'est l'opinion générale depuis M. Schmidtius (*Rh. Mus.* XX 1865, p. 298), cité par H. de Rohden (*De mundi miraculis quaestiones selectae*, Bonn 1875, p. 8, n. 13) qui adopte l'idée d'une dépendance commune d'Hygin, Ampélius, Cassiodore et de l'appendice de Vibius Sequester envers les *Hebdomades* de Varron, pour la liste des sept merveilles du monde (cf. *infra* annexe 2, p. 89-92), comme le fait H.-I. Rose dans son édition des *Fabulae* de Hygin (cf. note à la *fabula* CCXXIII).

24. Cf. *infra*, la note au chapitre 9 et le tableau à l'annexe 3, p. 93-97.

25. Des seize livres du *De Viris illustribus*, il ne reste que le *De excellentibus ducibus exterarum gentium*, source certaine d'Ampélius (*supra*, n. 21), qui comprend à la fin de la vie de Timoléon un petit rappel du *De regibus exterarum gentium*, justifié par le fait que certains rois étrangers ont aussi été de grands généraux; on a également une partie du *De grammaticis latinis*, et quelques fragments des autres traités (H. Peter, *H.R.R.* II, p. 35-40). Là où la comparaison est possible, grâce aux fragments et au rappel du *De regibus* (cf. annexe 4,

— Une source de Florus, commune au *Liber de Viris illustribus* (chap. 18-27; 28,2-3; 38,1; 39,1-3; 42-43); cette source est sans doute encore Cornélius Népos[26].

tableau des sources), il est clair que Népos est la source d'Ampélius, et je pense que l'on peut extrapoler pour les autres passages où j'ai indiqué, dans la colonne 3 du tableau, Népos, suivi ou non du titre d'un traité, et marqué d'un point d'interrogation.

26. La parenté de certaines notices d'Ampélius avec le texte de Florus est évidente, en particulier dans les chapitres 25-26, 42-43; à partir de cette constatation, grande est la tentation de dire que Florus est la source d'Ampélius, et on y a souvent succombé; en y regardant de plus près, cependant, on s'aperçoit qu'à l'intérieur des chapitres 18, 20, 21, 27-28, 39, 42-43 le parallèle se fait tantôt avec Florus, tantôt avec l'ouvrage anonyme *De Viris illustribus*, autrefois attribué à Aurélius Victor, tantôt avec les deux à la fois. L'énorme contre-sens historique commis à propos de la nature des pouvoirs d'Auguste par Ampélius (18,21 et 29,3), Florus (2,34,66) et l'auteur du *De Viris* (79,7) montre bien qu'ils sont tributaires d'une source commune, au moins pour une part de leur information: après avoir rapporté à peu près dans les mêmes termes la troisième fermeture historique du Janus, effectuée par Auguste, Florus s'exprime ainsi: «*ob haec tot facta ingentia* ***dictator perpetuus*** *et pater patriae. Tractatum etiam in senatu an quia condidisset imperium, Romulus uocaretur; sed sanctius et reuerentius uisum est nomen Augusti, ut scilicet iam tum, dum colit terras, ipso nomine et titulo* ***consecraretur***»; quant à l'auteur du *De Viris*, il dit de façon plus brève: «***Dictator in perpetuum*** *factus a senatu ob res gestas,* ***Diuus*** *Augustus est appellatus*». On voit que la double erreur d'Ampélius (18,21) sur la dictature perpétuelle d'Auguste et de ses successeurs (*perpetua Caesarum dictatura*), et sa divinisation de son vivant (*post cuius consecrationem*) viennent de sa source commune avec Florus et l'auteur du *De Viris*, source qui me paraît bien être Népos, essentiellement pour une raison de date: on sait que la dictature perpétuelle fut conférée deux fois à Auguste par le peuple et le Sénat en 22 a.C. et qu'il la refusa (*R.G.D.A.* 5,1; Velléius 2,89; Tacite, *Ann.*, 3,56,1-2; Suétone, *Aug.* 52,2; Dion Cass. 53,17,2-4); or, la confusion faite par la source commune ne se conçoit, à mon sens, que si sa rédaction date de 22 a.C. et que l'auteur soit mort vers cette date, sans pouvoir remanier son œuvre, ce qui nous place dans la fourchette admise pour la mort de Népos (né vers 99 a.C.), et écarte une autre hypothèse envisageable: Tite-Live, source principale de Florus, qui est mort après Auguste, et connaissait d'ailleurs trop bien l'empereur pour lui faire revêtir cette aberrante *dictatura perpetua*. Ce qui vaut pour

— Salluste, *Histoires* (chap. 30)[27].

3) sources probables et non identifiables
— Un zodiaque figuré (chap. 4)[28].
— Une carte à nomenclature confuse, et parfois mal située (chap. 6,3-7,5)[29].

Tite-Live vaut aussi pour son contemporain Hygin (c. 64 a.C. - 17 A.D.), affranchi d'Auguste et directeur de la bibliothèque palatine, dans lequel on voit parfois la source commune à Ampélius et à l'auteur du *De Viris illustribus* (cf. R. Herzog - P.L. Schmidt, *op. cit.*, p. 176), bien que les rares fragments conservés du *De Vita rebusque inlustrium uirorum* (ou *De Viris claris*) ne correspondent pas au texte de nos deux auteurs de manuels (fragments *in* H. Peter, *HRR* II, p. 72-77). Par ailleurs P.L. Schmidt («Das Corpus Aurelianum und S. Aurelius Victor» *RE* suppl. XV, 1978, col. 1583-1676) fait remonter aux *elogia*, inscrits c. 2 a.C. sur les bases des statues du forum d'Auguste, l'information trouvée chez Hygin et reprise par l'auteur du *De Viris illustribus* (*op. cit.*, col. 1634 sqq.): hypothèse intéressante mais que les témoignages épigraphiques contredisent, car ce que nous avons des inscriptions honorifiques (A. Degrassi, *Inscr. It.* XIII,3, 1937; G. Lugli, *Fontes ad topographiam veteris urbis Romae pertinentes*, VI,1, Roma 1965, p. 19-23) est sans rapport avec les textes littéraires. J'ai indiqué l'identification possible de la source commune à Népos sur la colonne 3 du tableau de l'annexe 4 sous la forme suivante: (Népos?).

27. Le chapitre 30 est mis par Ampélius sous l'autorité de Salluste dont les *Histoires*, perdues sauf quatre discours, deux lettres et des fragments, commençaient à la dictature ou à la mort de Sulla; la mort de l'auteur en 35 a.C. en arrêta la rédaction à l'année 67 a.C. Le fragment abrégé par Ampélius pouvait faire partie de l'introduction, ou d'un excursus sur l'empire parthe introduisant le récit des actes de Lucullus.

28. Il y a eu beaucoup de représentations de zodiaques orientés; Auguste avait fait construire à Rome un grand cadran solaire avec les signes du zodiaque et l'orientation des vents (voir A. Le Boeuffle, *Le Ciel des Romains*, Paris, 1989, p. 30-31). La représentation dont s'est servi Ampélius pouvait être une vignette du manuscrit de Nigidius qu'il a utilisé sûrement pour les deux chapitres précédents et probablement pour le suivant (*supra* n. 20.22).

29. On assiste au début du règne d'Auguste, et principalement sous l'impulsion d'Agrippa, à une renaissance de la géographie descriptive et à une mise en ordre des connaissances dont témoigne la *Forma Orbis*. C'est une carte de cette époque qui a été utilisée par Ampélius; sa nomenclature abondante, et peut-être l'usure, la rendait peu lisible, ce

— Une périégèse grecque d'époque romaine (chap. 8,1-17)[30].
— Un recueil d'*excerpta* comprenant des citations du *De Republica* de Cicéron (chap. 49-50)[31].
— Une source africaine inconnue (chap. 32,1; 37; 38,2; 46,7).

L'époque de rédaction Depuis la découverte du *Liber memorialis* par Saumaise, un éventail de datations, ouvert du IIe au Ve s., a été proposé par les philologues et les historiens, sans que les arguments produits par les uns et les autres aient pu aboutir à un consensus sur une date de rédaction[32]. Dans la mesure où nous n'avons aucun manuscrit ancien du texte, mais seulement un exemplaire corrigé de la copie de Saumaise, faite sur un manuscrit que cet humaniste avait caractérisé comme très corrompu et plein d'erreurs[33], l'approche philologique du problème de datation, réduite par force à quelques remarques de vocabulaire,

qui explique les quelques erreurs commises par notre auteur. Ce défaut était sans doute commun à bien des cartes, cf. ce que dit Iulius Honorius, en introduction à sa *Cosmographia* (Riese, *G.L.M.*, p. 24).

30. Sur son contenu, voir la note au début du chap. 8.

31. Deux formules utilisées rappellent le texte de Cicéron, mais je ne pense pas qu'Ampélius l'ait utilisé directement.

32. Voici quelques exemples de dates proposées: sous Trajan (M. Zink, «Zum Liber memorialis des Ampelius», *Eos*, 2, 1866, p. 327), sous Hadrien ou Antonin (M. Schanz - C. Hosius, *op. cit.*, III, p. 77-78), avant 162 (E. Woelfflin, *De Lucii Ampelii Libro Memoriali quaestiones criticae et historicae*, Göttingen 1854), avant le règne de Dioclétien, ou bien au IIIe-IVe s. (F. Stabile, «Sull'età di L. Ampelius», *Classici e Neolatini*, VI, 1910, p. 115-121), à l'époque qui va de Dioclétien à Constantin, (A. Enmann, «Eine verlorene Geschichte der römischen Kaiser», *Philologus*, suppl. 4, 1884, p. 495-6), sous Théodose (C.H. Tzschucke, *L. Ampelii Liber memorialis in usum scholarum emendatus et subiectis notis inlustratus*, Leipzig 1793), au IV-Ve s., (Saumaise, *op. cit.*), au Ve s. (N. Terzaghi, «Ampeliana», *SIFC*, XXII, 1947, p. 79-92).

33. Saumaise, *op. cit.*, p. 301.

s'est révélée peu féconde[34]. En revanche, l'examen de l'information présentée par Ampélius, donne quelques indices sûrs qui permettent de déterminer les dates limites entre lesquelles a dû prendre place la composition de l'*Aide-mémoire*.

Comme Florus et l'auteur inconnu du *Liber de Viris illustribus*, Ampélius, suivant sans doute une tradition de découpage scolaire, a choisi de ne pas traiter des hommes et des événements postérieurs à la première moitié du règne d'Auguste[35]; il ne fait que deux fois allusion à ce qui s'est passé par la suite: la victoire de Corbulon sur Tiridate (39,4), les victoires de Trajan (23,1; 47,1.7); ces dernières sont considérées d'ordinaire comme le *terminus a quo* de la rédaction de l'*Aide-mémoire*. En réalité, il faut abaisser cette date limite jusque vers la fin du règne d'Hadrien, car une notice du chapitre sur les *Merveilles du monde* (8,25) montre qu'Ampélius connaît l'existence de l'*Olympeion*, dédié par l'empereur en 131/2[36]. Il n'y a pas dans l'*Aide-mémoire* d'informations se référant à un événement plus récent.

34. Par exemple C.H. Tzschucke, *op. cit.*, F. Stabile, *op. cit.*, N. Terzaghi, *op. cit.*, E. Assmann, «Der Liber Memorialis des Lucius Ampelius», *Philologus*, XCIV, 1940, p. 213-221, et D. Bo, «La lingua del *Liber memorialis* di Ampelio», *Athenaeum*, 1961, p. 134-168.

35. Florus conclut sur la paix universelle, concrétisée par la fermeture du Janus, et l'octroi à César le Jeune de la dictature perpétuelle (cf. *supra* n. 26), du titre de Père de la Patrie (2 a.C.), et du nom d'Auguste (27 a.C.). La dernière notice du *Liber de Viris ill.* est celle sur Cléopâtre (86), celle consacrée à César le Jeune (79) fait suite à celle sur César l'Ancien et n'est pas à sa place chronologique; la conclusion de la notice est parallèle à celle du *Tableau* de Florus (*supra* n. 26).

36. Les commentateurs précédents n'ont pas vu l'allusion, croyant sans doute à une confusion d'Ampélius avec la statue de Zeus à Olympie dont il avait parlé plus haut (8,20). Il n'y a pas de sources identifiables pour cette notice, qui fait transition entre le chapitre 8 et le chapitre 9, ce qui montre que l'information dépend de la culture propre de l'auteur.

Une fois posée l'évidence d'une rédaction de l'*Aide-mémoire* à la fin du règne d'Hadrien au plus tôt, reste à déterminer le *terminus ad quem*, ce qui est plus difficile, puisqu'on doit se fonder sur des arguments *a silentio*. Là encore la sagacité des chercheurs s'est exercée et un certain nombre de preuves par défaut ont été avancées[37], qui ne valent que si l'on accepte l'idée que, à chaque moment de sa rédaction, Ampélius a critiqué l'information de sa source, au lieu de l'abréger où de la recopier simplement, et cela n'est pas vraisemblable, compte tenu de ce que nous savons de la méthode de ce genre d'auteur[38].

Dans la recherche de ce type de preuves, à mon avis, on ne peut se servir que des rares passages où on est sûr qu'Ampélius rédige *suo Marte*, c'est-à-dire de ceux qui ne dépendent pas directement d'une de ses sources: parmi ceux-ci l'*aggiornamento* de la fin du chapitre 38 — *Caesar Dacicus* —, corroboré par celui de la fin du chapitre 47 qui énumère, avec emphase et quelque exagération, les peuples soumis par Trajan — Indiens, Parthes, Sarmates, Scythes et Daces —, montre que, pour Ampélius, les dernières grandes victoires romaines sont celles de Trajan. Il écrit donc, me semble-t-il, avant les campagnes de Septime Sévère en Orient (195-196 et 197-202)[39]; dans le cas contraire, il aurait vraisemblablement

37. Par exemple la mention des Parthes (donc une rédaction antérieure aux Sassanides), de l'abdication du pouvoir par Sulla qui aurait été le seul à le faire (donc, une rédaction avant l'abdication de Dioclétien); on a tenté aussi d'exploiter les termes *perpetua Caesarum dictatura* (18,21; 46,9) pour prouver qu'Ampélius écrit avant la chute de l'Empire romain, ce qui n'a pas grand intérêt.

38. Cf. *supra*, p. XII et n. 15-16.

39. On m'objectera peut-être les *cognomina* de victoire des co-empereurs Marc-Aurèle (*P.I.R.*² I, n° 697) et Lucius Verus *P.I.R.*² II, n° 606) *Armeniacus*, *Parthicus Maximus* et *Medicus*, mais les victoires sans lendemain de la guerre parthique ont été remportées par le futur usurpateur Avidius Cassius, qui fut déclaré par le Sénat *hostis publicus* et exécuté par un soldat; il était donc difficile d'attribuer ces victoires à

clos la liste de *cognomina* triomphaux qu'il établit pour son jeune élève, par ceux de Septime Sévère: *Arabicus*, *Adiabenicus*, *Parthicus Maximus*.

De ce qui précède se dégage une conclusion provisoire: l'*Aide-mémoire* a dû être écrit entre les dernières années du règne d'Hadrien et le tout début du IIIe siècle. Partant de là, est-il possible d'en identifier l'auteur et le destinataire?

L'auteur Tel qu'il nous est parvenu, le texte de l'*Aide-mémoire* est très pauvre en information sur son auteur. Il apparaît comme un professeur dévoué et consciencieux, mais ni très bon styliste, ni très cultivé, bien qu'il ait su et utilisé un peu de grec dans son enseignement[40]; son information dépendait de livres et de documents anciens, rédigés avant la fin du règne d'Auguste[41].

La formule de dédicace du prologue nous a conservé son prénom et son nom gentilice: Lucius Ampélius. Le nom *Ampelius*, qui n'appartient pas à l'onomastique latine, a été porté par plusieurs personnages connus entre la fin du IIIe s. et le VIe s.; outre le fait qu'ils sont trop tardifs par rapport à notre datation, aucun d'entre eux ne portait le prénom Lucius, pourtant très courant, ni ne semble pouvoir être identifié avec notre auteur[42].

l'empereur, et peut-être peu sage de les mentionner. Quant au *cognomen* de *Sarmaticus* porté par Marc-Aurèle à partir de 175, il ne marque qu'un entracte heureux au milieu des guerres tragiques au cours desquelles l'empereur philosophe s'épuisa à contenir l'assaut des barbares.

40. Cf. l'index des mots grecs du texte de l'*Aide-mémoire* p. 121.

41. Cf. *supra*, p. XIII-XVII.

42. Il y en a aucun dans *P.I.R.*², *s.u. Ampelius*, et dix dans Jones et Martindale, *The prosopography of the last Roman Empire*, 2 vol. Cambridge 1971-1980, qui sont dans l'ordre du recueil:

— *Ampelius*, sénateur de Sardaigne c. 390-394 (Symmaque, *Ep.* II,33A),

Le destinataire Un adolescent, sans doute de la classe d'âge qui fréquente le *grammaticus*, vif et curieux, nommé *Macrinus*; ce *cognomen*, dérivé de l'adjectif *macer*, est assez répandu à l'époque impériale; il a été porté, entre autres, par l'empereur M. Opellius Macrinus, et beaucoup d'auteurs modernes ont estimé que c'est lui qui, dans son jeune âge, avait été l'élève d'Ampélius[43].

— *Aelius Ampelius, uir perf.*, dans l'Album de Timgad (CIL VIII, 2403 = D. 6122),
— *Publius Ampelius*, proconsul d'Afrique en 364, préfet de la Ville en 371-372, né à Antioche, c'est celui que Sidoine Apollinaire nomme parmi les auteurs qu'il vénère, en compagnie de Paulin et de Symmaque (*carm.* IX,301); on a voulu souvent l'identifier à notre auteur, malgré la différence de prénom et le fait que le *Liber memorialis* n'a rien qui puisse susciter un tel enthousiasme.
— *Aurelius Ammonius qui et Ampelius*, un petit fonctionnaire de Thébaïde en 298,
— *Ampelius*, fils de l'usurpateur Attale, qui fut l'otage d'Alaric,
— *Ampelius, comes* d'Orient, correspondant d'Isidore de Péluse (1ère moitié du Ve s.),
— *Ampelius, uir magnificus*, correspondant du pape Gélase (492-496),
— *Ampelius, uir spectabilis*, bénéficiaire d'un acte de Théodoric,
— *Ampelius, uir inlustris*, chargé d'une enquête par Théodoric en Espagne (Cassiodore, *Varia*, V,35),
— *Flauius Ampelius, scholasticus* à Aphrodisias de Carie (Ve-VIe s.)

On peut aussi mentionner l'hypothèse hardie de L. Herrmann qui a proposé d'identifier L. Ampélius avec un certain Lucius de Patras, protégé de M. Asinius Marcellus (consul en 104), qui serait également le véritable auteur des *Métamorphoses* d'Apulée «Lucius de Patras et les trois romans de l'Ane», *AC*, XLI, 1972, p. 573-599, complété par «Lucius de Patras et le *Liber memorialis*», *AC*, XLII, 1973, p. 532-535).

Je reviendrai, entre autres, sur ces problèmes d'identification dans ma contribution aux *ANRW* II,34.3, à paraître sous le titre: «Le *Liber memorialis* de Lucius Ampelius».

43. C.H. Gläser, «Das Zeitalter des Ampelius», *Rhein. Mus.*, 2, 1843, p. 145; J. Šorn, *Einige Bemerkungen zum* «Liber memorialis» *des L. Ampelius*, Gymn.-Progr. Laibach 1901, p. 3 sqq.; M. Galdi, *L'Epitome nella litteratura latina*, Naples 1922, p. 80 sqq., et plus récemment, D. Bo, *op. cit.*, *passim*.

Macrin est né en 164 ou 166 à Césarée de Maurétanie (Cherchell) dans une famille maure[44] qui ne faisait pas partie de l'aristocratie locale[45], ou qui était d'installation récente. Si le futur empereur est bien le dédicataire de l'*Aide-mémoire*, Ampélius a composé son petit manuel à Césarée, à l'extrême fin du règne de Marc-Aurèle. Cette hypothèse me semble la meilleure, car elle ne se heurte à aucune impossibilité, tout en rendant bien compte du contexte de création de l'œuvre, cependant, je ne cache pas qu'elle repose sur un faisceau de présomptions plus que sur des preuves absolues. Ce sont ces présomptions que je vais examiner maintenant.

La ville de Césarée est une des très rares villes dont Ampélius mentionne l'existence (38,2) dans la notice qu'il consacre à Juba II. C'est l'ancienne Iol, une fondation phénicienne ou carthaginoise, capitale du roi Bocchus, puis de Juba II qui l'appela *Caesarea* en l'honneur d'Auguste et s'attacha pendant son long règne à l'agrandir et à l'orner magnifiquement. L'activité littéraire et scientifique du roi Juba est bien connue; élevé à Rome, mais de culture hellénique, il avait voyagé en Grèce et en Asie mineure[46], subventionnait des expéditions scientifiques et écrivait en grec des compilations érudites[47].

44. Toutes les références pour la vie de l'empereur Macrin se trouvent dans *P.I.R.*² V,3, n° 108, et H.G. Pflaum, *Les carrières procuratoriennes équestres sous le Haut-Empire romain*, II, n° 248, p. 667-669.

45. Ph. Leveau, *Caesarea de Maurétanie, une ville romaine et ses campagnes*, Rome 1984, p. 97 et n. 3.

46. Il en profita pour épouser en secondes noces la princesse Glaphyra, fille du roi de Cappadoce Archélaos (c. 4 A.D.); la première femme de Juba, la reine Cléopâtre, fille de Marc-Antoine et de la dernière reine d'Égypte, était morte peu de temps après la naissance du prince héritier Ptolémée (né c. 6-5 a.C.).

47. On connaît par leurs titres neuf de ses ouvrages et il en avait sans doute écrit davantage; les fragments sont rassemblés dans F. Jacoby, *F. Gr. Hist.* 3A, n° 275.

Les recherches de ce *rex litteratissimus*[48] supposent la réunion à Césarée d'un nombre important de livres, formant une belle bibliothèque dont le premier fonds fut sans aucun doute constitué dans les années qui suivirent immédiatement l'arrivée de Juba dans son nouveau royaume (25 a.C.), ce qui nous met à la date limite de l'écriture des œuvres utilisées par Ampélius. Cette bibliothèque[49] qui a survécu à la fin de l'indépendance de la Maurétanie[50] n'a pas dû dans cette province éloignée être enrichie par la suite: telle qu'elle était à l'époque où Juba la constituait, telle elle est restée pour ses utilisateurs, dont Ampélius a, je pense, fait partie.

Le nom propre *Ampelius* n'est pas attesté sous cette forme dans l'onomastique de Césarée[51]; si ce nom n'est pas d'origine grecque[52], il peut résulter de la latinisation

48. L'expression est d'Ampélius (38,2); cf. ce que dit de lui Pline l'Ancien, *N.H.* 5,16: «*studiorum claritate memorabilior quam regno*».

49. On n'a pas de témoignage sur cette bibliothèque, dont l'emplacement n'a pas été retrouvé, mais son existence est admise par tous (cf. S. Gsell, *Histoire ancienne de l'Afrique du Nord*, Paris 1913-1928, VIII, p. 253, et Ph. Leveau, *op. cit.*, p. 110, qui estime que: «*L'énormité de l'œuvre de Juba II suppose l'existence d'une bibliothèque à sa mesure, qui dut rester à Césarée*». Par ailleurs, Mactar et Timgad, cités de moindre importance avaient des établissement d'enseignement supérieur, et on connaît bien la bibliothèque de Timgad (Ph. Leveau, *l.l.*).

50. En 40 A.D. Caligula fit tuer Ptolémée, fils et successeur de Juba II; la Maurétanie, divisée (c. 42-43) en Tingitane et Césarienne, fut annexée par Rome. Césarée devint colonie romaine sous Claude (Pline, *N.H.* 5,1).

51. Ce n'est ni un nom latin, ni un nom punique (il n'existe pas de racine MPL en sémitique); son absence dans l'épigraphie de Césarée résulte peut-être, comme dans le cas de celui de Macrin, de l'obscurité de la famille. Peut-être y a-t-il un rapprochement à effectuer avec un nom mutilé *AMPH* [...] qui figure sur une inscription trouvée à Cherchell (*CIL* VIII,21379).

52. C'est l'hypothèse la plus vraisemblable: le nom propre Ἀμπελίων, un dérivé de ἄμπελος (la vigne) est bien attesté à l'époque romaine (Alciphron 3,30). Par ailleurs, on connaît au début du Ve s. deux évêques nommés *Ampelius*, l'un à *Neapolis* (Nabeul), l'autre à

d'un anthroponyme attesté dans cette cité au Ier s. de notre ère sous la forme *Ampalus*[53], nom d'un soldat dont le père porte le nom de Camala.

L'identification du Macrin de la dédicace avec l'empereur du même nom explique la conservation de l'*Aide-mémoire*, gardé en souvenir par le futur empereur ou conservé à la bibliothèque de la ville, alors que tant d'œuvres plus importantes à tous égards se sont définitivement perdues entre la fin de l'Antiquité et le haut Moyen-Age.

LA TRADITION MANUSCRITE

La tradition manuscrite du *Liber memorialis* est représentée pour nous par un seul manuscrit, provenant peut-être de Saint-Bénigne de Dijon, qui se trouvait en possession de l'humaniste François Juret[54] vers 1618, époque à laquelle Claude de Saumaise en prit une copie. Le manuscrit de Juret a disparu, mais Woelfflin en a retrouvé au siècle dernier une copie, corrigée de la main de Saumaise en vue de l'édition princeps de 1638: le *Monacensis latinus* 10383a, seule base pour établir le texte du *Liber memorialis*, en l'absence de *testimonia*.

Le manuscrit de Juret Saumaise n'en donne pas de description précise dans la préface de son

Vaga (Beja), dont S. Lancel classe le nom parmi les «dérivés latinisés de mots grecs» (*Actes de la conférence de Carthage en 411*, S.C., 373, IV, Paris 1991, p. 1540).

53. *BACTH*, 1900, p. CLI. Le nom du cavalier Ampalus est peut-être libyco-berbère: sa formation rappelle celle du terme *mapale* (*mapalia* au pluriel chez Salluste, *Jug.*, 18,8), utilisé pour désigner les habitations temporaires des nomades.

54. François Juret (1553-1626), un érudit dijonnais catholique fut l'ami du Président de Harlay et des Pithou; il édita les lettres de Symmaque et celles d'Yves, évêque de Chartres.

édition; il le caractérise simplement par le terme *antiquissimus* et dit qu'il est très corrompu et l'œuvre d'un copiste malhabile[55]. En essayant de retrouver les particularités du manuscrit à travers la copie que nous en avons — entreprise bien aléatoire, car nous ignorons l'étendue des corrections que Saumaise a introduites dans le texte, dès sa première copie —, Assmann estimait que le manuscrit avait été écrit en caroline, au IX-Xe s., sans doute à Saint-Bénigne[56]. Je ne pense pas qu'il soit possible d'être aussi précis; je ferai seulement deux remarques: d'abord, un bon nombre de fautes sont des fautes d'oreille[57] qui indiquent que le manuscrit a été dicté par un lecteur à un copiste, et non réalisé en autodictée[58]; ensuite, certaines fautes du manuscrit de Juret, non corrigées par Saumaise, pourraient s'expliquer par une mauvaise lecture de certaines lettres caractéristiques de l'écriture «a-b» de Corbie, en particulier le *a*, lu *ic*, et par hypercorrection le groupe *ic* lu *a*[59], et il me semble que l'expression *codex antiquissimus* conviendrait mieux à un manuscrit de l'aire de Corbie, écrit avant la généra-

55. *Exemplar ... ab imperito librario uitiosissime scriptum* etc. (p. 301).

56. E. Assmann, *Lucii Ampelii Liber memorialis*, Leipzig 1935, p. XV-XX; la liste des fautes qu'il a relevées dans le ms., classées par genres, se trouve p. XV-XIX.

57. Par exemple les confusions de consonnes sourdes/sonores et inversement (C/G, G/C, P/B, B/P, T/D, D/T), une partie des dittographies et des haplographies.

58. L'auto-dictée qui est le mode normal du copiste peut expliquer une partie des fautes dont un certain nombre devait se trouver déjà dans le manuscrit de Juret, mais la fréquence des mots écrits à moitié, puis biffés parce que le copiste s'aperçoit soudain qu'il n'a pas assez de place pour les écrire en bout de ligne ou en fin de page, montre que c'est au moment de la confection de la copie que nous avons que ces fautes ont été introduites dans le texte (cf. *infra* p. XXVII).

59. Par exemple en 8,21, deux passages qui n'ont pas de sens dans le texte établi par Saumaise se corrigent aisément en rétablissant *illa* à la place de *illic* (*a* lu *ic*) et *lychnides* (écrit *licnides*) à la place de *lancias* M^1 / *lanciae* M^2 / *lanceae* éd. Saumaise (*ic* lu *a*).

lisation de la caroline, soit au début du IXe s. au plus tard.

Il est possible que le manuscrit provienne de Saint-Bénigne de Dijon, où P. Pithou aurait vu, au témoignage de J. Sirmond[60], *L. Ampelii ad Marinum* (sic) *fragmenta quaedam prolixioris operis*[61]. Saumaise remarque que Juret lui a dit avoir beaucoup emprunté à cette bibliothèque, mais il n'est pas certain que le manuscrit qu'il a fait copier soit le même que celui auquel Sirmond a fait allusion[62]. En tout cas, si le manuscrit appartenait à la bibliothèque de Saint-Bénigne, il n'y a pas fait retour, car il ne figure pas aux catalogues de 1621 et de 1739, et il a été perdu ou détruit, sans doute à la mort de Juret[63].

60. Le jésuite J. Sirmond (1559-1651) fut professeur de rhétorique à Paris, puis se rendit à Rome (1590) où il fut le secrétaire d'Aquaviva jusqu'en 1608; il revient alors à Paris et fut le confesseur de Louis XIII à partir de 1637.

61. C'est à propos de l'Ampélius cité par Sidoine Apollinaire (Publius Ampélius, cf. *supra* n. 42), que dans une note de son édition de 1614 (n. à *carm.* 9,301, col. 743), Sirmond indique que P. Pithou (1539-1596) lui a dit avoir vu ce manuscrit et qu'il lui en a montré la préface. L'identification du manuscrit de Juret avec ce manuscrit fait difficulté à cause du nom du dédicataire (*ad Marinum* / *ad Macrinum*), de la mention d'une préface, car l'*Aide-mémoire* n'a en prologue qu'une dédicace de trois lignes, et parce que nous avons l'œuvre entière (à part quelques lacunes), et non des fragments. Le fait que Sirmond cite de mémoire une conversation qui remonte à plus de vingt ans, étant donné que Sirmond a quitté la France en 1590 et n'a pu revoir Pithou, mort en 1596, peut suffire à expliquer les différences relevées plus haut.

62. Saumaise dit (p. 295) que le manuscrit vu par Pithou était peut-être le même que celui de Juret; Assmann, bien qu'il n'ait vu évidemment ni l'un ni l'autre affirme que le manuscrit de Pithou est le même que celui de Juret (p. VI); pour ma part je pense qu'on n'a pas assez d'éléments pour en juger.

63. Dans son compte rendu de l'édition d'Assmann, A. Souter se fondant sur la présence à Léningrad d'un ms. de Saint-Bénigne, suppose bien rapidement que le manuscrit de Juret a été apporté à la bibliothèque de Léningrad (*C.R.*, XLIX, 1935, p. 243).

Le *Monacensis* 10383a (*M*)

Le manuscrit contient dix feuilles de papier (17,5 × 28 cm.), numérotées de 1 à 10, écrites recto-verso par une main (M^1) qui, selon les expertises de Assmann, ne peut être celle de Saumaise[64]. En revanche, les corrections portées sur tout le manuscrit sont bien de sa main (M^2)[65] et correspondent le plus souvent au texte de son édition de 1638. Quelques corrections ont été portées ensuite par une main inconnue (M^3), qui, toujours selon Assmann, n'est ni celle du copiste anonyme, ni celle de Saumaise, ni celle de Juret.

J'en conclus que Saumaise a déchiffré vers 1618 le manuscrit de Juret, et l'a lu à un secrétaire qui a pris le texte sous sa dictée (M^1); ensuite, au moment où il a décidé de joindre Ampélius à son édition de Florus, il a relu et corrigé systématiquement (M^2) cet exemplaire[66], puis il l'a fait recopier pour l'imprimeur: la plupart du temps, mais pas toujours, le texte de l'édition *princeps* est le même que celui du *Monacensis* corrigé ($M^1 + M^2$); les quelques variantes peuvent être d'ultimes corrections, ou de simples fautes de copie; un utilisateur postérieur du manuscrit (M^3) y a porté en dernier lieu des corrections personnelles, le plus souvent arbitraires.

Le *Monacensis* a été inséré dans le corpus des manuscrits des Camerarii[67] à une date indéterminée qui se situe après le catalogue du legs fait par les héritiers, où il ne figure pas, et avant le transfert de la collection

64. Saumaise utilise le terme *descripseram* (p. 293) pour dire qu'il a transcrit le manuscrit.

65. Les expertises d'Assmann semblent sûres (p. XII-XIV), et je pense qu'on peut se fier à ses conclusions.

66. Certaines corrections de sa main peuvent être plus anciennes: nous savons qu'il avait utilisé auparavant l'*Aide-mémoire* puisqu'il cite cinq fois Ampélius dans son édition de Solin (1629).

67. K. Halm, «Über die handschriftliche Sammlung der Camerarii und ihre Schicksale» *Sitzungsberichte München* (*phil.-hist. Klasse*), 3, 1873, p. 241-272.

de Mannheim à Munich[68]. Sur une page blanche au début du manuscrit, K. Halm a écrit une note, datée du 31 janvier 1861, où il dit, entre autres, qu'il pense que le manuscrit vient de Graevius[69].

LES ÉDITIONS

Entre l'édition *princeps*, due à Claude de Saumaise, et l'édition critique de E. Woelfflin de 1854[70], on ne compte pas moins de quarante éditions du *Liber memorialis*[71], où Ampélius est presque toujours publié avec Florus. Aucune de ces éditions ne se fonde sur une relecture de la copie utilisée par Saumaise, puisqu'elle a été perdue jusqu'au milieu du XIXe s, et la plupart sont de simples rééditions des précédentes, celle de Saumaise pour le XVIIe s., puis celle de Duker en 1722[72] et celle de Tzschucke en 1793[73].

L'édition de Woelfflin fondée sur une collation du *Monacensis*, que les éditeurs postérieurs ont jugée désinvolte[74], comprend un apparat critique sommaire et pas

68. Il porte une cote de Mannheim: «*Pal. Mannh.* 383»; sous cette cote, se trouvait avec notre manuscrit une collection de lettres de divers humanistes, et en particulier de Casaubon et de Saumaise. Halm l'a séparé de ce corpus.

69. Il n'en donne pas les raisons; peut-être se fondait-il sur le fait que Graevius (Jean-Georges Groefe, 1632-1703), qui fut professeur d'histoire à Utrecht, avait édité les lettres de Casaubon.

70. E. Woefflin, *Lucii Ampelii liber memorialis*, Leipzig 1854 (rééd. 1863, 1873, 1879). Après avoir cherché vainement le manuscrit de Juret, il a retrouvé la copie utilisée par Saumaise (*Praef.* p. III).

71. La liste complète se trouve dans l'édition d'Assmann, p. XXVIII-XXX.

72. *L. Annaei Flori Epitome rerum Romanarum cum integris Salmasii, Freinshemii, Graevii, et selectis aliorum animaduersionibus. Recensuit suasque adnotationes addidit Carolus Andreas Dukerus.* Leyde 1722 (2 vol.). Le texte d'Ampélius se trouve à la fin de l'édition de Florus.

73. Cf. *supra* n. 32.

74. Cf. Assmann, p. V; V. Colonna, p. 33.

toujours exact. Quels que soient ses défauts qui ont été relevés avec trop de mordant pour qu'on y ajoute ici, l'édition de Woelfflin a eu le mérite de redonner de l'intérêt au *Liber memorialis* en fournissant aux chercheurs un texte qui est souvent très bon, même si les critères scientifiques qui ont présidé à son établissement n'étaient pas toujours très sûrs[75].

Faite avec un soin extrême, l'édition critique de E. Assmann se caractérise, avant tout, par son extrême complication, née d'un souci de tout dire, à propos de tout. Ce parti pris d'exhaustivité se marque dans l'apparat critique, d'une lecture difficile[76], où paradoxalement on ne trouve pas toujours ce que l'on cherche en premier, c'est-à-dire les leçons des trois mains du manuscrit, distinguées de façon claire. On a en revanche *ad uerbum* toutes les conjectures des humanistes et des éditeurs. Beaucoup de corrections adoptées par Assmann sont inutiles; en particulier la disposition en deux colonnes qu'il a adoptée pour les chapitres 8 et 32, en se fondant sur des interpolations supposées, accentue la difficulté de compréhension du texte au lieu de l'éclairer. La préface de l'édition, en revanche, est d'un grand intérêt.

Après cette édition, la quarante-troisième, deux autres ont paru en Italie: celle de N. Terzaghi en 1943[77], qui fut durement critiquée par Assmann[78] et celle de

75. Soucieux de donner un sens au texte, Woelfflin y a intégré des corrections d'humanistes *ad sensum* (*Praef.* p. III).

76. Assmann explique et justifie le système qu'il a adopté p. XXVII, mais les exemples qu'il donne renvoient à des pages qui n'existent pas. C'est dans son principe un apparat négatif, compliqué du fait qu'il ne distingue pas toujours les trois mains du *Monacensis*, et il est la plupart du temps inutilisable pour qui n'a pas le manuscrit de Saumaise sous les yeux.

77. *Lucii Ampelii Liber memorialis*, Turin 1943. N. Terzaghi a travaillé sur l'édition d'Assmann, sans voir le *Monacensis* et beaucoup de ses erreurs viennent de ce qu'il n'a pas compris le système de Assmann (*supra* n. 76).

78. Compte rendu dans *Gnomon*, XXVIII, 1956, p. 155.

V. Colonna en 1975[79] qui a tenté de faire une synthèse des grandes éditions précédentes.

Peu d'éditions du texte du *Liber Memorialis* ont été accompagnées d'une traduction. On peut citer en italien celles de S. Santi Conti[80], de G. Felice Astolfi[81], de l'abbé Mastrofini[82] et de P. Canal[83], toutes faites sur le texte établi par Saumaise, et dont les notes, quand il y en a, sont sans intérêt; en français, je ne connais que celle de Victor Verger[84], éditée en regard du texte de l'édition *princeps* de Saumaise, sur lequel elle a été faite, ce qui est méritoire, car ce texte n'a pas toujours un sens, et excuse une partie des erreurs de Verger; il existe également une traduction américaine[85] et une traduction russe[86].

RÈGLES SUIVIES POUR LA PRÉSENTE ÉDITION

Sans me faire d'illusions sur la valeur de la première main du *Monacensis* 10383a[87], je me suis efforcée d'en

79. *Lucius Ampelius Liber Memorialis. Introduzione e testo critico a cura di Vincenza Colonna*, Bari DIES 1975 (thèse dactylographiée).
80. *Le notizie del mondo di Lucio Ampelio*, Rome 1639.
81. *Della Officina historica libri quattro, aggiuntevi nel fine le notizie del mondo di Lucio Ampelio*, Venise 1676, p. 441-460.
82. *L.A. Floro e L. Ampelio*, Rome 1810. L'abbé Mastrofini situait Ampélius au Ier s. et pensait que les allusions à Trajan étaient des interpolations.
83. *Memoriale di Lucio Ampelio con emendazioni, traduzione e note*, Venise 1841.
84. *Le Mémorial de Lucius Ampelius*, Bibliothèque latine-française (Panckoucke), Paris 1842.
85. A.M. Lashbrook, *Lucius Ampelius Liber Memorialis*, Univ. de Pensylvanie 1960.
86. A.I. Nemirovskij, «Lucius Ampelius, Liber memorialis», trad. et com. (en russe), *VDI* 1989, n° 188, p. 253-267 et n° 189, p. 229-252.
87. Qu'il ait été copié directement ou dicté (cf. *supra* n. 58 et p. XXVII), le texte du manuscrit de Juret a été corrigé par Saumaise dès cette première étape (Saumaise, p. 301).

conserver les leçons toutes les fois que le texte ainsi édité avait un sens. Les corrections de Saumaise (M^2) n'ont ni moins ni plus de valeur que les corrections des philologues et des historiens postérieurs, mais comme il y a une petite chance qu'il ait revu la copie avec le manuscrit de Juret, et que, de toute manière, il est le seul à l'avoir vu et pouvait en avoir quelques réminiscences, j'ai donné la préférence à ses corrections, quand c'était possible.

Au terme de ce travail, j'ai plaisir à exprimer la sincère gratitude que j'éprouve envers mon réviseur, J.-P. Callu, dont les avis et les conseils, toujours précieux, m'ont été dispensés avec autant de science que de bonne volonté. Qu'il en soit ici remercié.

CONSPECTVS SIGLORVM

CODEX

M = Monacensis latinus 10383a. 1638 aut paulo ante.
Ma = cap. 29 post cap. 28 scriptum.
Mb = cap. 29 post cap. 39 iterum scriptum (cum emendationibus).
M^1 = manus prima.
M^2 = emendationes Salmasii.
M^3 = emendationes posteriores.

EDITIONES

Sau. = L. Annaeus Florus. Cl. Salmasius add. L. Ampelium e cod. MS. nunquam antehac editum, Lugd. Bat. 1638.
Woe. = Lucii Ampelii Liber memorialis, recognouit Eduardus Woelfflin, Lipsiae 1854 (1863. 1873. 1879).
Ass. = Lucii Ampelii Liber memorialis, edidit Erwin Assmann, Lipsiae 1935.
edd. = lectio uulgata (id est *Sau. Woe. Ass.* consentientes).

L. AMPELIUS
AIDE-MÉMOIRE

Prologue

Lucius Ampélius à son cher Macrin[1], salut. J'ai écrit cet aide-mémoire[2] pour toi qui veux tout savoir, afin que tu saches ce qu'est le monde, quels sont ses éléments. ce que porte le globe terrestre, ou ce que le genre humain a accompli.

Le monde

1,1 Le monde est l'ensemble des choses, tout est en lui et hors de lui il n'y a rien[1]; il est appelé «cosmos» en grec.

2 Les quatre éléments du monde[2]: le feu, d'où provient le ciel; l'eau, d'où provient la mer Océane; l'air, d'où proviennent les vents et les tempêtes; la terre, que nous appelons globe terrestre[3] à cause de sa forme.

Le ciel

3 Les secteurs du ciel sont au nombre de quatre: l'orient, l'occident, le midi et le septentrion[4].

4 Le ciel est divisé en cinq cercles[5]: l'arctique et l'antarctique, qui sont inhabitables en raison de la trop grande rigueur du froid; le cercle équinoxial, sous lequel est située la région qui est appelée «terre brûlée» et qui n'est pas occupée non plus, en raison de la trop grande ardeur de la chaleur, le cercle du solstice d'hiver et celui du solstice d'été, sous lesquels on habite: ils sont en effet les plus tempérés[6]; un cercle oblique traverse ces cinq cercles, avec les douze signes dans lesquels le soleil accomplit sa course annuelle.

Prologue

1. Sur le destinataire, cf. *Introd.* p. XXI-XXII.

2. Sur ce que représente pour les Romains un *Liber memorialis*, que je traduis par aide-mémoire, cf. *Introd.*, p. VII et n. 4.

Chapitre I

1-6. *Voir p. 55.*

L. AMPELII
LIBER MEMORIALIS

Prologus Lucius Ampelius Macrino suo salutem. Volenti tibi omnia nosse scripsi hunc librum memorialem ut noris quid sit mundus, quid elementa, quid orbis terrarum ferat, uel quid genus humanum peregerit.

1,1 [De mundo] Mundus est uniuersitas rerum, in quo omnia sunt et extra quem nihil; qui Graece dicitur κόσμος.

2 Elementa mundi quattuor: ignis, ex quo est caelum; aqua, ex qua mare Oceanum; aer, ex quo uenti et tempestates; terra quam propter formam eius orbem terrarum appellamus.

3 Caeli regiones sunt quattuor: oriens, occidens, meridies, septentrio.

4 Caelum diuiditur in circulos quinque: arcticum et antarcticum, qui ob nimiam uim frigoris inhabitabiles sunt, aequinoctialem cui subiacet regio <quae> κατακεκαυμένη dicitur neque incolitur ob nimiam uim ardoris, brumalem et solstitialem sub quibus habitatur: sunt enim temperatissimi; per quos oblicus circulus uadit cum duodecim signis in quibus sol an*n*uum conficit cursum.

Prol. fuerat *ante* ferat *add.* *M*[1] *del.* *M*[2].

1,1 de mundo *M*[1] (titulus est de mundo *M*[2]) *titul. interpol. ego secl.*, *seru. edd.* || quem *M*[2] *edd.*: quemque *M*[1] || κόσμος *M*[2] *Sau. Woe.*: comos *M*[1] cosmos *Ass.*
4 cui subiacet regio quae *M*[2] *Sau. Woe.*: cui subiacet regio *M*[1] cui quae subiacet regio *Ass.* || κατακεκαυμένη *Woe.*: catacecaumene *M Sau. Ass.* || oblicus *M*[1] *Woe. Ass.*: -iquus *M*[2] *Sau.* || annuum *M*[2] *edd.*: -num *M*[1].

Le Zodiaque

2,1 Il y a douze signes dans le ciel.

Le Bélier[1], par un bienfait de Liber[2], parce que, alors que celui-ci conduisait une armée en Inde, en traversant la Libye par des régions sèches et sableuses où l'eau manquait, et que son armée était éprouvée par la soif, un bélier leur indiqua l'eau et, en raison de cela, il fut appelé par Liber «Jupiter Ammon»[3] et, près de l'endroit où il découvrit l'eau, Liber lui fit un magnifique sanctuaire, à une distance de neuf mille pas de l'Egypte et d'Alexandrie[4]. Pour cette raison, Liber demanda à Jupiter de l'accueillir dans les constellations[5]. D'autres pensent que le Bélier est celui qui aurait transporté Hellè et Phrixos[6].

2 Le Taureau, par un bienfait de Jupiter: celui que Jupiter obtint de la complaisance de son frère Neptune; sous l'apparence d'un taureau, il portait en lui une intelligence humaine et, sur l'ordre de Jupiter, il s'empara au pays de Sidon, d'Europe, la fille d'Agénor, en faisant mine de jouer, et il la transporta en Crète. Pour cette raison, Jupiter le jugea digne d'un monument immortel dans les constellations[7].

3 Les Gémeaux, dont on raconte qu'ils sont les dieux de Samothrace[8]; il est sacrilège de dire leur histoire, sauf pour ceux qui se présentent aux mystères[9]. D'autres disent que ce sont Castor et Pollux, parce qu'ils auraient été les premiers à garantir une mer sauve de pirates. Il y en a qui disent que ce sont Hercule et Thésée, parce qu'ils auraient assumé des travaux analogues.

Chapitre 2

1. Le Bélier, signe dans lequel entre le Soleil à l'équinoxe de printemps, ouvre la série des signes du Zodiaque, comme l'habitude s'en établit dans le monde romain au début de notre ère, contrairement à l'usage égyptien qui fait commencer l'année au lever héliaque de Sothis, et décrit le Zodiaque à partir des signes du Cancer ou du Lion.

2. Liber Pater, vieille divinité italique, honorée spécialement par la plèbe romaine sur l'Aventin avec sa parèdre Libera et la déesse Cérès, a été assimilé par les Romains à Dionysos «Lyaeos» (Libérateur), dont il reprend la mythologie, les voyages et les aventures, comme ici l'expédition de conquête vers les Indes où le dieu trouva les éléments de son cortège triomphal, avant son retour en Béotie.

3-9. *Voir p. 56.*

2,1 [De duodecim signis] Signa sunt in caelo duodecim.

Aries beneficio Liberi quod is cum exercitum in Indiam per Libyam duceret per loca sicca et arenosa, qua aquae inopia esset et exercitus eius siti adfligeretur, aries eis aquam demonstrauit et ob id a Libero Iouis Ammon est appellatus eique fanum magnificum fecit ad eum locum ubi aquam inuenit, quod abest ab Aegypto et Alexandria milia passuum nouem. Ob eam rem a Ioue peti*i*t ut in sidera reciperetur. Alii putant eum esse qui Hellen et Phr*i*xum uexerit.

2 Taurus beneficio Iouis quem Iuppiter a Neptuno fratre per gratiam abduxit; qui sensum humanum figura tauri continebat isque Iouis iussu E*u*ropam, Agenoris filiam Sidonia adludens decepit et eam Cretam deportauit. Ob eam rem Iuppiter in sideribus eum dignatus est immortali memoria.

3 Gemini qui Samothraces *me*m*o*rantur esse; quorum argumentum nefas est pronuntiare praeter eos qui in*iti*is praesto sunt. Alii Castorem et Pollucem dicunt quod hi principes mare tutum a praedonibus praestitissent. Sunt qui dicant Herculem et Theseum quod simil*ia* athla sint adepti

2,1 de duodecim signis *titul. interpol. ego secl., seru. edd.* || qua *M*[1] *Ass.*: cum *M*[2] *Sau. Woe.* || petiit *Woe. Ass.*: -tit *M Sau.* || in *M Sau.*: inter *Woe. Ass.* || phrixum *Woe.*: phryx- *M Sau. Ass.*
2 isque *M*[2] *Sau. Woe.*: hisque *M*[1] *Ass.* || europam *edd.*: eoropam *M*[1] europa *M*[2] || sidonia *M Sau. Ass.*: -am *Woe.*
3 dii *post* qui *add. Woe. Ass.* || memorantur esse *coni. Woe.*: nominantur esse *M Sau. Woe. in ed.* nominantur *Ass. ex alia coni. Woe.* || initiis *Woe.*: in his *M Sau.* mysteriis *Ass.* || praesto sunt *M Sau.*: praesunt *Woe. Ass.* || hi *Sau. Ass.*: hii *M* ii *Woe.* || similia *M*[2] *edd.*: -le *M*[1].

4 Le Cancer[10] — le crabe — accueilli par un bienfait de Junon, parce que sur son ordre, alors qu'Hercule avait été envoyé pour tuer l'Hydre de Lerne — que nous appelons un serpent —, le crabe, s'attaquant aux pieds d'Hercule et lui lacérant les jambes, le mettait plus en difficulté que le serpent lui-même, et Hercule tint ce fléau pour le plus pénible; et, pour avoir fait cela, Junon jugea le crabe — le Cancer — digne des constellations.

5 Le Lion[11] — «Léôn» — qui, selon un projet de Junon, fut élevé sur la Lune[12] pour la perte d'Hercule: envoyé sur la terre d'Inachie, il se cacha pendant longtemps dans une caverne; Hercule le tua, dit-on, avec l'aide de son hôte Molorchos[13]; il utilisa alors pour la première fois une massue: celle de Molorchos qui lui avait été attribuée; il tua le lion avec la massue et, ensuite, se revêtit de sa peau. En raison de cet acte, Hercule devint un objet de haine pour Junon, et elle honora le lion de la dignité céleste.

6 La Vierge, que nous appelons la Justice, vécut parmi les hommes[14]; mais, après que les hommes commencèrent à mal faire, Jupiter la plaça parmi les signes du Zodiaque. Il y en a qui disent que c'est Erigonè[15], la fille d'Icarios[16], une Athénienne; Liber donna le vin à son père afin qu'il le donne aux hommes pour leur agrément: ceux à qui il en donna s'enivrèrent et le tuèrent avec des pierres. Le chien[17] qui était avec lui vit l'homme assassiné et revint en hurlant auprès d'Erigonè; quand elle le vit triste et solitaire, inquiète, elle part avec lui. Ils

10. Cf. Hygin *Astr.* 2,23,1; le fragment 92 de Nigidius est constitué par Ampélius 2,4 car il n'y a pas de scholie à Germanicus pour ce catastérisme.

11. Cf. Nigidius fr. 93; des légendes différentes dans Hygin, *Astr.* 2,24,1-2.

12. Je pense qu'il faut ici corriger le texte de *M* d'après celui de Nigidius *nutritum apud Lunam* (fr. 93): à propos de la conception ancienne des monstres élevés sur la Lune, cf. Swoboda *op. cit.* p. 114.

13. Molorchos était le berger de la région de Némée où sévissait le lion.

14. *Voir p. 56.*

15-17. *Voir p. 57.*

4 Cancer — καρκίνος — receptus beneficio Iunonis, quod eius iussu, cum Hercules missus esset ad hydram Lernaeam — quam nos ex*c*etram dicimus — interficiendam, carcinus ingressus Herculis pedes et crura lanians incommodiorem faciebat eum quam ipsa excetra, idque malum Hercules difficillimum habuit; carcinumque — cancrum — ob id factum Iuno sideribus est dignata.

5 Leo — λέων — qui educatus est *Lu*nae Iunonis consilio ad Herculis interitum: missus in terram ina*ch*iam diu spelunca latitauit; quem Hercules dicitur interfecisse cum Molorc*h*o hospite suo, cuius clauam ei tributam tum principio est adeptus; qua leonem interfecit eiusque pellem postea pro tegumento habuit. Ob id factum Iunoni odio esse coepit leonemque caelesti dignitate est honorata.

6 Virgo, quam nos Iustitiam dicimus, fuit cum hominibus; sed postquam homines malefacere coeperunt Iouis eam inter signa posuit. Sunt qui Erigon*e*m *I*cari*i* filiam, Atheniensem dicunt cuius patri Liber uinum dedit ut hominibus ad suauitatem daret: quibus dedit ebriati sunt et lapidibus eum occiderunt. Canis, qui cum illo erat, uidit hominem occisum, et cum ululatu ad Erigonem rediit; quem ut maestum et singularem uidit, sollicita proficiscitur cum eo. Venere ad locum ubi *I*carius

4 καρκίνος *Woe.*: carcinus *M Sau. Ass.* || excetram M^2 *edd.*: exertam M^1 || is *ante* carcinus *add. Ass.* || excetra M^2 *edd.*: -creta M^1 || factum ob id cancrum *post* cancrum *add.* M^1 *del.* M^2 || cancrum *om. Woe. Ass.*
5 λέων *Woe.*: leon *M Sau. Ass.* || lunae *ego ex Nigidio uide adn.*: nemeae *M Sau. Woe. del. Ass. ut gloss.* || in terram inachiam *ego*: in terram in argiam M^1 in terra argiua M^2 *Sau.* in terram argiam *Woe.* in terram in argiua *Ass.* || latitauit M^1 *p.c. edd.*: latitare M^1 *a.c.* || molorcho *edd.*: -co *M.*

6 erigonem *ego*: -nam *M edd.* || icarii M^2 *Sau. Ass.*: cari M^1 icari M^2 *Woe.* || hominem *M Sau.*: dominum *Woe. Ass.* || erigonem *M Sau. Ass.*: -nam *Woe.* || icarius *edd.*: carius *M.*

arrivèrent à l'endroit où gisait Icarios. Elle vit le corps de son père: avec de grandes lamentations, elle l'ensevelit sur le mont Hymette; quant à elle, elle se pendit avec un lacet. Le chien, restant longtemps couché à ses pieds et défaillant faute de nourriture, finit par se jeter dans un puits en humant l'eau. Alors, puisqu'il était responsable de leur mort, Liber demanda à Jupiter de placer la Vierge dans le cours des constellations; Icarios, pour sa part, a été appelé Arcturus[18]: quand son étoile se lève, elle cause des tempêtes ininterrompues; le chien a été appelé la Canicule[19].

7 La Balance[20], que les Grecs appellent «le Joug», est un nom d'homme, et l'assuma celui qui, d'une entière et clémente justice, appelé Stathmochos[21], fut le premier, dit-on, à déterminer pour les hommes le poids de la balance, ce que les mortels jugent de la plus haute utilité; c'est pourquoi il fut, d'une part, accueilli au nombre des étoiles et, d'autre part, appelé la Balance.

8 Le Scorpion, né, dit-on, de la volonté de Diane pour la perte d'Orion, sur le mont Pélinaion dans l'île de Chios. De fait, Orion, ayant aperçu Diane pendant qu'il chassait, voulut lui faire violence. La déesse jeta sous ses pas un scorpion pour qu'il lui ôtât la vie. Jupiter accueillit à la fois le Scorpion et Orion parmi les constellations[22].

9 Le Sagittaire[23]: Crotos, le fils de la nourrice des Muses, ces muses qui le chérirent toujours parce qu'il les attirait en marquant la mesure et en faisant des tours d'adresse avec ses

18. Arcturus est l'étoile α du Bouvier.

19. Procyon, la constellation du Petit Chien.

20. La constellation de la Balance acquiert tardivement son individualité; ce n'est à l'origine que la moitié antérieure du Scorpion, autrement dit «les Pinces», comme l'appellent les Grecs, ainsi Aratos et ses imitateurs latins. Ampélius est le seul à parler de ce catastérisme.

21-23. *Voir p. 57.*

iacebat. Vidit corpus patris, magna lamentatione in *Hy*metto monte sepeliuit; ipsa uero se suspendit laqueo. Canis ad pedes eius discumbens diutius et sine alimentis deficiens, post aquam anhelans in puteum se proiecit. Tum Liber a Ioue peti*i*t, quod suo imperio deficerent, ut inter siderum cursus poneretur Virgo; *I*car*i*us autem Arcturus nominatus est, cuius stella cum exoritur continuas tempestates facit; canis, Canicula.

7 Libra, quam Graeci «*Ζυγόν*» appellant, uirile nomen est: adeptusque is, omni clementiae iustitia, *Stath*mochos dictus, qui primus dicitur librae pondus hominibus inuenisse, quae utilissima mortalibus *a*e*s*timantur; ideoque in numerum stellarum et receptus est, et Libra est dictus.

8 Scorpius qui dicitur ad perniciem Orionis in insula Chio in monte Pelen*a*eo uoluntate Dianae natus. Orion autem, dum uenatur, uisa Diana stuprare eam uoluit. Illa scorpionem subiecit qui eum uita priuaret. Iuppiter et scorpionem et Orionem inter sidera recepit.

9 Sagittarius: Croto*s*, filius nutricis Musarum; quae Musae semper dilexerunt *eum* quod plausu et lusu sagit-

hymetto *M*[2] *edd.*: im- *M*[1] || petiit *Woe. Ass.*: -tit *M Sau.* || deficerent *M Sau. Ass.*: defecerint *Woe.* || poneretur *M Sau. Woe.*: -rentur *Ass.* || erigone *ante* uirgo *add. Ass.* || icarius *M*[2] *edd.*: carus *M*[1].

7 ζυγόν *Woe.*: zigon *M*[1] zygon *M*[2] *Sau. Ass.* || adeptusque is omni clementiae iustitia *ego*: adeptus qui is omni clementiae i. *M*[1] adeptus is omni clementiae i. *M*[2] *Sau.*: + adeptus qui insigni clementia et i. + *Woe.* adeptus summa clementia et i. *Ass.* || stathmochos dictus qui *ego*: mochos dictus qui *M Sau. Woe.* stathmuchos est dictus quia *Ass.* || librae *M Sau. Woe.*: libram et *Ass.* || hominibus *secl. Ass. ut gloss.* || aestimantur *Sau. Ass.*: extimantur *M* existimatur *Woe.* || et receptus est *ego*: est r. est *M* r. est *Sau. Woe.* est r. *Ass.*

8 pelenaeo *M*[2] *Sau.*: -leneo *M*[1] -linaeo *Woe. Ass.*

9 crotos *Ass.*: chronton *M*[1] crotopi *M*[2] *Sau.* croton *Woe.* || quae *M Sau.*: quem *Woe. Ass.* || eum *M*[2] *Sau.*: eo *M*[1] *Woe. Ass.*

flèches. D'autres disent que c'est Chiron[24], parce qu'il aurait été juste et pieux, savant, hospitalier; on dit qu'Esculape apprit de lui la médecine, Achille, la cithare et bien d'autres choses.

10 Le Capricorne[25], dont le nom est Pan. A l'époque où Python[26], qui habitait les grottes sur le mont Taurus, partit faire la guerre en Egypte, Pan prit l'apparence d'une chèvre[27]. C'est pourquoi, après que les dieux immortels eurent appliqué à Python le châtiment qu'il méritait[28], ils honorèrent Pan du mémorial des astres.

11 Le Verseau[29], que l'on pense être Ganymède; on dit que c'est le Thessalien Deucalion, qui fut le seul, avec son épouse Pyrrha, à échapper au déluge universel et fut placé parmi les constellations à cause de sa piété.

12 Les Poissons, à savoir deux poissons parce que, pendant la guerre des Géants, Vénus, dans son désarroi, se transforma en poisson[30]. De fait, on dit aussi que, sur l'Euphrate, une colombe couva à l'embouchure du fleuve un œuf de poisson pendant bien des jours et qu'elle fit éclore pour une bonne vie la déesse bienveillante et miséricordieuse envers les hommes[31]. En souvenir, les Poissons furent tous deux placés parmi les constellations.

Les constellations

3,1 Outre les douze signes du Zodiaque, les plus puissantes contellations dans le ciel sont: les deux Septentrions[1], le grand et le petit, qui ne se

24. Le centaure Chiron, fils de Cronos (Saturne) et de Philyra.

25. Cf. Nigidius (fr. 98) dont le développement permet de comprendre les allusions d'Ampélius, et Hygin (*Astr.* 2,28) qui donne des détails complémentaires.

26. Hygin appelle avec raison Typhon le monstre que Nigidius, tout au moins dans la version du scholiaste, et Ampélius nomment Python. En fait, Typhon, le fils qu'Héra avait conçu seule, avait été confié au dragon Python, fils de Gaia, qui fut plus tard tué par Apollon. La confusion vient sans doute de ce que, dans une autre version de sa légende, Typhon est un fils de Gaia et du Tartare, comme Python.

27-31. *Voir p. 57.*

Chapitre 3

1. *Voir p. 58.*

tarum eas auocaret. Alii Chironem dicunt, quod iustus et pius, doctus, hospitalis fuerit; ab eo Aesculapius medicinam <didicit>, Achilles citharam et alia multa.

10 Capricornus, cui nomen Pan. Quo tempore P*y*t*h*o*n*, speluncas incolens in monte Tauro, Aegyptum profectus est ad bellum, Pan se in caprae figuram conuertit. Igitur dii immortales postquam Pyt*h*onem digna poena affecerunt, Pana astrorum memoria decorauerunt.

11 Aquarius, qui putatur esse Ganymedes; dicitur Deucalion Thessalus qui maximo cataclysmo cum uxore Pyrr*h*a solus euasit et hic, pietatis causa, inter sidera locatus est.

12 Pisces, id e*st* *du*o pisces quia bello Gigantum Venus perturbata in piscem se transfigurauit. Nam dicitur et in Eu*ph*rate fluuio ouum piscis in ora fluminis columba adsedisse dies plurimos et exclusisse deam benignam et misericordem hominibus ad bonam uitam. Vtrique memoriae causa pisces inter sidera <locati>.

3,1 [De sideribus] Praeter duodecim signa, potentissima sidera in caelo: Septemtriones duo, maior et minor,

auocaret *M Sau. Woe.*: oblecta- *Ass.* || pius *edd.*: prius *M* || doctus *post* Aesculapius *trans. Ass. et* atque *add. ante* hospitalis *fortasse recte* || alii *ante* alia *add. Woe.* || didicit *ego add.*

10 python M^2 *Sau. Ass.*: pitom M^1 typhon *Woe.* || tauro *M Woe. Ass.*: tauri *Sau.* || pythonem M^2 *Sau. Ass.*: pyto- M^1 typho- *Woe.*

11 cum *ante* maximo *add. Woe. Ass.* || pyrrha M^2 *Sau. Ass.*: pyrra M^1 *Woe.* || euasit et M^2 *Sau.*: -isset M^1 *Woe. Ass.*

12 id est duo pisces *ego*: ideo pisces *M Sau.* pisces *Woe. Ass.* || euphrate *Sau. Woe.*: eufr- *M Ass.* || *lacunam post* piscis *ind. Woe. Ass.* || utrique *M Sau. Ass.*: utriusq- *Woe.* || locati M^2 *mg. Sau.*: *non leg* M^1 nobilitati *Woe.* recepti *Ass.*

3,1 de sideribus *titul. interpol. ego secl., seru. edd.*

couchent jamais et, pour cette raison, règlent la course des navires; le second est appelé Cynosura[2]; le Bouvier, autrement dit Arcturus[3]; 2 Orion[4] qui tient la moitié du ciel par sa grandeur; les Pléiades, qui sont appelées «Virgiliae» en latin; les Hyades, appelées par nous «Subuculae», dont le lever et le coucher sont observés par les marins et les laboureurs[5]; la Canicule[6] dont la force est principalement au solstice.

Les planètes

3 Les étoiles les plus puissantes dans le ciel sont au nombre de sept: Saturne, le Soleil, la Lune, Mars, Mercure, Jupiter, Vénus[7]; elles sont appelées «planètes» par les Grecs, «étoiles vagabondes» par nous, parce qu'elles vont à leur guise, et elles règlent par leur mouvement les destins des hommes. En outre, elles sont portées d'une course inverse par rapport au ciel[8].

Orientation du zodiaque

4,1 Dans quelles aires des douze vents siègent les douze signes?

Le Bélier vers l'aphéliotès, le Taureau vers le caecias, les Gémeaux vers l'aquilon, le Cancer vers le septentrion, le Lion vers le thrascias, la Vierge vers l'argestès, la Balance vers le zéphir, le Scorpion vers l'africus, le Sagittaire vers l'auster et l'africus, le Capricorne vers l'auster, le Verseau vers l'eurus et le notus, les Poissons vers l'eurus.

2. Cynosura, l'une des nourrices de Zeus, est parfois identifiée avec la Petite Ourse.

3. Cf. 2,6.

4. Cf. 2,8.

5. Les Pléiades et les Hyades, deux groupes d'étoiles proches l'un de l'autre, sont voisines de la constellation du Taureau. Les sept Pléiades et les cinq Hyades étaient filles d'Atlas et de Pléioné.

6. Cf. 2,6.

7. Les «luminaires» sont nommés ici dans l'ordre astrologique qui préside à l'organisation de la semaine.

8. Les mouvements apparents du Soleil, du satellite de la Terre, et des cinq planètes (au sens actuel du terme) connues des Anciens perturbent la belle ordonnance du cosmos stoïcien où ces «phénomènes» s'intègrent difficilement (à ce sujet: J. Martin, *Arati Phaenomena*, Florence 1956, p. 155-157).

Chapitre 4. Voir p. 58.

qui numquam merguntur ideoque nauium cursus regunt; quorum alter Cynosura dicitur. Βοώτης, idem Arcturus. 2 Orion, qui magnitudine sua dimidiam caeli obtinet partem. Πλειάδες, quae latine «Virgiliae» dicuntur. *Ὑάδες*, quae a nobis «Subuculae» dicuntur; quarum ortus et occasus a nautis et ab agricolis obseruantur. Canicula cuius uis praecipue solstitio est.

3 Stellae potentissimae in caelo sunt septem: Saturnus, Sol, Luna, Mars, Mercurius, Iuppiter, Venus; quae a Graecis «Πλανῆτες», a nobis «erraticae» dicuntur, qui*a* ad arbitrium suum uagantur, et motu suo hominum fata moderantur. Item, aduerso cursu contra caelum feruntur.

4,1 Quibus partibus sedeant XII signa duodecim uentorum?

Aries in a*pheli*o*ten*, Taurus in c*aecia*m, Gemini in aquilonem, Cancer in septentrionem, Leo in t*h*ra*s*cia*m*, Virgo in argesten, 2 Libra in zep*h*yron, Scorpius in africum, Sagittarius in austrum et africum, Capricornus in austrum, Aquarius in eurum et notum, Pisces in eurum.

alter *post* dicitur *add. Ass. et lacunam ind.* || βοώτης *ego*: bootes *M edd.*
2 πλειάδες *ego*: pliades *M edd.* || uirgiliae *M Sau. Ass.*: uer- *Woe.* || ὑάδες *ego*: hyades *edd.* hia- *M* || subuculae *M*[1] *Ass.*: suculae *M*[2] *Sau. Woe.*
3 πλανῆτες *ego*: planetae *M edd.* || quia *M*[2] *Woe. Ass.*: qui *M*[1].

4,1 aphelioten *Ass.*: africum *M Sau. Woe.* || caeciam *Ass.*: circium *M Sau. Woe.* || thrasciam *Woe. Sau.*: trachia *M* thraciam *Ass.*
2 zephyron *M*[2] *edd.*: zepy- *M*[1] *ut semp.*

Les vents 5,1 Les vents naissent du mouvement et de la déviation de l'air: de fait, il y en a quatre originels: l'eurus, également aphéliotès, également vulturne, venant de l'orient; venant de l'occident, le zéphir, également corus, également favonius; l'aquilon, le borée, l'aparctias, venant également du septentrion; le notus, également libs, appelé aussi auster et africus, venant du midi.

2 Ce sont les quatre vents originels; d'autres vents spécifiques s'y ajoutent, comme, au zéphir, le iapyx qui souffle depuis le cap Iapyge de l'Apulie, le leuconotus au notus, quand celui-ci souffle de façon plus clémente, le cers à l'aquilon, quand celui-ci souffle très brutalement à travers les Gaules; de même les vents étésiens qui soufflent l'été à date fixe.

La terre 6,1 Le globe terrestre[1], qui est sous le ciel, est habité dans quatre régions: l'une de ses parties est celle où nous vivons[2], une seconde, à l'opposé de celle-là, dont les habitants sont appelés «antichthons», les deux parties inférieures, situées à l'opposé des deux premières, dont les habitants sont appelés «antipodes»[3].

2 La terre que nous habitons est divisée en trois parties, et autant de dénominations: l'Asie, qui est entre le Tanais et le Nil, la Libye, qui est entre le Nil et le golfe de Gadès, l'Europe, qui est entre le détroit et le Tanaïs[4].

Chapitre 5. Voir p. 58-59.

Chapitre 6

1. Cf. 1,2 et n. 3 *ad loc.*

2. Entouré par l'Océan, le monde connu des Anciens se situe tout entier dans l'hémisphère nord; l'Afrique se termine entre le tropique du Cancer et l'Equateur, aux limites de la zone torride; la terre la plus septentrionale, «*ultima Thyle*», à laquelle Ampélius fait allusion plus loin (6,12), se situe sur le cercle polaire.

3. *Voir p. 59.*

4. *Voir p. 60.*

5,1 [De uentis] Venti fiunt ex aeris motu et inclinatione. Sunt autem generales quattuor: eurus, idem a*ph*eliotes, idem uulturnus, ab oriente; ab occidente zeph*y*rus, idem corus, idem fauonius; aquilo, boreas, aparc*ti*as, idem <a> septentrione; notus, idem libs, et auster, et africus, a meridie.

2 Hi sunt quattuor generales; ceteri speciales his *sub*scribuntur, ut iap*yx* zephyro, qui a*b* *Ia*p*y*gio, Apuliae promontorio, flat; leuconotus noto, cum serenior flat; circius aquiloni, cum uehementior Gallias perflat; item etesiae, qui statis diebus flant per aestatem.

6,1 [De orbe terrarum] Orbis terrarum qui sub caelo est quattuor regionibus incolitur: una pars eius est in qua nos habitamus; altera huic contraria quam qui incolunt uocantur antichthones; quarum inferiores duae ex contrario harum sitae, quas qui [eo] incolunt uocantur antipodes.

2 Orbis terrarum quem nos colimus in tres partes diuiditur, totidemque nomina: Asia, quae est inter Tanain et Nilum, Lib*y*a, quae est inter Nilum et Gaditanum sinum, Europa, quae est inter fretum et Tanain.

5,1 de uentis *titul. interpol. ego secl., seru. edd.* || apheliotes *Ass.*: afe- *M* apc- *Sau. Woe.* || aquilo boreas aparctias idem a septentrione *Woe.*: a. b. aparchas idem s. M^1 a. b. aparcias idem a s. M^2 *Sau.* a. idem b. et aparctias a s. *Ass.* || libs M^2 *edd.*: libis M^1.
2 his subscribuntur *ego*: hi scribu- M^1 adscribu- M^2 *Sau. Woe.* his tribuu- *Ass.* || iapyx *edd.*: -pia M^1 -pix M^2 || qui ab iapygio M^2 *Sau. Woe.*: quia pugio M^1 qui ab iaphygio *Ass.* || circius *M Woe. Ass.*: caurus *Sau.* || aquiloni *edd.*: -is *M* || statis M^2 *Sau. Woe.*: estatis M^1 a statis *Ass.*

6,1 de orbe terrarum *titul. interpol. ego secl., seru. edd.* || eo *post* quas qui *scrips.* M^1 *del.* M^2.
2 tanain M^2 *edd.*: tannain M^1 || libya M^2 *edd.*: libia M^1 || gaditanum *edd.*: gard- M^1 gand- M^2.

Les peuples 3 En Asie, les peuples les plus illustres[5] sont les Indiens, les Sères, les Perses, les Mèdes, les Parthes, les Arabes, les Bithyniens, les Phrygiens, les Cappadociens, les Ciliciens, les Syriens, les Lydiens. 4 En Europe, les peuples les plus illustres sont les Scythes, les Sarmates, les Germains, les Daces, les Mésiens, les Thraces, les Macédoniens, les Dalmates, les Pannoniens, les Illyriens, les Grecs, les Italiens, les Gaulois, les Espagnols. 5 En Libye, les peuples les plus illustres sont les Ethiopiens, les Maures, les Numides, les Puniques, les Gétules, les Garamantes, les Nasamones, les Egyptiens.

Les montagnes 6 Les plus illustres montagnes de la terre[6] sont le Caucase en Scythie, l'Emodus en Inde, le Liban en Syrie, l'Olympe en Macédoine, l'Hymette en Attique, le Taygète à Lacédémone, le Cithéron et l'Éléon[7] en Béotie, le Parnasse[8] et les monts Acrocérauniens en Epire, le Ménale en Arcadie, 7 l'Apennin en Italie, l'Eryx en Sicile, les Alpes entre les Gaules, le mont Pyrénée entre la Gaule et l'Espagne, l'Atlas en Afrique, Calpè sur le détroit de l'Océan.

Les fleuves 8 Les plus illustres fleuves de la terre[9] sont l'Indus, le Gange, l'Hydaspe en Inde; l'Araxe en Arménie; le Thermodon et le Phase en Colchide; 9 le Tanaïs en Scythie; le Strymon et l'Hèbre en Thrace; le Sperchios en

5. Voir annexe 1, tableau 1; on remarquera dans l'énumération l'absence des Bretons, ce qui est un indice de l'ancienneté de la source, et le classement des Egyptiens parmi les peuples africains, alors que l'Egypte est considérée par les Anciens comme faisant partie de l'Asie.

6. Voir annexe 1, tableau 1 et carte I et II.

7. Eleon est une cité de Béotie et non une montagne; l'utilisation par Ampélius d'une carte à nomenclature confuse et mal située est à l'origine de l'erreur (cf. *Introd.* p. XVI et n. 29).

8. Le Parnasse est en Phocide et non en Epire (cf. n. 7).

9. Voir annexe 1, tableau 1 et cartes I et II.

3 In Asia clarissimae gentes: Indi, Seres, Persae, Medi, Parthi, Arabes, Bithyni, Phryges, Cappadoces, Cilices, Syri, L*yd*i. 4 In Europa clarissimae gentes: Sc*y*-*th*ae, Sarmatae, Germani, Daci, Moesi, T*h*rac*es*, Macedones, Dalmatae, Pannonii, Illyrici, Graeci, Itali, Galli, Spani. 5 In Libya gentes clarissimae: Aet*h*iopes, Mauri, Num*i*dae, Poeni, G*a*etuli, Garamantes, Nasamones, Aegyptii.

6 Clarissimi montes in orbe terrarum: Caucasus in Scythia, Emodus in India, Libanus in Syria, Ol*y*mpus in Macedonia, Hymettus in Attica, Ta*y*getus Lacedaemonia, Cith*a*eron et Eleon in Boetia, Parnassos et Acroceraunia in *E*p*i*ro, M*a*enalus in Arcadia, 7 Apenninus in Italia, Eryx in Sicilia, Alpes inte*r* Gallia*s*, Pyren*a*eus inter Galliam et Spaniam, Athlans in Africa, Calpe in freto Oceani.

8 Clarissima flumina in orbe terrarum: Indus, Ganges, Hydaspes in India; Araxes in Armenia; T*h*ermodon et *Ph*asis in Colc*h*ide; 9 Tanais in Scy*thi*a; Str*y*mon et

3 lydi *Ass.*: libii M^1 libyi M^2 *Sau.* lycii *Woe.*
4 scythae *edd.*: sectae *M* || thraces *edd.*: traci M^1 thraci M^2.
5 aethiopes M^2 *edd.*: aeti- M^1 || numidae M^2 *edd.*: numediae M^1 || gaetuli M^2 *edd.*: ge- M^2 || aegyptii *M Woe. Ass.*: -tus *Sau.*
6 emodus M^2 *edd.*: et modus M^1 || olympus *edd.*: olim- *M* || taygetus M^2 *Ass. Woe.*: taigetus M^1 taygetes *Sau.* || in *ante* Lacedaemonia *add. Sau. Woe.* || cithaeron et eleon *ego*: citheron et eleon *M* cithaeron et helicon *Woe. Ass.* et citheron eleon *Sau.* || boetia *M Ass.*: boeotia *Sau. Woe.* || parnassos *M*: -assus *Sau.* -asos *Woe. Ass.* || et *secl. Sau. Ass.* || in phocide *ante* acroceraunia *add. Ass.* || in epiro M^2 *edd.*: in pro M^1 || maenalus M^2 *edd.*: men- M^1.
7 inter gallias *ego*: intel galliam M^1 inter galliam et italiam M^2 *edd.* || pyrenaeus *edd.*: -neus *M* || athlans M^1 *Ass.*: atlas M^2 *Woe.* athlas *Sau.* || africa M^2 *edd.*: -cam M^1.
8 thermodon M^2 *edd.*: ter- M^1 || phasis *edd.*: fa- *M* || colchide *edd.*: colci- *M*.
9 scythia M^2 *edd.*: scya M^1 || strymon M^2 *Woe. Ass.*: strim- M^1 *Sau.*

Thessalie; l'Hermos et le Pactole, fleuves aurifères, le Méandre et le Caystros, en Lydie; le Cydne en Cilicie; l'Oronte en Syrie; le Simoïs et le Xanthos en Phrygie; 10 l'Eurotas à Lacédémone; l'Alphée en Elide; le Ladon en Arcadie; l'Achéloüs et l'Inachos en Epire; la Save et le Danube, surnommé également l'Ister, en Mésie; l'Eridan[10] et le Tibre en Italie; le Timave en Illyrie; le Rhône en Gaule; l'Ebre et le Bétis en Espagne; 11 le Bagrada en Numidie; le Triton en Gétulie; le Nil en Egypte; le Tigre et l'Euphrate en Parthie; le Rhin en Germanie[11].

Les îles

12 Les îles les plus illustres[12]: dans notre mer, il y en a onze, la Sicile, la Sardaigne, la Crète, Chypre, l'Eubée, Lesbos, Rhodes, les deux Baléares[13], Ibiza, la Corse, Gadès[14]; dans l'Océan, il y a vers l'orient, Taprobane[15]; vers l'occident, la Bretagne; vers le septentrion, Thulè[16]; vers le midi, les îles Fortunées[17]; 13 outre celles-ci, il y a dans la mer Egée les douze Cyclades[18]: Délos, Gyaros, Myconos, Andros, Paros, Ténos, <Ios>, Cythnos, <Siphnos>, Mélos, Naxos, Donusa; 14 outre celles-ci, les Sporades innombrables[19], au reste, les plus fréquentées sont Egine, Salamine, Cos, Chios,

10. Ampélius utilise le nom grec du Pô: Éridan, parfois repris par les poètes, mais non pas par les géographes.

11. Le Tigre et l'Euphrate, fleuves d'Asie, le Rhin, fleuve d'Europe, sont rejetés en fin de liste après les fleuves d'Afrique. Il est possible qu'ils aient été omis par la source d'Ampélius.

12. Voir annexe 1, tableau 2 et cartes I et II.

13. Les deux Baléares (Majorque et Minorque) forment un ensemble, si bien qu'Ampélius énumère bien onze noms d'îles et il n'y a pas lieu de corriger le texte de *M*.

14. L'île de Léon, sur laquelle était implantée la Gadès des Romains (*Augusta Iulia Gaditana*), et où se trouve le centre historique de la ville actuelle de Cadix. A courte distance se trouvait la petite île d'Erythée, où les Phéniciens, selon Pline l'Ancien, s'étaient primitivement installés (*H.N.* IV,119sqq.).

15. Ceylan.

16. La terre la plus septentrionale, reconnue par Pythéas à six jours de mer de la Bretagne, peut être l'Islande, les îles Feroë, les îles Shetland, voire un cap norvégien.

17-19. *Voir p. 60.*

Hebrus in T*h*racia; Sperc*h*ios in T*h*essalia; Hermus et Pactolus auriferi, M*a*eander et C*ay*strus in Lydia; Cydnus in Cilicia; Orontes in Syria; Simois et *X*ant*h*us in *Ph*r*y*gia; 10 Eurotas Lacedaemone; Al*ph*eus in Elide; Ladon in Arcadia; Achelous et Inachus in Epiro; Sauus et Danubius, qui idem Ister cognominatur, in Moesia; Eridanus et Tiberinus in Italia; Timauus in Ill*y*rico; R*h*odanus in Gallia; *I*berus et B*a*etis in Spania; 11 Bagrada in Numidia; T*r*iton in G*a*etulia; Nilus in Aegypto; Tigris et Eu*ph*rates in Parthia; R*h*enus in Germania.

12 Clarissimae insulae: in mari nostro undecim, Sicilia, Sardinia, Crete, Cypros, Euboea, Lesbos, R*h*odos, duae *B*a*l*eares, Ebusus, Corsica, Gades; in Oceano, ad orientem Taprobane; ad occidentem Britannia; ad septentrionem T*hy*le; ad meridiem insulae Fortunatae; 13 pr*ae*ter has in A*e*g*ae*o mari Cyclades duodecim: Delos, G*y*aros, M*y*conos, Andros, *P*aros, Tenos, <Ios>, C*yth*nos, <Siphnos>, Melos, Naxos, Donusa; 14 praeter has S*po*rades innumerabiles, ceterum celeberrimae *A*eg*i*na, Salamina, Coos, Chios, Lemnos, Samot*h*r*a*cia;

thracia sperchios M^2 *edd.*: trachias percios M^1 || thessalia M^2 *edd.*: te- M^1 || maeander *edd.*: me- *M* || caystrus M^2 *edd.*: cistrius M^1 || xanthus M^2 *edd.*: sanctus M^1 || phrygia M^2 *edd.*: frig- M^1.
10 alpheus *edd.*: alfe- *M* || illyrico *edd.*: illir- *M* || rhodanus M^2 *edd.*: ro- M^1 || iberus M^2 *edd.*: hyb- M^1 || baetis *Woe. Ass.*: be- *M Sau.*
11 triton *Woe. Ass.*: titron *M Sau.* || gaetulia *Woe. Ass.*: ge- *M Sau.* || euphrates *Sau. Woe.*: eufr- *M Ass.* || rhenus *edd.*: re- *M*.
12 undecim *M Sau. Woe.*: duodecim *Ass.* || crete *Woe. Ass.*: -tae M^1 -ta M^2 *Sau.* || rhodos M^2 *edd.*: ro- M^1 || baleares M^2 *edd.*: labeares M^1 || ebusus *Woe. Ass.*: eub- *M Sau.* || thyle M^2 *edd.*: tile M^1.
13 praeter M^2 *edd.*: propter M^1 || aegaeo M^2 *edd.*: agro M^1 || duodecim *M Sau. Woe.*: undecim *Ass.* || gyaros M^2 *edd.*: gia- M^1 || myconos M^2 *edd.*: micho- M^1 || paros tenos ios cythnos siphnos *ego*: faros tenedos cidnos (cythnos M^2) *M* paros pharos tenedos cythnos *Sau.* paros olearos tenos cythnos *Woe. Ass.*
14 sporades M^2 *edd.*: stochades M^1 || aegina M^2 *edd.*: egaetna M^1 || samothracia M^2 *edd.*: -trichia M^1.

Lemnos, Samothrace; 15 dans la mer Ionienne, les Echinades, les Strophades, Ithaque, Céphallénie, Zacynthe; dans la mer Adriatique, les îles Cratées[20], au nombre de mille environ; dans la mer Sicule, les huit îles Eoliennes; dans la mer Gauloise, les trois îles Stéchades; dans les Syrtes, Cercina[21] et Méninx, appelée aussi Djerba[22].

La mer 7,1 La mer qui nous entoure est appelée, dans son ensemble, mer Océane. Elle pénètre les terres en quatre régions: au septentrion, elle est appelée mer Caspienne, à l'orient, mer Persique, au midi, mer Arabique, et aussi mer Rouge et mer Érythrée, à l'occident, la Grande mer, appelée aussi Atlantique; et elle est parcourue par les activités de tout le genre humain. 2 Elle entre dans le détroit de Gadès entre deux monts très illustres, Abenna et Calpé, devant les Colonnes élevées par Hercule, ensuite, s'épanchant en largeur en même temps qu'en longueur, elle inonde le milieu de la terre et acquiert des dénominations: 3 la mer Baléarique, qui baigne l'Espagne; la mer Gauloise, qui touche les Gaules; la mer Ligustique, qui s'épanche près des Ligures; la mer Etrusque, Tyrrhénienne, ou aussi Inférieure, qui limite le côté droit de l'Italie; la mer Hadriatique, ou Supérieure, qui limite le côté gauche de l'Italie; 4 la mer Sicule, dans laquelle se trouve la Sicile; la mer Crétique, dans laquelle est l'île de Crète; la mer

20. Pour arriver à un total d'un millier d'îles Cratées, Ampélius regroupe sous ce nom toutes les îles de la côte dalmate, depuis Crexi (Cres) et Curicum (Krk) jusqu'à Melita (Mljet): une chaîne d'îles, allongées parallèlement au rivage, qui correspondent au sommets des anticlinaux d'un système de plissements SE-NW, partiellement immergé au moment de la transgression flandrienne.

21. L'archipel des îles Kerkennah.

22. L'île est désignée par le nom de ses deux villes principales, fondées très anciennement par les Phéniciens: Méninx, au S W, où les *murex* étaient traités pour obtenir la pourpre, et le comptoir de Girba, au N, qui a donné à l'île son nom moderne.

Chapitre 7. Voir p. 60.

15 in Ionio: Ec*h*inades, Strophades, It*h*ace, Cephalenia, Zacynthos; in Adriatico, Cr*a*t*e*ae circiter mille; in Siculo, Aeoliae VIII; in Gallico, Sto*e*c*ha*des tres; in Syrtibus, Cercina et Meni*x* et Gir*b*a.

7,1 [De marias ambitu] Mare quo cingimur uniuersum uocatur Oceanum. Hoc quattuor regionibus inrumpit in terras: a septentrione uocatur Caspium, ab oriente Persicum, a meridie Arabicum, idem Rubrum et Er*y*-*thra*eum, ad occasum magnum mare, idem Athlanticum, quod commerciis totius generis humani peragitur. 2 Hoc intrat in fretum Gaditanum inter duos montes clarissimos Abinnam et Calpen ob impositas Herculis columpnas, dein latissime simul et longissime fusum medium terrarum orbem inundat et nomina adquirit: 3 Balearicum, quod Hispaniam adluit; Gallicum, quod Gallias tangit; Ligusticum, quod Liguribus infunditur; Tuscum, Tyrrhenum, idem inferum, quod dextrum Italiae latus circuit; Hadriaticum, idem superum, quod sinistrum Italiae latus circuit; 4 Siculum, in quo Sicilia; Creticum, in quo insula est Creta; Ionium et Aegaeum, quae

15 echinades M^2 *edd.*: eci- M^1 || ithace *Woe. Ass.*: itaces M^1 ithaca M^2 *Sau.* || zacynthos M^2 *edd.*: zachynthos M^1 || crateae *Woe. Ass.*: ciritoae *M* ciriteae *Sau* || stoechades M^2 *edd.*: stocedes M^1 || menix *Ass.*: menis M^1 menynx M^2 *Sau. Woe.* || girba M^2 *Woe. Ass.*: girna M^1 girrha *Sau.*

7,1 de marias (marium M^2) ambitu *titul. interpol. ego secl., seru edd.* || caspium *ante* persicum *add.* M^1 *del.* M^2 || erythraeum M^2 *edd.*: herinteum M^1 || athlanticum M^2 *Sau. Ass.*: adthl- M^1 atl- *Woe.* || peragitur *M Sau. Woe.*: peragratur *Ass.*
2 abinnam *M Sau. Ass.*: abylam *Woe.* || calpen *M. Sau. Woe.*: -em *Ass.* || columpnas M^1 *Ass.*: -mnas M^2 *Sau. Woe.* || fusum *M Sau. Woe.*: eff- *Ass.*

Ionienne et la mer Egée, qui entourent l'Achaïe, ou Péloponèse, de telle façon que, l'Isthme s'interposant entre elles, elles en font une presqu'île; la mer de Myrtos et la mer Icarienne, qui touchent la mer Egée, l'une nommée d'après Myrtilos, l'autre d'après Icare; 5 la mer Pontique, qui s'épanche chez les Scythes dans un immense golfe; la mer Hellespontique, qui passe par un défilé entre deux villes très célèbres, Sestos en Asie, Abydos en Europe[1]; la mer Tanaïtique, par laquelle l'Asie est baignée; la mer Egyptienne, nommée d'après l'Egypte, la mer Libyque, d'après la Libye; la mer des Syrtes va et vient à partir des deux Syrtes, sous l'effet alterné du flux et du reflux.

Les merveilles du monde

8,1 Quelles merveilles y a-t-il sur la terre?

A Apollonie: à cinq mille pas en direction d'Amantia, sur le mont Nymphée[1]: il y a là un feu et une flamme sort de terre. Le concert de Pan, joué dans la forêt, s'entend jusqu'en ville[2]. De même, dans la plaine au-dessous de ce mont, il y a des bassins remplis d'eau d'où sortent de la poix et du bitume; quand on creuse par dessous avec les mains, la poix est attirée en hauteur et se forme en globules, comme si elle naissait à partir de l'eau.

2 A Ambracie en Epire[3]: Castor et Pollux, ainsi qu'Hélène,

1. Les positions respectives de Sestos et d'Abydos ont été inversées: ici encore la faute d'Ampélius vient de la nature de sa source (cf. chap. 6, n. 7-8).

Chapitre 8. Voir p. 60.
1-3. *Voir p. 61.*

Achaiam, idem Peloponnesum, it*a* ambiunt ut in*ter*ueniente *I*st*h*mo p*ae*ne insulam faciant; Myrtoum et Icarium, quae adhaerent *A*eg*a*eo mari, illud a M*y*rtilo, hoc ab Icaro cognominat*um*; 5 Ponticum, quod ingenti sinu Sc*y*this infunditur; *H*ellesponticum, fauce transmissum inter duas celeberrimas urbes, Seston Asiae, Abydon Europae; Tanaiticum, quo Asia alluitur; *A*egyptium ab *A*eg*y*pto, Lib*y*cum a Lib*y*a cognominatur; Syrticum a duabus Syrtibus reciprocis aestibus retorquetur.

8,1 [Miracula mundi] Miracula quae in terris sunt? Apolloniae a*d* Amantia*m* milia passus quinque in monte *N*ym*ph*ae*o*, ubi ignis est et de terra exit flamma. In s*i*lua Panis symphonia in oppidum auditur. Item sub eo monte in campo lacus aquae pleni unde *p*ix exit et bitumen; cum manibus subplodas, pix alte attollitur et quasi ab aqua bullescit.

2 Ambraciae in Epiro in pariete sunt picti Castor et

4 idem peloponnesum ita *ego*: idem peloponnese sumit *M*[1] eamdem peloponneson simul *M*[2] *Sau.* [id est peloponnesum] ita *Woe.* [idem peloponnesum] ita *Ass.* || interueniente isthmo paene (poe- *Sau.*) *M*[2] *edd.*: inuenientes tiemo ponet *M*[1] || aegaeo *M*[2] *Woe. Ass.*: egeo *M*[1] aegeo *Sau.* || myrtilo *Woe. Ass.*: mirtilo *M*[1] mirtylo *M*[2] *Sau.* || cognominatum *Ass.*: -ta nam *M*[1] -ta euxinum *M*[2] *Sau. Woe.* || scythis *M*[2] *edd.*: scit- *M*[1] || hellesponticum *M*[2] *edd.*: el- *M*[1] || asiae *M Sau. Ass.*: europae *Woe.* || europae *M Sau. Ass.*: asiae *Woe.*

8,1 miracula mundi *titul. interpol. secl. Ass. recte, seru. Sau. Woe.* || apolloniae ad amantiam *ego*: appollonia et cathamantia *M*[1] appollonia cathamantha *M*[2] ab apollonia athamantia *Sau.* ab apollonia + et cathamantie *Woe.* apolloniae in athamantia a mari *Ass.*, *an* apolloniae καθ' amantian? || nymphaeo *Sau. Woe.*: limfae *M*[1] lymfae *M*[2] nymphaeum *Ass.* || ubi *M*: ibi *edd.* || silua *edd.*: salua *M* || lacus *M*[2] *edd.*: -cis *M*[1] || unde *M*[2] *Sau.*: in- *M*[1] *Woe. Ass.* || pix *M*[2] *edd.*: fixe *M*[1].

ont été peints sur un mur par la main d'un autochtone, et absolument personne ne peut découvrir qui a peint.

3 A Argos en Epire[4], que l'on surnomme «Supérieure», il y a là-bas un grand pont soutenu par une double colonnade, qu'Alcide, dit-on, ordonna de construire; le gouvernail des Argonautes a été peint à l'endroit où le navire fut accueilli[5]. Il y a là-bas le temple de Jupiter Typhon[6] depuis lequel il y a un chemin qui descend aux Enfers, pour prendre les oracles; deux personnes qui descendirent à cet endroit disent avoir vu Jupiter en personne.

4 A Leucade: le mont[7] d'où l'on dit que Sappho se précipita à cause d'un homme. Au sommet du mont il y a un sanctuaire d'Apollon où on accomplit les rites, et quand un homme saute de là-haut, il est aussitôt recueilli par des barques[8].

5 A Sicyone en Achaïe[9], sur le forum, il y a un sanctuaire d'Apollon, où ont été placés le bouclier et le sabre d'Agamemnon, la chlamyde et la cuirasse d'Ulysse, les flèches et l'arc de Teucer, un coffret déposé par Adraste, dont le contenu est inconnu; par ailleurs, il y a aussi le chaudron de bronze dans lequel Pélée a été cuit, dit-on; de même, il y a la lettre de Palamède, et également la peau de Marsyas, les rames des Argonautes, et les pièces de manœuvre du gouvernail, le caillou

4. L'Argos d'Epire, *Argos Amphilochicon*, se trouvait à l'intérieur des terres, à l'est du golfe d'Ambracie, à une dizaine de km de la ville moderne d'Amphilochia. On ne peut y localiser les «merveilles» dont parle Ampélius; en revanche, il est possible qu'il y ait eu confusion (de l'auteur, de sa source, de la tradition manuscrite?) avec Ephyre de Thesprôtie (Mesopotamon), située au nord du golfe d'Ambracie, au confluent de l'Achéron et du Cocyte; il s'y trouvait au IIe s. a.C. un sanctuaire oraculaire important, le *Nekuomanteion*, situé à ce qui passait pour l'entrée des Enfers, où Perséphone et Haedonée, assimilé à Hadès, étaient honorés. Pline (*H.N.* 4,4), pour qui l'Achéron se jette dans le golfe d'Ambracie, fait également référence à un pont remarquable de mille pieds sur le fleuve.

5-6. *Voir p. 61.*

7-9. *Voir p. 62.*

Pollux et *H*elena manu autoc*hth*onis et nemo neque inuenire potest quis pinxerit.

3 Argis in Epiro, quod *"Yπατον* appellatur: ibi pons magnus columpnatus duplex quem *Al*cidea aedificari imperasse fertur. Ibi picta sunt gubernacula Argonautarum qua e*x*cepta nauis. Ibi Iouis templum Ty*ph*onis, unde est ad inferos descensus ad tollend*a*s sortes; in quo loco dicunt duo qui descenderunt Iouem ipsum uidere.

4 Leucade mons unde se Sa*pph*o deiecit propter uirum. In summo monte fanum est Apollinis ubi sacra fiunt et cum homo inde desiluit, statim excipitur lint*r*ibus.

5 Sic*y*one in Achaia: in foro aedis Apollinis est; in ea sunt posita Agamemnonis clipeus et mac*ha*era, Vlixis c*h*lam*y*s et t*h*oracium, Teucri sagittae et arcus, Adrasti arca quam deposuit, in qua quid sit ignoratur, sed et olla aerea in qua Pelias coctus dicitur; item *Pala*med*i*s *l*itter*ae*, Mars*yae* autem qu*o*que corium, remi Argonauta-

2 helena M^2 *edd.*: e- M^1 || autochthonis M^2 *edd.*: -conis M^1 || *lacunam post* nemo *indic. Ass. fortasse recte* || neque *secl.* M^2 *Sau.*
3 epiro M^2 *edd.*: asp- M^1 || ὕπατον *ego*: ippaton *M Sau.* hippoboton *Woe.* + ippaton *Ass.*, *an* ὑπόχθων? || pons M^2 *edd.*: monspons M^1 || alcidea *ego uel fortasse* alcides: cidea M^1 medea M^2 *edd* || *lacun. ante* picta *indic. Ass.* || qua excepta *ego*: quae cepta M^1 quae coepta M^2 *Sau. lacun ante* quae *indic. Woe. Ass. et post* cepta *Ass.* || ibi *edd.*: sibi *M* || typhonis *Ass.*: styfonis M^1 *a.c.* tyfonis M^1 *p.c.* hyphonis *Sau.* trophonii *Woe.* || tollendas *edd.*: -dos *M* || dicunt duo *M Sau.*: dicuntur ii *Woe.* dicuntur qui *Ass.*
4 sappho M^2 *edd.*: saffo M^1 || lintribus *edd.*: -tibus *M*.
5 sicyone *edd.*: sico- *M* || aedis *M Woe. Ass.*: -des *Sau.* || clipeus M^1 *Woe. Ass.*: clyp- M^2 *Sau.* || machaera M^2 *edd.*: mace- M^1 || ulixis *M Woe. Ass.*: ulyssis *Sau.* || chlamys M^2 *edd.*: clamis M^1 || thoracium M^2 *edd.*: to- M^1 || quam deposuit *transp. Ass. post* aerea *et* quam <me>de<a> posuit *ibi scrips.* || palamedis *edd.*: tademedes M^1 pademedes M^2 || litterae *Woe. Ass.*: cittera *M* cithara *Sau.* || marsyae autem quoque *ego*: marsi autem quaequae *M* marti autem quoque *Sau.* marsyae autem quaequae *Woe. et post.* autem *indic. lac.* marsyae tibiae itemque *Ass.*

par lequel Minerve décida du sort d'Oreste[10]; un voile est suspendu là: si quelqu'un l'effleure de son souffle, la toile de Pénélope se déploie entièrement. De l'huile y jaillit de la terre.

6 A Argos: le temple de Junon d'Inachos, magnifiquement orné que l'on appelle le «Refuge»[11].

7 A Olympie: le fameux temple de Jupiter, où sont initiés les athlètes.

8 A Corinthe, il y a au bord de la mer une grande côte de baleine qu'un homme ne peut enserrer de ses bras. Au même endroit, il y a un sanctuaire de Vénus où se trouve le vase en marbre de Laïs[12].

9 En Béotie: un lac sacré à l'endroit où Amphiaraos a été englouti[13]. Dans ce lac, il y a une cruche d'argile qui a été brisée: à l'intérieur, pend un tesson, mais son point d'ancrage n'est pas visible, sauf s'il est agité par le vent.

10 A Athènes: le fameux trône de Minerve; un bouclier qu'elle touche du doigt est placé à son côté gauche; au milieu de ce bouclier, un portrait de Dédale a été fixé de telle façon que si quelqu'un veut ôter le portrait du bouclier, l'œuvre entière périt: l'emblème en effet se désagrège[14]. Pour ce qui est de la déesse elle-même, elle a une lance d'airain.

11 A Ilion, il y a une pierre de taille où Cassandre fut

10. Les juges d'Athènes s'étant partagés également entre la condamnation et l'acquittement d'Oreste, c'est le «vote d'Athéna», matérialisé ici par un caillou (jeton, tessère) qui emporta la décision, puisque le vote de la déesse, présidant le tribunal, comptait double. C'est dans ce sens que l'on peut comprendre le passage corrompu *cerauit una pcomparas* dans lequel je propose de voir la glose *certauit una pro compare / comparibus*: «elle (*la déesse*) combattit seule, au nom de son compagnon (*Oreste*)», ou bien «devant ceux qui étaient sur un pied d'égalité (*les juges*)».

11-13. *Voir p. 62.*

14. *Voir p. 63.*

rum et gubernaculis bracchia, cauculus qu*o* Minerua sortita est de Oreste [cerauit una ꝓcomparas]; i*b*i palla pendet; quam si quis *hal*itu afflauerit, tota patefit Penelopae tela. Ibi de terra oleum scaturrit.

6 Argis Inac*h*iae Iunonis templum magnifice ornatum, quod asylum uocant.

7 Olympiae templum Iouis nobile, ubi athletae initiantur.

8 Corint*h*o ballenae costa est magna secundum mare, quam homo complecti non potest; eodem in loco fanum est Veneris, in quo uas marmoreum Laidos.

9 Boetiae lacus sacer ubi Amphiaraus deuoratus; in eo lacu est urceus fictilis fractus: pendet testa intr*in*sec*us* posita; unde autem pendeat non apparet nisi a uento moueatur.

10 Athenis, Mineruae *s*edes nobilis cuius ad sinistram clipeus appositus quem digito tangit; in quo clipeo medio Daedali est imago ita collocata: quam si quis imaginem <e> clipeo uelit tollere, perit totum opus; soluitur enim signum. Ipsa autem dea habet hastam de *ae*ramine.

11 Ilio: lapi*s* quadratus ubi Cassandra fuit alligata:

et *M Sau.*: cum *Woe. Ass.* || gubernaculis *M Woe. Ass.*: -li *Sau.* || *lac. post* gubernaculis *indic. Woe.* || et *ante* bracchia *add. Ass.* || cauculus *M Sau. Ass.*: calc- *Woe.* || quo *Ass.*: quem *M. Sau Woe.* || cerauit una ꝓcomparas *ego secl. ut gloss.* certauit una pro compare (-ibus?) *fortasse legendum est, uide adn.* || ibi *edd.*: iti *M* || halitu *edd.*: abitu *M.*
6 inachiae M^{2} *Sau.*: inaciae M^{1} in achaia *Woe. Ass.*
8 corintho M^{2} *Sau. Ass.*: -to M^{1} -thi *Woe.*
9 pendet *M Sau. Woe.*: -ens *Ass.* || intrinsecus posita *ego*: inter se composita *M edd.*
10 sedes *ego*: cedes M^{1} aedes M^{2} *edd.* || collocata *M Sau. Woe.*: -ligata *Ass.* || e clipeo *Woe. Ass.*: clippeo M^{1} e clypeo M^{2} *Sau.* || aeramine *ego*: gramine *M edd.*
11 lapis quadratus M^{2} *Sau.*: lapide quadratus M^{1} lapis quadrata *Woe.* lapis est quadratus *Ass.*

enchaînée; si on la touche par devant, ou bien si on l'a frottée, elle laisse couler du lait, si on la frotte pareillement de l'autre côté, elle laisse couler comme du sang[15]. Près de la mer, aussi, il y a un endroit appelé le Rhétée, où se trouve le tombeau d'Achille et de Patrocle et le fleuve Scamandre[16].

12 Le très fameux sanctuaire de Diane d'Ephèse, le plus grand et le plus beau de la terre[17]; dans l'entrée, à droite et à gauche, il y a des jambages monolithes en marbre, longs de vingt coudées, <...> par là, dans la montée au dessus du temple il y a cent quarante mille <...>[18].

13 Dans le temple de Samos dédié à Junon[19], un vase[20] fait de lierre débordant en quatre grandes têtes de bélier avec des cornes torses d'une taille étonnante[21].

14 A Pergame: un grand autel de marbre haut de quarante pieds[22], avec de très grandes sculptures: en outre, il comporte une Gigantomachie[23].

15 A Iasos[24]: une très belle statue en marbre de Diane qui est placée à ciel ouvert, et quand il pleut, elle n'est pas atteinte par l'eau[25].

16 A Bargylia[26], il y a un sanctuaire de Vénus dominant la mer, où se trouve une lampe, placée sur un candélabre, qui brille à ciel ouvert en direction de la mer: le vent ne la fait pas

15-19. *Voir p. 63.*
20-26. *Voir p. 64.*

qu*e*m si ante tangas [id est] aut fricueris, lac demittit; ex altera autem parte similiter si frices ac si sanguinem remittit. Iu*x*ta autem mare qui locus R*h*oete*on* uocatur; ibi est Ac*h*illis et Patrocli *tum*ulus et flumen Scamandros.

12 E*phe*si*a*e Dianae fanum nobilissimum maximum pulcerrimumque orbis terrarum; introitu dextra sinistra postes marmorei monolithi longi cubitis XX <...> qua super templum ascensu sunt CXL milia <...>.

13 Samio in templo Iunonis, sc*y*phus factus est ex hedera cuius capita foras IV arietina magna cornibus mirae magnitudinis contortis.

14 Pergamo, ara marmorea magna, alta pedes XL cum maximis scul*p*turis; continet autem gigantomachiam.

15 *Ia*so, signum Dianae marmoreum pulcerrimum quod stat sub diuo caelo nec cum pluit aqua tangitur.

16 *B*arg*yliis* est fanum Veneris super mare: ibi est lucerna super candelabrum posita, lucens ad mare sub

quem *M*[2] *Sau. Ass.*: quam *M*[1] *Woe.* || id est *post* tangas *scrips. M*[1] *del. M*[1] *uel M*[2] || tangas — aut *secl. Ass. ut gloss. fortasse recte* || post frices *lacun. indic. Woe.* || ac si *secl. Ass. ut gloss.* || remittit *M. Sau. Woe.*: dem- *Ass.* || iuxta *M*[2] *edd.*: iusta *M*[1] || locus qui *trans. Ass.* || rhoeteon *Woe. Ass.*: roete *M*[1] rhoete *M*[2] *Sau.* achillis *edd.*: acil- *M*[1] achyl- *M*[2] || tumulus *Woe. Ass.*: uultus *M Sau.* || scamandros *Woe.*: -ras *M Sau.* -rus *Ass.*

12 ephesiae *Ass.*: est hodie *M*[1] epheso *M*[2] *Sau.* ephesi *Woe.* || ac *post* dextra *add. Woe.* || *lacun. post* XX *et post* milia *ego indic.* || *lacun. post* sunt *indic. Woe.* || *lacun. post* templum *et post* milia *indic. Ass.*

13 samio *M*[1] *Ass.*: -mo *M*[2] *Sau. Woe.* || scyphus *M*[2] *Sau.*: esciphus *M*[1] est scyphus *Woe. Ass.* || est *post factus secl. edd.* || capita foras *M Sau. Woe.*: in ora capita *Ass.*

14 sculpturis *M*[2] *edd.*: scult- *M*[1].

15 iaso *Ass.*: roso *M*[1] rhodo *M*[2] *Sau.* rosi *Woe.* || caelo *secl. Ass. ut gloss.*

16 bargyliis *ego*: argiro *M* argyro *Sau. Woe.* bargylo *Ass.*

vaciller, non plus que la pluie ne l'éteint. Mais il y a aussi l'antique sanctuaire d'Hercule: une cage ronde en fer, où la Sibylle fut enfermée, dit-on, y est suspendue à une colonne[27]. Là gisent des os de baleine qui ressemblent à des pierres de taille.

17 A Magnésie du Sipyle, il y a quatre colonnes; entre ces colonnes est suspendue une Victoire en fer qui s'ébat dans l'air sans aucune entrave, mais chaque fois qu'il va y avoir du vent ou de la pluie, elle ne bouge pas[28].

18[29] Le sanctuaire de Diane à Ephèse[30], qu'une Amazone a fondé[31]. Il y a là, également, le tombeau d'Icare, représenté en train de ronfler, comme s'il dormait, d'une taille étonnante, en orichalque et en fer[32].

19 Le colosse de Rhodes[33]: une statue en bronze du Soleil; en outre, il y a une colonne de marbre avec un quadrige en cuivre; la colonne, pour sa part, est de cent coudées[34].

20 La statue en ivoire de Jupiter Olympien, le visage en or, faite par Phidias: cent cinquante coudées <de haut> et soixante de large[35].

27. Parmi les nombreuses Sibylles, Hérophilè et Phyto auraient vécu dans la région, mais l'histoire de la cage, où une Sibylle, desséchée de vieillesse, se mourait pour avoir offensé Apollon, appartient à la légende de la Sibylle de Cumes (cf. Ps. Arist. *De Mir.* 1150; Pétrone, *Sat.* 48).

28. La région est très sujette aux tremblements de terre; de fait, la cité elle-même fut détruite en 17 A.D. Peut-être faut-il voir dans le curieux dispositif décrit par Ampélius un sismographe élémentaire?

29. *Voir p. 64.*

30-35. *Voir p. 65.*

diuo caelo, quam neque uentus spargit nec pluuia extinguit; sed et *H*erculis *a*edes antiqua. Ibi columna pendet cauea ferrea rotunda in qua conclusa Sib*y*lla dicitur. Ibi iacent ossa ballena*e* quasi lapides quadrati.

17 Ma*gn*esiae apud S*i*p*y*lum columnae sunt quattuor: inter has columnas est Victoria ferrea pendens sine aliquo uinculo in aere ludens; sed quotiens uentus aut pluuia fuerit, non mouet.

18 Aedis Dianae E*ph*eso quam constituit Amazon; ibi et sepulcrum Icari stertentis quasi dormiat, mirae magnitudinis, ex *o*ri*ch*alco et ferro.

19 R*h*odi coloss*us*: signum Solis a*ene*um; super columna marmorea cum quadriga *c*u*pro; *columna uero habet cubitus centum*.

20 Signum Iouis Ol*y*mpii e*burn*eum, facies ex auro, qu*od* fecit Phidias, <altum> cubitis centum quinquaginta et lat*um* cubitis sexaginta.

caelo *secl. Ass. ut gloss.* || spargit *ego*: aspargit *M* aspergit *Sau.* exstinguit *Woe.* extinguit *Ass.* || extinguit *M Sau.*: aspargit *Woe. Ass.* || herculis aedes M^2 *edd.*: er- ed- M^1 || e *ante* columna *add. Woe. Ass.* || sibylla M^2 *edd.*: sibil- M^1 || ballenae *ego*: ballena M^1 balaenae M^2 *Sau. Woe.* ballaenae *Ass*

17 magnesiae *Woe. Ass.*: marmesiae *M Sau.* || sipylum *Woe. Ass.*: sapil- M^1 sipil- M^2 *Sau.* || mouet *M Sau. Woe.*: mouetur *Ass. et post lacun. indic.*; *de Ass. editionis dispositione* § 18-24, *uide adn.*

18 epheso *edd.*: efe- *M* || est *ante* quam *add. statimq. del.* M^1 *add. Woe.* || *lacun. post* et *indic. Ass.* || icari *M Sau. Woe.*: in caria *Ass.* || orichalco M^2 *edd.*: erocalco M^1.

19 rhodi *Woe. Ass.*: rodi M^1 rhodo M^2 *Sau.* || colossus *ego*: colossi *M Sau. Ass.* colossicum *Woe.* || aeneum *ego*: altum *M edd. et post lacun. indic. Woe. Ass.* || cupro *ego* (cip- M^1 cyp- M^2 *edd.*) *post* quadriga *ego trans.*

20 *post* signum *lacun. indic. Ass.* || olympii *edd.*: olim- *M* || eburneum *ego*: aereum *M edd.* || quod *ego*: quem *M edd.* || *lacun. post* phidias *indic. Woe.* || altum *Ass.*: in *M Sau. Woe.* || latum *Woe. Ass.*: -ta *M Sau.*

21 La fameuse demeure du roi Cyrus, construite en pierres blanches et noires liées avec de l'or; il s'y trouve des colonnes de diverses couleurs et d'innombrables torchères en fer, des fenêtres d'argent et des tuiles en pierre verte[36].

22 La muraille à l'intérieur de la Babylonie, que Memnon[37] a construite en pierre cuite, à savoir avec de la chaux et du soufre, intercalée de fer à la manière de joints. Sa largeur est de trente coudées, sa hauteur, de cent trente: sa circonférence est de trente mille pas[38]. Sémiramis l'a commencée, son fils l'a achevée[39].

23 Les Pyramides en Egypte qu'Agartus[40] a construites.

24 Une ville[41]: il y a là le fleuve Nil, exécuté en bronze[42], † tressé †, sur trois cents coudées[43]: son visage est fait d'émeraude translucide, ses bras, d'ivoire d'éléphant: sous son regard, même les bêtes sauvages prennent peur.

25. On honore au plus haut point à Athènes la statue de Jupiter Olympien[44], à Alexandrie le fleuve Nil.

Dieux et déesses

9,1 Combien y eut-il de Jupiters, ou encore en quel lieu? Combien de dieux et de déesses?

36. Ecbatane, la capitale mède, était la résidence d'été des Achéménides. Le palais, décrit par Hérodote (1,98), avait sept enceintes couronnées de créneaux de couleur différente; il aurait été construit par le roi mède Déiokès.

37. Hygin, l'appendice de Vibius Sequester et Cassiodore attribuent à ce Memnon inconnu la construction du palais de Cyrus; il est possible que la source commune ait donné Memnon comme l'architecte de la cinquième et la sixième merveille. Il y a eu sans doute contamination avec la légende du Colosse de Memnon, autre attraction pour les touristes, mais en Egypte cette fois, où se trouve la septième merveille, dont nos abréviateurs parlent ensuite.

38-44. *Voir p. 66.*

Chapitre 9. Voir p. 67.

21 Domus ill*a* Cyri regis *a*edificata lapidibus candidis et nigellis auro uinctis ubi sunt columnae diuersis coloribus et innumerabiles l*y*c*h*nid*e*s ferrea*e*, fenestra*e* ex argento et tegula*e* ex lapide prasino.

22 Murus intus [medio] Babyloniae quem Mem*n*on aedificauit lapide cocto, id est calce et sulfure, ferro intermixtus ut sunt iuncturae. Latitudo eius cubitis XXX, altus cubitus CXXX, cingitur milia passuum XXX. Hunc coepit Semiramis, filius eius perf*e*cit.

23 P*y*ramides in Aegypto, qu*as* aedificauit Agartus.

24 Oppidum: ibi est Nilus fluuius aere factus † plexilis † in cubitis CCC, cuius facies <ex> smaragdo limpido, brachia ex ebore magno, cuius aspectu et bestiae terr*e*ntur.

25 At*h*enis signum Iouis Ol*y*mpii, Alexandria*e* flumen Nilum maxime colunt.

9,1 Quo*t* fuere [uel isse] Iouis, uel ubi [in loco], de*i* dea*e*que?

21 ecbatanis in media *ante* domus *add. Ass. et post lacun. indic.* || illa *ego*: illic *M edd.* || aedificata *M*[2] *edd.*: ed- *M*[1] || uinctis *M Sau. Ass.*: iun- *Woe.* || lychnides *ego*: lancias *M*[1] lanciae *M*[2] lanceae *Sau.* lamnae *Woe.* lamnas *Ass.* || ferreae fenestrae *M*[2] *Sau. Woe.*: ferreas fenestras *M*[1] *Ass.* || tegulae *M*[2] *Sau. Woe.*: -as *M*[1] *Ass.*
22 medio *ego secl. ut gloss.* || intus medio *secl. Ass.* || memnon *M*[2] *edd.*: memon *M*[1] || id est calce *secl. Woe. Ass.* || ut *M Sau.*: ubi *Woe. Ass.* || perfecit *edd.*: -ficit *M*.
23 pyramides *M*[2] *edd.*: pir- *M*[1] || quas *M*[2] *Sau. Woe.*: quem *M*[1] *Ass.*
24 oppidum *secl. Ass.* || † plexilis † *scripsi uide adn.* || *lacun. post* factus *indic. Woe. Ass.* || ex *ante* smaragdo *add. Ass.* || terrentur *M*[2] *edd.*: terrun- *M*[1].
25 athenis *M*[2] *edd.*: ate- *M*[1] || olympii *edd.*: olim- *M*[1] || alexandriae *Sau. Woe.*: -ia *M Ass.*

9,1 quot fuere iouis uel ubi dei deaeque *ego*: quod fuere uel isse iouis uel ubi in loco deos deasque *M*[1] quot fuere ioues uel alii dii deaeque *M*[2] quot fuere ioues uel alii in loco dii deaeque *Sau. Woe.* quot ferunt uel esse iouis uel ubi; in loco deos deasque *Ass.*

Il y eut trois Jupiters: le premier en Arcadie, fils d'Ether, qui porta également le surnom d'Ethéré; celui-ci engendra le premier Soleil. Le deuxième, en Arcadie également, surnommé fils de Saturne, qui engendra de Proserpine Liber Pater[1], le premier des vainqueurs. Le troisième, en Crète, fils de Saturne et d'Ops, a été appelé Très Bon et Très Grand.

2 Il y eut deux Mars: le premier, Enoplios[2], selon ce que dit Evhémère, qui est aussi notre Mars Leucaspis[3], autrement dit Mars Enyalius[4]; le second, engendré par Jupiter et Junon.

3 Il y eut cinq Soleils: le premier, fils de Jupiter, le deuxième, fils d'Hypérion[5], le troisième, fils du Nil, auquel l'Egypte a été consacrée[6], le quatrième, qui naquit à Rhodes, dont également Sminthée est le fils, le cinquième, fils de Colchos, de qui naquirent Circè, Médée et Phaéthon.

4 Il y eut quatre Vulcains: le premier, né du Ciel et d'Ops, le deuxième, fils du Nil, le troisième, fils du fils de Saturne et de Junon, le quatrième en Sicile, fils de Mélétée[7].

5 Il y eut quatre Mercures: le premier, fils du Ciel et du Jour, le deuxième, fils de Jupiter et de Cronia, ou bien de Proserpine, le troisième, fils de Cronos et de Maia, qui est l'inventeur de la lyre, le quatrième, fils de Cylléné, qui montra aux Egyptiens l'écriture et le calcul[8].

6 Il y eut cinq Apollons: le premier, fils de Vulcain et de Minerve, le deuxième, fils de Corybas, le troisième, fils de

1. Cf. chap. 2, n. 2.

2. Mars en armes, «Guerrier», cf. Callimaque, *Dian.* 241.

3. Mars «au bouclier brillant», cf. Liv., 44,41; Virg. *En.*, 6,334.

4. Mars «le Belliqueux», assimilé au Quirinus romain, cf. Macrobe, 19,1.

5. L'un des Titans, fils d'Ouranos et de Gaia.

6. Râ, ou Ammon-Râ.

7. Le texte de *M* porte *Meletis*, que je corrige en *Meletes*, parce que Mélétée est l'une des quatre Muses originelles dans le texte de Cicéron (cf. le tableau de l'annexe 3). On pourrait préférer la correction des éditeurs allemands, *Melites*, mais Mélitée, une nymphe de Corcyre, est connue comme la mère d'Hyllos, qu'elle eut d'Héraklès, et qu'on ne peut assimiler à un aspect de Vulcain.

8. Thôt, le dieu à tête d'ibis.

Ioues fuere tres: primus in Arcadia, Aetheris filius, cui etiam Aetherius cognomen fuit; hic primum Solem procreauit. Secundus, *i*bide*m* in Arcadia, qui Saturnius cognominatur, qui ex Proserpina Liberum Patrem procreauit primum uictor*um*. Tertius Cretae, Saturni et Opis filius, optimus maximusque est appellatus.

2 Martes fuere duo: primus 'Ενόπ*λιος*, ut Euhemerus ait, et noster Mars Leuca*s*pis et al*i*ter Mars En*yal*ius; secundus ex Ioue et Iunone.

3 Soles fuere quinque: primus Iouis filius, secundus Hyperionis, tertius Nili filius cui Aegyptus est consecrata, quartus qui R*h*odi natus est, cuius etiam Zmin*the*us est filius, quintus Colchi filius ex quo Circe et Medea et *Ph*aet*h*on nati sunt.

4 Vulcani fuere quattuor: primus C*ael*o et Ope natus, secundus Nili filius, tertius Saturnii et Iunonis, quartus in Sicilia Melet*e*s filius.

5 Mercurii IV: primus Caeli et Diei filius, secundus Iouis et Croniae filius uel Proserpinae, tertius Croni filius et Maiae qui est inuentor lyrae, quartus C*y*llen*ae* filius qui Aegyptiis litteras et numerum dixit.

6 Apollines quinque: primus Vulcani et Mineruae, secundus ex Cor*y*bante, tertius Iouis filius ex Latona,

ibidem *Ass.*: abide *M* abinde *Sau.* + ibide *Woe.* || primum uictorum *Sau.*: primum uictoriam *M Woe.* uini inuentorem *Ass.*

2 ἐνόπλιος *ego*: exenoposte *M* ex enoposte *edd.* || euhemerus *Ass.*: eum homerus *M Sau. Woe.* || est *post* noster *add. Sau.* || leucaspis *ego*: leucarpis *M Sau. Woe.* seu marspiter *Ass.* || aliter *Sau. Ass.*: alter *M Woe.* || mars enyalius *ego*: marsenius *M Sau.* mars + enius *Woe.* mars enyus *Ass.*

3 rhodi *edd.*: ro- *M* || zmintheus *Ass.*: zemintus *M Sau. Woe.* || colchi *edd.*: cholchi *M* || phaethon *Woe.*: faeton *M*[1] phaeton *M*[2] *Sau. Ass.*

4 caelo *Ass.*: crio *M Sau.* crio + *Woe.* || ope *Ass.*: ioppe *M Sau. Woe* || meletes *ego*: meletis *M Sau.* melites *Woe. Ass.*

5 cyllenae *ego*: quilleni *M Sau.* cyllenii *Woe. Ass.*

6 corybante *edd.*: corib- *M.*

Jupiter, par Latone, le quatrième, fils de Silène, né en Arcadie, le cinquième, fils d'Ammon, né de Libye[9].

7 Il y eut trois Dianes: la première, fille de Jupiter ou de Cronos par Proserpine, qui est la sœur de Liber, la deuxième, fille de Jupiter et de Latone, sœur d'Apollon, la troisième qui est appelée Oupis fille de Glaucè[10].

8 Il y eut trois Esculapes: le premier, dit Apollon, fils de Vulcain, le deuxième, fils de Lycius[11], le troisième, fils d'Aristée et d'Alcippè.

9 Il y eut quatre Vénus: la première, fille du Ciel et du Jour, la deuxième, que l'on dit être née de l'écume, fille d'Ether et d'Océan, la troisième, qui épousa Vulcain, qui s'unit à Mars, d'où la naissance de Cupidon, dit-on, la quatrième, fille de Cypris et de Syria, que posséda Adonis.

10 Il y eut cinq Minerves: la première, fille de Vulcain, origine de la cité d'Athènes, la deuxième, fille du Nil, à laquelle les Egyptiens rendent un culte, la troisième, fille de Jupiter, qui pratiqua l'art militaire, la quatrième, fille du Soleil, qui attela le quadrige, la cinquième, fille de Pallas et de Titanis; celle-ci tua son père pour sauvegarder sa virginité, qu'il convoitait: de là vient qu'elle est dite également «Pallas».

11 Il y eut cinq Libers: le premier, issu de Jupiter et de Proserpine; il fut cultivateur et l'inventeur du vin[12], et sa sœur est Cérès; le deuxième Liber, issu de Melo et de Flora, du nom

9. La nymphe éponyme de l'Afrique, fille ou petite-fille d'Io.

10. Je corrige d'après le texte de Cicéron; Οὖπις est un surnom d'Artémis (cf. Callimaque, *Dian.* 204).

11. Lycius, c'est-à-dire Apollon.

12. Cf. 2,6.

quartus Sileni filius in Arcadia, quintus Ammonis filius Libya natus.

7 Dianae III: prima Iouis uel Croni filia ex Proserpina, quae est Liberi soror, secunda Iouis et Latonae, Apollinis soror, tertia quae uocatur *Vpi*s de G*l*auc*e*.

8 Aesculapii tres: primus Apollo dictus Vulcani filius, secundus L*yci*i filius, tertius Arist*a*ei et Alcippe*s* filius.

9 Veneres IIII: prima Caeli et Diei filia, secunda quae ex *s*puma nata esse dicitur *A*et*h*eris et Oceani filia, tertia quae Vulcano nupsit, quae cum Marte se miscuit unde Cupido natus esse dicitur, quarta Cypri et Syriae filia, quam Adon *h*abuit.

10 Mineruae quinque: prima Vulcani filia, unde Athenarum est ciuitas, secunda Nili filia quam *A*egypti*i* colunt, tertia Iouis filia, quae in *b*ellicis rebus se exercuit, quarta Solis filia <quae> quadrigas iunxit, quinta Pallantis et Titanidos filia; haec patrem occidit pro suae uirginitatis obseruatione *c*uius cupidus fuit, unde et Pallas dicta est.

11 Liberi quinque: primus ex Ioue et Proserpina: hic agricola et inuentor uini, cuius soror Ceres; secundus Liber ex Me*l*one et Flora, cuius nomine fluuius est

libya *M*: in libya *M*[2] *edd.*

7 iouis ex latonae apollinis soror liberi soror secunda iouis et latonae *post* prima *add. et del. M*[1] || uel croni *M Sau.*: cronii *Woe. Ass.* || upis *ego*: obs *M*[1] ops *M*[2] *edd.* || glauce *Woe. Ass.*: gauco *M*[1] glauco *M*[2] *Sau.*

8 lycii *ego*: lai *M Sau.* elati *Woe. Ass.* || aristaei *ego*: -teti *M edd.* || alcippes *Woe. Ass.*: -pe *M*[1] -pei *M*[2] *Sau.*

9 caeli *Woe. Ass.*: hacdeli *M Sau.* || ex spuma *M*[2] *edd.*: expuma *M*[1] || aetheris *Woe. Ass.*: et aeris *M Sau.* || oceani *M Sau. Woe.*: -idos *Ass.* || habuit *M*[2] *edd.*: a- *M*[1].

10 aegyptii *M*[2] *edd.*: egypti *M*[1] || bellicis *Woe. Ass.*: fecillis *M Sau.* || quae *post* solis filia *add. Woe. Ass.* || iunxit *M Sau. Woe.*: inuenit *Ass.* || cuius *ego*: qui eius *M Sau.* quia *Woe. Ass.*

11 melone *Woe. Ass.*: mero- *M Sau.*

duquel est le fleuve Granique[13]; le troisième, enfanté par Cabiros, qui régna en Asie; le quatrième, issu du fils de Saturne et de Sémélè <...> dit-on; le cinquième, fils de Nisos et d'Hésiona.

12 Il y eut six Hercules: le premier, fils de Jupiter appelé aussi Ethéré; le deuxième, fils du Nil, que les Egyptiens honorent en premier; les Hellènes disent que le troisième est le fondateur de leur contrée; le quatrième, fils de Cronos[14] et de Carthérè, que les Carthaginois honorent, d'après lequel Carthage a été nommée[15]; le cinquième, fils de Ioab[16], qui combattit le roi des Mèdes; le sixième, fils de Jupiter, né d'Alcmène, qui instruisit Atlas[17].

La succession des empires

10,1 Depuis le début de la mémoire des siècles, il y eut sept empires: les Assyriens furent les premiers à être les maîtres du pouvoir, ensuite ce furent les Mèdes, après eux les Perses, un moment les Lacédémoniens, puis les Athéniens, à la suite de ceux-ci, les Macédoniens, enfin les Romains[1].

Les Assyriens

11,1 Les rois des Assyriens.

Le roi Ninus[1], qui le premier soumit militairement presque toute l'Asie et fonda sous son nom la très illustre ville de Ninive.

13. Selon Hésiode (*Th.* 342), l'océan est le père de tous les fleuves, dont le Nil (ici appelé de son nom latin *Melo*), et le Granique.

14. Cronos-Saturne, identifié à Ba'al-Hammon, le «Maître du brasier», le grand dieu de Carthage où il forme un couple divin avec sa parèdre Tanit.

15. Hercule, identifié au dieu phénicien Melqart, honoré à Tyr et à Carthage, dont le nom signifie «le Maître de la ville».

16-17. *Voir p. 67.*

Chapitre 10. *Voir p. 67.*

1. *Voir p. 68.*

Chapitre 11

1. *Voir p. 68.*

Granicus; tertius de Cabiro qui regnauit in Asia; qu*ar*tus ex Saturn*i*o et Semela <…> dicunt; quintus Nisi et Hesion*ae* filius.

12 Hercules sex: primus Iouis et *A*etheris filius; secundus Nili filius, quem principem colunt Aegyptii; tertium conditorem loci sui Hellenes dicunt; quartus *C*roni filius et Cart*h*eres, quem Cart*h*aginienses colunt, unde Car*th*ago dicta est; quintus Ioab filius qui cum rege Medorum pugnauit; sextus Iouis filius ex Alcemena qui Atlanta docuit.

10,1 [De imperiis] Imperia ab ineunte aeui memoria fuerunt septem. Primi rerum potiti s*unt* Assyrii, deinde Medi, postea Persae, tum Lacedaemones, dein Athenienses, post hos inde Macedones, sic deinde Romani.

11,1 Reges Ass*yri*orum.

Ninus rex qui primus exercitu prope totam Asiam sub se redegit et clarissimam urbem nominis sui condidit Nino*n*.

quartus M^2 *edd.*: quintus M^1 || saturnio *Woe. Ass.*: -no *M Sau.* || *lacun. post* Semela *recte indic. Woe. Ass.* || hesionae M^2 *Sau.*: hesione M^1 thyonae *Woe. Ass.*
12 et aetheris M^2 *Sau.*: et etheris M^1 aetheris filii *Woe.* aetherii *Ass.* || croni M^2 *Sau.*: groni M^1 cronii *Woe. Ass.* || cartheres *Sau. Woe.*: carte- *M Ass.* || carthaginienses M^2 *Sau. Woe.*: cartaginienses M^1 carthaginenses *Ass.* || carthago M^2 *edd.*: carta- M^1 || ioab *M Sau. Ass.*: libani *Woe.* || alcemena *M Sau. Ass.*: alcum- *Woe.* || atlanta M^2 *edd.*: atlia M^1 || docuit *M Sau. Woe.*: domu- *Ass.*

10,1 de imperiis *titul. interpol. ego secl., seru. edd.* || aeui M^2 *edd.*: e- M^1 || potiti sunt M^2 *edd.*: potitis M^1 || lacedaemones *M Sau.*: -nii *Woe. Ass.*

11,1 assyriorum *edd.*: assiro- *M* || *§1 post §2 trans. Woe. Ass. fortasse recte sed uide adn.* || ninon M^2 *edd.*: -o M^1.

2 Le roi Belus, fils de Jupiter, dont les descendants régnèrent sur l'Asie par Ninus, sur la Libye par Égyptos, sur l'Europe par Danaos[2].

3 Sémiramis[3], fille de la nymphe Dercétis, élevée par des colombes, épouse du roi Ninus, duquel Ninus après la mort elle agrandit par les armes le royaume; elle attaqua également l'Inde au cours d'une campagne qui ne fut guère fructueuse; elle fonda sur l'Euphrate Babylone, la plus belle des villes qui existèrent jamais[4].

4 Sardanapale, qui, après avoir perdu son royaume pour trop de plaisirs et d'intempérance, but du poison avec ses compagnons de débauche, pour ne pas tomber au pouvoir des ennemis, et, <après avoir fait mettre le feu> sous sa couche, se consuma avec son palais royal[5].

Les Mèdes

12,1 Les rois des Mèdes.

Arbace, le premier roi, qui transmit <aux Mèdes> le pouvoir dont les Assyriens avaient été dépossédés du fait de l'intempérance de Sardanapale[1], et les gouverna avec beaucoup de justice.

2 Astyage[2], un homme valeureux et juste: il fut vaincu traîtreusement par Cyrus, et le royaume de Médie fut détruit.

Les Perses

13,1 Les rois des Perses.

Cyrus[1], un roi très valeureux, qui, après avoir soumis la majeure partie de l'Asie, se serait également emparé

2-5. *Voir p. 68.*

Chapitre 12

1-2. *Voir p. 69.*

Chapitre 13

1. *Voir p. 69.*

2 Belus rex, Iouis filius, cuius posteri p*e*r *N*i*n*um Asiae regnauerunt, per Aegyptum Libyae, per Da*na*um Europae.

3 Samiramis, *De*rcetis n*y*m*ph*ae filia, columbis educta, uxor Nini regis, cuius post mortem regnum Nini ampliauit armis; Indiam quoque parum prospera expeditione temptauit; haec urbem pulcherrimam omnium quae unquam fuerunt, Babylona constituit supra flumen Eu*ph*raten.

4 Sard*a*napalus, qui ob nimias delicias et luxuriam perdito regno, ne in potestatem hostium ueniret cum exoletis suis uenenum bibit et, igni sub lecto <subiecto>, cum regia sua conflagrauit.

12,1 Reges Medorum.

Ar*b*aces, primus rex, qui euersas Assyriorum opes luxuria Sardanapali transtulit <in Medos> eosque iustissime rexit.

2 Astyages, uir fortis et iustus, qui per insidias uictus a C*y*ro est et dissolutum est Mediae regnum.

13,1 Reges Persarum.

C*y*rus, rex fortissimus, qui maiore parte Asiae subacta

2 per ninum *Woe. Ass.*: primum *M Sau.* || danaum *Woe. Ass.*: darium *M Sau.*

3 samiramis *M*[1] *Ass.*: sem- *M*[2] *Sau. Woe.* || dercetis *Woe. Ass.*: cir- *M Sau.* || nymphae *M*[2] *edd.*: nimfae *M*[1] || columbis *M*[1]: a columbis *M*[2] *edd.* || educta *M*[2] *edd.*: se- *M*[1] || temptauit *M*[1] *Woe. Ass.*: tent- *M*[2] *Sau.* || euphraten *M*[2] *Sau. Woe.*: eufr- *M*[1] *Ass.*

4 sardanapalus *M*[2] *Sau.*: sardinapalus *M*[1] sardanapallus *Woe. Ass.* || sub lecto subiecto *ego*: sub lecto *M*[1] subiecto *M*[2] *edd.*

12,1 arbaces *Woe. Ass.*: arsa- *M Sau.* || in medos eosque *ego*: eosque *M Sau.* *** eosque *Woe.* ad Medos *** eosque *Ass.*

2 cyro *M*[2] *edd.*: ciro *M*[1] *ut semper.*

de l'Europe, s'il n'avait été vaincu et anéanti par la reine des Scythes, Tomyris[2].

2 Cambyse[3], à bon droit fils de Cyrus, qui, alors qu'il avait soumis en Egypte soixante-dix mille hommes et leur roi Amasis[4], partit pour l'Ethiopie; après avoir perdu une grande partie de ses soldats, morts de faim, il revint bredouille, cependant, il fonda là-bas la ville de Meroé; lui qui avait ordonné de tuer le bœuf sacré Apis, il fut précipité à bas de son cheval par un effet de la colère des dieux, tomba sur son propre glaive et fut privé de la vie[5].

3 Le roi Darius[6], celui des sept Perses qui obtint la royauté du hennissement d'un cheval, passa en Europe avec deux cent soixante-dix mille hommes: vaincu près du marais de Marathon par les Athéniens sous la conduite de Miltiade[7], il se retira du combat.

4 Xerxès[8], le fils de Darius, passa en Europe après que son père s'en était retiré, avec bon nombre de soldats sur des navires de guerre; il recouvrit de planches l'Hellespont et creusa le mont Athos et il ne fit rien d'autre que de se jeter sur Athènes[9]; vaincu en mer par les Lacédémoniens et les Athéniens[10], il retourna en Asie et y fut tué par une action criminelle des siens[11].

2. Hérodote (1,204-214) raconte en détail la campagne de Cyrus contre Tomyris, reine des Messagètes, des nomades de l'Est (cf. aussi Justin, 1,8,2-13, qui nomme la reine Tamyris).

3. Cambyse II (529-522): son histoire semi-légendaire est développée plus loin (30,1-2) par Ampélius, d'après une autre source.

4. Le pharaon saïte Amasis (568-526) luttait contre les Achéménides depuis l'époque de Cyrus; malgré l'appui de ses mercenaires grecs, il ne put contenir l'offensive de Cambyse et se replia sur Memphis qui fut prise par les Perses. Après la mort d'Amasis, son fils et successeur Psammétique III fut vaincu à Péluse et déporté à Suse.

5. Pour la tradition historiographique gréco-romaine, la mort de Cambyse ressortit au topos de la «mort des persécuteurs», cf. Hérodote 3,61-70; Diodore 1,33,1; Justin 1,9,1-8).

6. Darius Ier le Grand (522-486): l'histoire de sa prise de pouvoir est développée plus loin (30,4-5).

7-11. *Voir p. 69.*

Europam quoque inrupisset ni a Tom*y*re Sc*y*t*h*arum regina uictus oppressusque esset.

2 Camb*y*ses, filius aeque C*y*ri, qui cum LXX milia hominum subegisset in Aegypto et regem eius Amasin, Aethiopiam profectus, magna parte militum per famem amissa, inritus redi*i*t; urbem tamen ibi condidit Meroen; is qui Apin sacrum bouem interfici iusserat, ira deorum ex equo praeceps super gladium suum ruit extinctusque est.

3 Darius rex, unus ex septem Persis *h*innitu equi regnum adsecutus, cum CCLXX milibus Europam transi*u*it. Victus ab Atheniensibus ducent*e* Mil*t*ia*de* apud p*al*ud*em* Marathon*iam* di*s*cessit.

4 Xerxes, Darii filius, cum recessisset pater eius, aliquantis nauibus armatis militibus in Europam transiuit contabulat*o* Hellesponto et forato Atho monte ne*c* qui*c*quam aliud egit quam ut Athenas incideret. Mari uictus a Lacedaemon*ii*s et Atheniensibus, in Asiam redi*i*t ibique suorum fraude interfectus est.

13,1 tomyre M^2 *Sau.*: -mire M^1 -myri *Woe. Ass.* || scytharum M^2 *edd.*: cita- M^1.

2 cambyses M^2 *edd.*: -bises M^1 || aeque *Sau.*: equae M^1 aequae M^2 + equae *Woe.* nequam *Ass.* || hominum *M Sau. Woe.*: hostium *Ass.* || amissa *M Sau. Ass.*: om- *Woe.* || rediit M^2 *edd.*: -dit M^1 || qui M^1: quia M^2 *edd.*

3 innitu M^1: hi- M^2 *edd.* || militum in *ante* europam *add. Ass.* || transiuit M^2 *edd.*: -ibit M^1 || ducente miltiade *Ass.*: ducenta milia (mill- *Sau. ut semper*) *M Sau.* duce miltiade *Woe.* || paludem marathoniam *ego*: pseudo marathona *M Sau.* marathona *Woe. Ass.* || discessit *ego*: dic- *M* dec- *Sau.* rec- *Woe. Ass.*

4 xerxes *M Sau. Woe.*: xerses *Ass.* || recessisset *M Sau.*: de- *Woe. Ass.* || militibus *secl. Ass.* || contabulato M^2 *edd.*: -ta M^1 || nec quicquam *Woe. Ass.*: nequiquam *M* nequidquam *Sau.* || incideret *M Sau.*: incend- *Woe. Ass. fortasse recte* || lacedaemoniis M^2 *edd.*: -demones M^1 || rediit M^2 *edd.*: -dit M^1.

Les Lacédémoniens

14,1 Les généraux et les rois des Lacédémoniens.

Eurysthènes et Proclès[1], des frères jumeaux qui, tirant leur origine des Héraclides[2], exercèrent les premiers la royauté à Sparte.

2 Lycurgue, le législateur[3]: appuyés sur ses lois, les Spartiates furent les premiers de la Grèce pendant sept cents ans.

3 Théopompe et Polydore, les rois qui firent la guerre de Messénie pendant vingt ans[4].

4 Othryadas, un héros guerrier qui, pendant la guerre de Messénie où combattirent cent hommes, à savoir cinquante de chaque côté[5], marqua le trophée de son sang.

5 Tyrtée[6], qui, pendant la guerre de Messénie, envoyé par dérision comme général par les Athéniens conformément à un oracle d'Apollon, enflamma à tel point le courage des soldats par son chant qu'ils achevèrent par la victoire une lutte qui avait duré si longtemps.

6 Léonidas[7], général pendant la guerre persique, qui avec trois cents Lacédémoniens aux Thermopyles, contint par sa mort et celle des siens toute la puissance guerrière perse.

7 Pausanias[8], qui, pendant la guerre persique, remporta près de l'Asopos, un fleuve de Béotie[9], une victoire définitive sur Mardonius, le préfet de Xerxès[10], et ses troupes d'infanterie; peu après, soupçonné de trahison par le roi et mis en

1. Hellanicos de Lesbos (fr. 91) leur attribue la législation qui organisa l'état spartiate; ces rois légendaires ne sont pas autrement connus.

2. La tradition grecque plaçait entre la guerre de Troie et la première Olympiade l'arrivée dans le Péloponèse des descendants d'Héraklès, ancêtres des Doriens.

3. Le premier auteur grec à faire allusion au législateur légendaire est Hérodote (1,65-66) qui le place dans un passé reculé, puisqu'il y a eu selon lui (7,204) neuf souverains de la famille des Agides entre Léobotas, neveu et pupille de Lycurgue, et Léon qui régnait dans la première moitié du VIe siècle.

4-7. *Voir p. 69.*

8-10. *Voir p. 70.*

14,1 Duces et reges Lacedaemoniorum.

Eurys*th*enes et Procles gemini qui genus ab Heraclidis deducentes primi Spart*ae* regna regnauerunt.

2 Ly*c*urgus legum lator *quibus* Lacedaemonii principes Graeciae per annos sept*ingentos* in*n*isi fuerunt.

3 T*h*eopompus et Pol*y*dorus reges qui Messenium bellum XX annis gesserunt.

4 Ot*h*ryades, uir bellator qui, Messenio bello quo centeni, id est quinquageni, concertauerunt, tro*pha*eum suo sanguine scripsit.

5 T*yrtae*us qui Messenio bello ex *o*raculo Apollinis dux ab Atheniensibus per ludibrium missus, poe*m*ate suo *i*ta militum animos concitauit ut tam diuturnum proelium uictoria consummarent.

6 Leonidas, dux Persico bello, qui cum trecentis Lacedaemoniis apud Thermopylas totam uim Persici belli morte sua <ac> suorum obtinuit.

7 Pausanias qui Persico bello Mardonium praefectum Xerxis cum pedestribus copiis apud Asopum Boeotiae flumen debellauit; mox proditionis a rege sus*pe*ctus

14,1 eurysthenes *edd.*: -tenes *M* || primi spartae *Woe. Ass.*: primis parte *M Sau.* || regna regnauerunt *M Sau.*: regnauerunt *Woe. Ass.*

2 lycurgus M^2 *edd.*: ligu- M^1 || quibus *Woe. Ass.*: cui *M Sau.* || septingentos *Woe. Ass.*: septem *M Sau.* || innisi *Woe. Ass.*: inuisi *M Sau.*

3 theopompus M^2 *edd.*: te- M^1 || polydorus M^2 *edd.*: polid- M^1.

4 othryades M^2 *edd.*: otr- M^1 || centeni id est quinquageni *M Sau.*: c. et q. *Woe.* trecenti *Ass.* || trophaeum M^2 *Sau.*: trofeum M^1 tropaeum *Woe.* et trophaeum *Ass.*

5 tyrtaeus *Woe. Ass.*: tercius M^1 tertius M^2 tertiusque *Sau.* || ex oraculo M^2 *edd.*: extraculo M^1 || poemate suo ita *Woe. Ass.*: poenateus uota *M* poenateas uota *Sau.*

6 thermopylas M^2 *edd.*: -phylas M^1 || ac suorum M^2 *edd.*: suorum M^1 || obtinuit *M Sau.*: susti- *Woe.* commi- *Ass.*

7 proditionis *post* ideoque *trans. Ass.* || suspectus M^2 *Sau. Woe.*: susceptus M^1 *Ass.*

accusation pour cette raison, il se réfugia dans le sanctuaire de Minerve et y mourut de faim[11].

8 Lysandre, le général qui écrasa à Aigos-Potamos[12] la flotte attique, maîtresse de la mer toute entière, et qui imposa les trente Tyrans aux Athéniens vaincus[13].

9 Xanthippe, le plus valeureux des Lacédémoniens, qui, envoyé comme général aux Carthaginois pendant la première guerre punique[14], s'empara de Régulus[15].

10 Agésilas[16] qui eut l'idée de combattre sur la terre de l'ennemi plutôt que sur la sienne et fut envoyé en Asie pour cette raison; au moment où il menaçait le Roi après avoir ravagé l'Asie, il fut rappelé et il vainquit les Athéniens à Coronée[17]; ensuite il pleura chez les Corinthiens parce qu'il avait appris que dix mille Grecs avaient été tués, et il ne voulut pas détruire Corinthe, alors qu'il le pouvait[18].

Les Athéniens

15,1 Les plus illustres rois et généraux des Athéniens.

Cécrops[1], le roi qui fonda la ville d'Athènes et en appela les citoyens les Cécropides, d'après son nom; le même dont on raconte faussement que, parce qu'il était né de la terre, il avait le bas du corps d'un serpent.

2 Érichthonios[2], le roi qui fonda les mystères d'Eleusis en usant de l'hospitalité de Céléos[3], avec Eumolpe[4] pour prêtre et

11. Après avoir réussi deux fois à échapper aux accusations de trahison (en faveur des Perses, puis d'Athènes), Pausanias fut démasqué par un stratagème des Ephores et se réfugia dans le téménos d'Athéna Chalkioikos qui jouissait du droit d'asile (cf. chap. 8, n. 11); il y fut emmuré vivant, mais pour que son cadavre ne souille pas l'enceinte sacrée, on le retira de sa prison au moment de son agonie (477 a.C.).

12-18. *Voir p. 70.*

Chapitre 15

1. *Voir p. 70.*

2-4. *Voir p. 71.*

[idem Mardonius] ideoque accusatus in asylum Mineruae confugit et ibi fame confectus est.

8 L*y*sander dux qui dominantem toto mari classem Atticam apud *A*egos p*ota*mo*s* oppressit et uictis Atheniensibus XXX tyrannos inposuit.

9 Xant*h*ippus, uir Lacedaemoniorum fortissimus, qui bello punico prim*o* Carthaginiensibus dux missus Regulum cepit.

10 Agesilaus cuius inuentum est in hostili quam in sua terra pugnare ideoque in Asiam missus, uastata ea, cum iam Regi immineret, reuocatus Athenienses apud Corone*a*m uicit; postea apud Corinthios fleuit quod decem milia Graecorum occisa cognouisset nec uoluit Corinthum delere cum posset.

15,1 Clarissimi reges et duces Atheniensium.

Cecrops rex qui urbem condidit Athenas et ex suo nomine Ce*c*ropidas appellauit ciues; idem fabulose, quia indig*e*na fuit, ab inguinibus serpens fuisse narratur.

2 Eric*h*t*h*onius rex, qui mysteria Eleusinae constituit, Cele*o* hospite, *E*umol*p*o sacerdote, filiabus uirginibus

idem mardonius *secl. Woe. Ass.*
8 lysander *Woe. Ass.*: lisa- *M*[1] lya- *M*[2] lea- *M*[3] *Sau.* || aegos potamos *Woe. Ass.*: egeos primus *M*[1] aegos primus *M*[2] aegeos primus *Sau.*
9 xanthippus *M*[2] *Woe. Ass.*: -tippus *M*[1] -tipphus *Sau.* || primo *Woe. Ass.*: -mus *M Sau.*
10 coroneam *Woe. Ass.*: crotonem *M Sau.* || delere *Woe. Ass.*: -legare *M Sau.*

15,1 cecropidas *M*[2] *edd.*: cer- *M*[1] || indigena *M*[2] *edd.*: -gina *M*[1] || inguinibus *M*[2] *edd.*: insang- *M*[1].
2 erichthonius *Sau. Woe.*: ericto- *M*[1] erictho- *M*[2] *Ass.* || qui *M Sau. Woe.*: cui *Ass.* || eleusinae *M. Sau. Ass.*: -ne *Woe.* || celeo hospite *ego*: celeu hospite *M*[1] colendae spicae *M*[2] celeus *Sau.* celeo + hospite *Woe.* celeus hospite *Ass.* || eumolpo sacerdote *Woe. Ass.*: cum oleoolco sacerdotem *M*[1] cum olco sacerdotum *M*[2] cum euboleo sacerdote *Sau.*

ses filles vierges comme desservantes; Triptolème[5], ayant été chargé des grains, fit revivre la Grèce épuisée par la faim, en répandant le blé à la ronde.

3 Pandion[6], le roi qui livra ses filles Procnè et Philomèle[7] aux rois de Thrace afin de s'allier par mariage aux peuples barbares.

4 Thésée, le fils d'Egée, qui tua le Minotaure.

5 Démophon, le fils de Thésée, qui s'empara de Troie avec les Grecs.

6 Codros[8], le roi qui se voua pendant la guerre du Péloponèse, selon l'oracle d'Apollon, pour le salut et la victoire de sa patrie.

7 Pisistrate[9], un grand homme courageux et sage, qui, défendant la cause du peuple contre les premiers des citoyens, s'empara de la tyrannie et l'exerça de la façon la plus juste.

8 Harmodios et Aristogiton, des hommes du peuple qui, ayant noué une conjuration, abattirent les fils de Pisistrate, Hippias et Hipparque, qui exerçaient une cruelle suprématie, et, pour cette raison, des honneurs divins leur furent décernés, en tant que sauveurs[10].

9 Miltiade[11], le général qui l'emporta, au Pas de Marathon sur les quatre-vingt mille soldats perses du roi Darius, commandés par Datès et Tissaphernès.

10 Aristide le Juste[12], qui gagna ce surnom par ses mœurs: pour cela même, il fut condamné à l'exil.

5. Fils de Céléos, Triptolème reçut de Déméter un char ailé avec mission de parcourir le monde en répandant du haut des airs des grains de blé.

6. Roi légendaire d'Athènes, fils d'Erichthonios.

7. Ampélius ne fait pas allusion à l'affreuse histoire de Procné et Philomèle: ignorance? souci d'être bref? ou désir d'épargner le récit de ces horreurs à son jeune élève?

8. Avant le début de cette guerre légendaire, l'oracle de Delphes avait promis la victoire aux Lacédémoniens s'ils ne tuaient pas le roi d'Athènes; Codros se déguisa en vagabond et engagea une bagarre avec les soldats lacédémoniens qui le tuèrent sans le reconnaître.

9-12. *Voir p. 71.*

ministris, Tr*i*ptolemo frugum praefecto qui fame laborantem Graeciam circumlato frumento restituit.

3 Pandion rex, qui filias suas Procnen et Philome*lam* T*h*raciae regibus tradidit, ut barbaras sibi gentes adfinitate sociaret.

4 T*he*seus, *A*egei filius, qui Minotaurum interfecit.

5 Demo*ph*on, T*h*esei filius, qui cum Graecis Ilium expugnauit.

6 Codrus rex, qui pro salute et uictoria patriae, secundum oraculum Apollinis, bello Peloponnesio se deuouit.

7 Pisistratus, uir fortis et sapiens, qui aduersus principes populari causa tyrannidem inuasit eamque iustissime administrauit.

8 *H*armodius et Aristog*i*ton, homines plebei, qui *H*ippiam et *H*ipparchum, Pisistrati filios sa*e*ue dominantes, facta coniuratione oppresserunt, ideoque ut conseruatoribus diuini honores eis sunt constituti.

9 Miltiades dux, qui LXXX milia militum Persarum Darii regis praefectis Date et Tisap*h*erne in saltu Mar*a*t*h*onio superauit.

10 Aristides Dic*a*eos, qui hoc agnomen moribus est consecutus: ob <id> ipsum exili*o* multatus est.

triptolemo *Woe. Ass.*: treptolem ob M^1 tleptolemo M^2 treptolemo *Sau.*
3 philomelam *edd.*: -enan M^1 -elan M^2 || thraciae M^2 *edd.*: trachiae M^1 *ut semper.*
4 theseus aegei *edd.*: traseius egei M^1 theseius aegei M^2.
5 demophon thesei *Ass.*: demofontes eius M^1 demophontes eius M^2 *Sau. Woe.*
6 patriae M^2 *edd.*: -iciae M^1.
8 harmodius *Woe. Ass.*: a- *M Sau.* || aristogiton *Woe.*: -gypton M^1 *Ass.* -gipton M^2 -geiton *Sau.* || hippiam M^2 *Woe. Ass.*: ippiam M^1 hippian *Sau.* || hipparchum M^2 *edd.*: ip- M^1 || saeue M^2 *edd.*: saue M^1.
9 tisapherne M^2 *edd.*: -perne M^1 || saltu marathonio M^2 *edd.*: -um arittonio M^1.
10 dicaeos M^2 *edd.*: -ceos M^1 || est *secl. Woe.* || ob id ipsum M^2 *Sau. Woe.*: ob ipsum M^1 et ob id ipsum *Ass.* || exilio M^2 *edd.*: -ium M^1.

11 Cimon, le général qui, pendant la guerre persique, vainquit en un seul jour sur l'Eurymédon, en Asie même, les troupes de Xerxès, infanterie et marine tout ensemble[13].

12 Le général Alcibiade, un grand homme illustre par la naissance, la fortune et la puissance, qui, mis en accusation pour avoir, de nuit, décapité les Mercures[14], chercha alors refuge chez les Lacédémoniens pendant la guerre du Péloponèse, et, alors qu'il les avait rendus les plus forts, il prit en pitié ses concitoyens dans l'affliction, rentra dans sa patrie et, créé général, rendit à nouveau les Athéniens victorieux[15].

13 Thrasybule, qui, après avoir noué une conjuration, renversa les trente magistrats lacédémoniens, dont la domination tyrannique sévissait, et rendit la liberté aux Athéniens[16].

14 Conon, le général qui captura près de l'île de Cnide toutes les troupes des Lacédémoniens, et qui rendit aux Athéniens l'empire de la mer[17].

15 Dion, qui, en occupant Syracuse avec huit navires de commerce, chassa du trône le roi de Sicile Denys[18] qui avait cent navires à rostres, tandis que ce dernier était parti pour l'Italie.

16 Iphicrate, le plus habile dans l'art militaire, qui fit des armes d'un poids et d'un gabarit plus maniable[19].

17 Phocion[20], qui fut surnommé «l'homme de bien»: aucune offre d'argent de Philippe ne put l'amener à passer de son côté, et il dit à ses amis qui l'exortaient à se soucier de ses

13. Cimon, fils de Miltiade, remporta à une date incertaine, entre 469 et 466, une double victoire sur la flotte perse ancrée à l'embouchure de l'Eurymédon et sur l'armée de terre campée sur la côte de Pamphylie.

14. Scandale des Hermocopides, au printemps 415 a.C.; la rumeur accusa ensuite Alcibiade d'avoir parodié les mystères d'Eleusis avec ses amis.

15-20. *Voir p. 71.*

11 Cimon dux, qui Persico bello [et] Xer*x*is copias, pedestris simul atque naualis, in ipsa Asia apud Eur*y*medonta fluuium uno die uicit.

12 Alcibiades dux, uir genere, copia, opibus illustris, qui propter detruncatos nocte Mercurios reus factus ad Laced*a*emonio*s* *t*um confugit Peloponensi bello, et, cum fecisset eos superiores, adflictorum ciuium misertus redi*i*t in patriam et, dux creatus, iterum uictores Athenienses fecit.

13 T*h*ras*y*bulus, qui triginta magistratus Laced*a*emonios tyrannidis dominatione s*a*euientis facta coniuratione adflixit et libertatem Atheniensibus reddidit.

14 Conon dux, qui omnes Laced*a*emoniorum copias apud Cnidum insulam cepit et imperium maris Athenis restituit.

15 Dion, qui octo onerariis nauibus Dionysium regem Siciliae centum rostratas *h*abentem, dum in Italiam abest, regno expulit occupatis S*y*racusis.

16 Ip*h*icrates, rei militaris peritissimus, qui arma *h*abiliore pondere et modo fecit.

17 *Phocion*, qui uir bonus cognominatus est, neque ulla pecunia a Philippo potuit sollicitari ut ad eum discederet; qui admonentibus amicis ut liberis suis con-

11 xerxis *Sau. Woe.*: et xersis M^1 xersis M^2 *Ass.* || pedestris ... naualis M^1 *Woe. Ass.*: -res ... -les M^2 *Sau.* || eurymedonta M^2 *edd.*: eurim- M^1 || fluuium M^1 *Woe. Ass.*: flumen M^2 *Sau.*

12 lacedaemonios tum *ego*: -demoniorum M^1 *Ass.* -daemonios M^2 *Sau. Woe.* || exercitum *post* confugit *add. Ass.* || rediit M^2 *edd.*: -dit M^1.

13 thrasybulus M^2 *edd.*: trasib- M^1 || lacedaemonios *edd.*: lacede- M || saeuientis *Woe. Ass.*: seuientis M^1 saeuientes M^2 *Sau.*

14 lacedaemoniorum *edd.*: lacede- M || cnidum M^2 *edd.*: nicd- M^1.

15 habentem M^2 *edd.*: ab- M^1 || syracusis M^2 *edd.*: sir- M^1.

16 iphicrates *Woe. Ass.*: ipi- M^1 hiphi- M^2 *Sau.* || habiliore M^2 *edd.*: ab- M^1.

17 phocion M^3 *edd.*: focon M^1 focion M^2.

enfants: «s'ils sont bons, ce petit champ leur suffira, s'ils sont mauvais, rien ne leur suffira».

18 Chabrias, le général qui enseigna au soldat à combattre avec la technique des gladiateurs[21]; il annexa à Athènes Chypre, Naxos, et toutes les îles asiatiques, et dans un combat naval près de Chios[22], il préféra mourir plutôt que se sauver à la nage après s'être débarrassé de ses armes.

19 Démétrios de Phalère[23], qui fut considéré comme un homme de bien et fut en conséquence honoré «pour son sens extrême de la justice» de trois cent statues qu'on lui éleva, «représenté en citoyen, au nom de la liberté»[24].

Les Macédoniens

16,1 Les rois des Macédoniens.

Philippe, fils d'Amyntas[1], fut le premier des Macédoniens à être maître de la Thrace[2] et à la ranger sous sa domination, et, alors qu'il voulait passer en Asie, il fut assassiné au théâtre par Pausanias au moment même où il faisait ses préparatifs de guerre[3].

2 Alexandre, fils de Philippe et d'Olympias, étant parti de la ville de Pella[4] en Macédoine, passa en Asie avec quarante mille soldats et vainquit le roi des Perses Darius[5], d'abord sur le Granique[6], puis à Issos en Cilicie[7], une troisième fois à Arbèles[8]: en trois batailles il vainquit trois cent mille fantassins, <cinquante[9]> mille cavaliers, deux mille chars à faux; bientôt il rangea sous sa domination le roi des Indiens[10] et

21. D'après Cornélius Népos (*Vies*, 12,1), c'est dans une bataille (Mantinée?) livrée à Agésilas par les Athéniens et les Thébains que le stratège Chabrias inventa une nouvelle position de combat qui fit fuir les Spartiates.

22. En 357 a.C., au moment de la révolte contre Athènes (guerre des Alliés).

23. Philosophe, critique et historien, Démétrios de Phalère gouverna Athènes au nom de Cassandre de 318 à 307; chassé de sa cité par Démétrios Poliorcète, il se réfugia à Alexandrie auprès de Ptolémée Lagos.

24. *Voir p. 72.*

Chapitre 16

1-10. *Voir p. 72.*

suleret: «si boni, inquit, erunt, hic agellus eis sufficiet, si mali, nihil».

18 C*h*abrias dux, qui gladiatoria arte pugnare militem docuit, C*y*pron et Naxon et omnes Asiaticas insulas Athenis adiunxit, et circa *Ch*ion nauali bello occidi maluit quam a*b*iectis armis enatare.

19 Demetrius Phalereus, uir bonus existimatus ideoque «ob insignem iustitiam» statuis CCC est *h*onoratus quas ei «pro libertate posuerunt in facie publica».

16,1 Reges Macedonum.

Philippus, Am*y*ntae filius, primus Macedonum obtinuit Thraciam redegitque in suam potestatem et, cum transire in Asiam uellet, sub ipso bell*i* apparatu in t*h*eatro a Pausania est interfectus.

2 Alexander, Philippi et Ol*y*mpiadis filius, ex urbe Pella Macedoniae cum milibus XL mili*t*um in Asiam transi*it* et Darium regem Persarum primum apud Granicum fluuium, tum apud Issum Ciliciae, tertio apud Arbela, tribus proeliis tr*ece*nta peditum, <quinquaginta> equitum, duo milia falcatorum curruum uicit; mox regem Indorum et omnes Asiae gentes sub potestate

18 chabrias M^2 *edd.*: calab- M^1 || cypron M^2 *edd.*: cip- M^1 || chion *Woe. Ass.*: thi- M^1 *Sau.* || abiectis M^2 *edd.*: adi- M^1.
19 qui *ante* uir *add. Woe. Ass.* || ideoque *post* iustitiam (-iciam *M*) *trans. Ass.* || honoratus M^2 *edd.*: o- M^1.

16,1 amyntae M^2 *edd.*: amin- M^1 || belli apparatu M^2 *edd.*: bello apparatui M^1 || theatro M^2 *edd.*: te- M^1.
2 olympiadis M^2 *edd.*: olim- M^1 || milibus XL militum *Ass.*: militibus XL milium M^1 XL milibus (milli- *Sau.*) militum M^2 *Sau. Woe.* || cum *ante* in asiam *add. Ass.* || transiit et *ego*: transisset *M edd.* || fluuium M^1 *Woe. Sau.*: flumen M^2 *Ass.* || trecenta *Woe. Ass.*: triginta *M Sau.* || quinquaginta *Ass. uide adn.*: legionum *M Sau. Woe.* || duo milia *M Woe. Ass.*: bis mille *Sau.* || potestate sua *M Sau.*: -em -am *Woe. Ass.*

tous les peuples d'Asie, et il prit les plus célèbres villes d'Asie: Pasargades[11], Bactres[12], Suse[13], Babylone où aussi il mourut — d'ivrognerie ou par le poison, on ne sait[14] — alors que par ailleurs il avait d'abord parcouru l'Afrique jusqu'à Jupiter Ammon[15], et que, le premier de tous, il avait navigué sur l'Océan[16].

3 Philippe[17] fut le septième dans la série, après Alexandre le Macédonien, à régner sur la Macédoine; alors que, s'étant jeté sur la Grèce, il y exerçait une cruelle domination, il fut vaincu par le consul Sulpicius en Phocide[18], puis par Flamininus à Cynoscéphales en Macédoine thessalienne[19]: ayant alors donné en otage son fils Démétrios[20], il fut mis à l'amende d'une partie de son royaume[21].

4 Persée Philippe[22], fils de Philippe: alors qu'il avait attaqué la Grèce avec de très importantes troupes macédoniennes, il fut vaincu par le consul Marcius[23] dans les marais de l'Ascuris, lui et ses fantoches d'éléphants qui ne lui servirent à rien, et s'enfuit après avoir jeté ses trésors à la mer; bientôt chassé de toute la Macédoine par le consul Paul-Émile[24], il se réfugia dans un asile sacré à Samothrace; puis comme il s'était rendu à Paul-Émile en s'en remettant à sa parole[25], il fut mené devant le char de celui-ci pendant son triomphe, et ensuite il vieillit en liberté surveillée en pays albain.

11. Pasargades, résidence royale de Perse, construite par Cyrus le Grand qui y avait fait édifier son tombeau; Alexandre y fit célébrer les funérailles de Darius en juillet 330.

12. Capitale de la Bactriane, conquise en 329 par Alexandre.

13. Une des plus vieilles villes du monde, l'ancienne capitale de l'Elam devenue l'une des quatre capitales des Achéménides; Alexandre y fit son entrée en 331, et y célébra, à son retour des Indes, son mariage avec Roxane et les unions de dix mille de ses compagnons d'armes (noces de Suse, printemps 324).

14. Juin 323.

15. Au cours de l'hiver 332-331, Alexandre alla consulter l'oracle de Jupiter Ammon (cf. chap. 2, n. 3-4) qui conforta ses prétentions à une ascendance divine.

16. L'océan Indien.

17-21. *Voir p. 72.*

22-25. *Voir p. 73.*

sua redegit et nobilissimas urbes Asiae cepit, *Pa*sar*gadas*, Bactra, Susa, Bab*y*lonam, ubi etiam defunctus, dubius uinolentia an ueneno, cum tamen prius et Africam per*a*grasset usque ad Iouem Ammonem et Oceanum primus omnium nauigasset.

3 Philippus, qui post Alexandrum Macedon*e*m septimo gradu Macedoniae regnauit, inu*e*ctus in Graeciam, cum s*a*eue dominaretur, a Sulpicio consule in *Ph*ocide uictus est, mox a Flamini*no* in Macedonia Thessali*di* apud Cynocephalas, u*b*i dato obside filio Demetrio regn*i* parte multatus est.

4 Perses Philippus, Philippi filius, cum maximis copiis Macedoniis [et] cum impetum in Graeciam fecisset, cum inanibus ele*ph*antorum simulacris a Marc*i*o consule apud *A*sc*u*rid*e*m paludem uictus, praecipitatis in mare thesauris, profugit; mox ab *A*emilio Paulo tota Macedonia fugatus, Samothracam confugit in as*y*lum unde, data fide cum se Paulo commisisset, ante currum eius in trium*ph*um productus, mox libera custodia in Albano consenuit.

pasargadas bactra susa *ego*: sarbactransus a *M* sarbactran susa *Sau.* sardes bactra susa *Woe. Ass.* || babylonam *ego*: babillonam *M* babyloniam *edd.* || est *post* defunctus *add. Woe. Ass.* || uinolentia *M Sau.*: a u. *Woe.* an u. *Ass.* || peragrasset *Woe. Ass.*: pereg- *M Sau.*

3 macedonem M^2 *Sau. Woe.*: -niam M^1 *secl. Ass.* || macedoniae *M Sau. Woe.*: -am *Ass.* || inuectus *Woe. Ass.*: inuic- *M Sau.* || saeue *edd.*: se- *M* || phocide M^2 *edd.*: fo- M^1 || flaminino *Woe. Ass.*: -mminio M^1 -minio M^2 *Sau.* || in macedonia thessalidi *ego*: in m. -li M^1 in m. -is M^2 in m. thessalia *Sau.* in thessalia *Woe. Ass.* || cynocephalas M^2 *Sau. Ass.*: cynocefa- M^1 cynoscepha- *Woe.* || ubi M^2 *edd.*: uti M^1 || regni *edd.*: -na *M*.

4 philippus *post* perses *secl. Woe. Ass.* || et M^1 *ego secl.*: esset M^2 esset et *Sau.* *** *Woe.* et *** *Ass.* || impetum *post* graeciam *trans. Woe.* || elephantorum M^2 *edd.*: elefa- M^1 || simulacris M^2 *edd.*: -chris M^1 || marcio *Woe. Ass.*: -co *M Sau.* || ascuridem *Woe.*: sgiriam M^1 scyriam M^2 *Sau.* ascyridam *Ass.* || aemilio M^2 *edd.*: e- M^1 || samothracam *M Sau. Ass.*: -ciam *Woe.* || asylum M^2 *edd.*: asil- M^1 || triumphum M^2 *edd.*: -mfum M^1 *ut semp.*

5 Le Pseudophilippe[26]: alors que, homme du peuple et bâtard, il s'était servi d'une ressemblance physique pour faire croire qu'il était le fils de Philippe, et qu'il poussait les Macédoniens à la guerre, il fut pris dans les débuts de la révolte et envoyé à Rome sous bonne garde; une fois qu'il y fut, il échappa à sa garde et, après avoir à nouveau soulevé la Macédoine, il reprit la Thrace en combattant; dans la citadelle de son royaume[27], il rendit la justice en tenue militaire; alors que, tôt vaincu dans un très grand combat par Cécilius Métellus[28], il s'enfuyait en Thrace, il fut livré par les rois et ramené à Rome pour figurer au triomphe.

Les Romains

17,1 Les rois des Romains.

Romulus, qui fonda Rome; Numa Pompilius, qui établit les rites; Tullus Hostilius, qui détruisit Albe; Ancus Marcius, qui fit un très grand nombre de lois et établit la colonie d'Ostie.

2 Servius Tullius, qui fit le premier cens; Tarquin l'Ancien, qui décora d'insignes les magistrats; Tarquin le Superbe, qui fur chassé du trône pour excès d'orgueil.

18,1 Les plus illustres généraux des Romains.

Brutus, qui tua ses enfants au nom de la liberté de l'État[1].

2 Valérius Publicola[2], qui, pour cette même liberté, fit sans trêve la guerre contre Tarquinies; ce même Valérius accrut l'importance du peuple en lui donnant le droit d'exercice des libertés publiques[3].

26. Andriscos se fit passer pour le fils de Persée, Philippe, mort en réalité à Albe deux ans après son père, souleva la Macédoine contre les Romains et attaqua la Thessalie en 150 a.C. Ses partisans étaient issus des classes populaires de l'ancien royaume.

27. Pella.

28. Peu après avoir vaincu et tué le propréteur P. Juventius Thalna, Andriscos fut battu et capturé par le préteur Q. Caecilius Metellus «Macedonicus» (148 a.C.)

Chapitre 17. Voir p. 73.

Chapitre 18

1-3. *Voir p. 73.*

5 Pseudophilippus, uir plebeius et degener, cum ex similitudine formae Philippi filium se persuasisset et Macedonas in bellum excitasset, inter initia tumultus comprehensus sub custodia missus est Romam ubi cum ex custodia aufugisset, concitata rursus Macedonia Thraciam bello recepit; in arce regni pal*u*datus ius dixit, *m*ox a Ca*e*cilio Metello ingenti proelio uictus cum profugisset in Thraciam, a regibus deditus et in triumphum deportatus.

17,1 Reges [et duces] Romanorum.

Romulus qui Vrbem condidit; Numa Pompilius, qui sacra constituit; Tul*l*us Hostilius, qui Albam diruit; An*c*us Martius, qui leges plurimas tulit et Ostiam coloniam constituit.

2 Seruius Tullius, qui primum censum egit; Priscus Tarquinius, qui insignibus magistratus adornauit; Tarquinius Superbus, qui ob nimiam superbiam regno pulsus est.

18,1 Clarissimi duces Romanorum.

Brutus, qui pro libertate publica liberos suos interfecit.

2 Valerius Publicola, qui propter eamdem libertatem aduersus Tarquinios bellum exercuit, idem ius libertatis dando populum ampliauit.

5 esse *post* se *add. Woe.* || paludatus *M*[2] *edd.*: pallid- *M*[1] || mox *M*[2] *edd.*: nox *M*[1] || caecilio *Woe. Ass.*: cacifi- *M*[1] caecifi- *M*[2] *Sau.* || est *post* deditus *add. Woe.*

17,1 et duces *secl. Ass.* || tullus *M*[2] *Woe. Ass.*: tulius *M*[1] tullius *Sau.* || ancus *M*[2] *edd.*: angus *M*[1] || martius *M Woe. Sau.*: -rcius *Ass.* || ostiam *M*[1] *Woe. Ass.*: ho- *M*[2] *Sau.*

3 Mallius Torquatus[4], qui tua son fils pour affermir la discipline des camps.

4 Quinctius Cincinnatus[5], appelé aussi Serranus, à qui la dictature fut déférée au moment où il labourait.

5 Camille[6], qui, après avoir anéanti le peuple des Gaulois Sénons, restaura Rome qu'ils avaient incendiée.

6 Les deux Fabius: le premier soumit en un seul combat les Etrusques, les Samnites, les Ombriens et les Gaulois[7], débarrassa les tribus des affranchis et fut, pour cela, surnommé «le Très grand»; le second brisa Hannibal en atermoyant, de là vient qu'il fut surnommé «Celui qui prend son temps»[8].

7 Papirius Cursor[9]: il affligea les Samnites qui avaient envoyé les Romains vaincus sous le joug d'une pareille indignité après les avoir vaincus, et sa rapidité le fit appeler «le Coureur».

8 Curius[10]: alors qu'il faisait rôtir au four des raves, il dit à ceux qui lui faisaient des offres: «je préfère <manger> dans ma vaisselle de terre et commander à ceux qui ont de l'or».

9 Fabricius Luscinus[11], qui écarta du Sénat Cornélius Rufinus, un personnage consulaire, condamné pour intempérance et cupidité, parce qu'il possédait dix livres d'argent.

10 Claudius Marcellus[12], qui fut le premier à vaincre Hannibal au combat, en Campanie; ce même Marcellus enseigna à la cavalerie à se replier sans fuir au cours d'une bataille.

11 Les deux Scipions: l'un, le premier «Africain», qui réduisit par les armes Hannibal et, en sa personne, l'Afrique[13]; l'autre, Scipion le Jeune «le Numantin», qui, en détruisant

4. T. Manlius (Mallius) Torquatus, consul en 340 a.C. avec Décius Mus.

5. L. Quinctius Cincinnatus, dictateur en 458 et 439 a.C. (?). Le surnom Serranus est attesté pour C. Atilius Régulus.

6. Furius Camillus termina, en s'emparant de la ville, le siège de Véies qui avait duré dix ans (406-396 a.C.?), puis, après son exil, chassa de Rome les Gaulois qui avaient mis la ville à sac et l'avaient occupée six mois (390 a.C.?).

7-13. *Voir p. 73.*

3 Mallius Torquatus, qui ad confirmandam castrorum disciplinam filium suum interfecit.

4 Quin*c*tius Cincinnatus, item Seranus, cui aranti dictatura delata est.

5 Camillus, qui Senonum gente deleta Gallorum incensam ab eis Vrbem restituit.

6 Fabii duo, quorum alter una pugna Etruscos, Samnitas, Vmbros Gallosque subegit, libertinos e tribubus repurgauit ideoque Maximus cognominatus, alter Fabius Hannibalem mora fregit, ex quo Cunctator est cognominatus.

7 Papirius Cursor: hic Samnites, qui Romanos sub iugum pugnando miserant, uictos ignominia pari adfecit et a uelocitate Cursor est appellatus.

8 Curius: cum in foco rapas torreret, offerentibus «malo, inquit, in fictilibus meis <esse> et aurum habentibus imperare».

9 Fabricius Luscinus, qui Cornelium Rufinum consularem uirum senatu amouit, luxuriae et auaritiae damnatum, quod decem pondo argenti possideret.

10 Claudius Marcellus, qui *H*annibalem primus in Campania proelio uicit idemque docuit in bello quomodo equites sine fuga cederent.

11 Scipiones duo quorum alter prior Africanus, qui *H*annibalem et in eo Africam debellauit, alter Scipio

18,3 mallius M^1 *Sau. Ass.*: manlius M^2 *Woe.*
4 quinctius *Woe. Ass.*: quint- *M Sau.* || item seranus M^1: idem serranus M^2 *Sau. secl. Woe. Ass.*
5 gallorum *secl. Woe. Ass.*
6 samnitas M^2 *edd.*: sami- M^1.
8 legatis samnitium (-tum *Ass.*) aurum *ante* offerentibus *add. Woe. Ass.* || esse *post* meis *add. Woe. Ass.*
9 pondo M^2 *edd.*: -dus M^1.
10 hannibalem *Ass.*: an- *M Sau. Woe. ut semper.*

Carthage et Numance, brisa l'Afrique dans la première, l'Espagne dans la seconde[14].

12 Quintus Néron[15], qui, ayant laissé Hannibal en Apulie, intercepta Hasdrubal arrivant d'Espagne et anéantit ses troupes sur le Métaure en une seule journée: si ce dernier avait fait sa jonction avec Hannibal, il ne peut être mis en doute que le peuple romain n'eût pas accompli des actions égales aux leurs.

13 Paul-Émile[16], qui, alors qu'il avait vaincu la Macédoine, donné la liberté à la Grèce, et rapporté un très riche triomphe, ayant perdu deux enfants pendant les jours mêmes de son triomphe, dit devant le peuple qu'il rendait grâce à la Fortune de ce qu'elle avait frappé sa maison, plutôt que la République.

14 Les deux Métellus: le premier, appelé le Macédonique à la suite de sa victoire sur les Macédoniens[17] s'empara de Contrebia, une cité inexpugnable d'Espagne, après que les soldats eurent reçu l'ordre de rédiger leur testament, et l'interdiction de rentrer à moins de remporter la victoire; le second, appelé le Numidique[18] à la suite de sa victoire sur la Numidie, qui, alors que le tribun de la plèbe Apuléius proposait des lois funestes pour la République et que tout le Sénat les avait jurées, préféra aller en exil plutôt que jurer[19]; son fils fut surnommé le Pieux[20], parce qu'il suivit son père en exil.

15 Caius Marius qui vainquit les Numides en Afrique[21], les Cimbres et les Teutons en Gaule[22]: parti du rang de simple soldat, il parvint jusqu'à un septième consulat[23].

14. P. Cornélius Scipio Aemilianus Africanus, consul en 147 et 134 a.C. obtint en 146 la capitulation de Carthage et rasa la ville; en 133 il s'empara de Numance et la détruisit.

15. C. Claudius Nero, consul en 207 a.C.

16. L. Aemilius Paulus (cf. 16,4 et n. 24). La proclamation solemnelle de la liberté de la Grèce avait été faite par T. Quinctius Flamininus (cf. 16,3 et n. 19) aux Jeux Isthmiques de 196 a.C.

17. Cf. 16,5 et n. 28. Q. Caecilius Métellus Macédonicus, consul en 143 a.C., remporta plusieurs victoires sur les Celtibères pendant son proconsulat (142) et prit un second *cognomen*: «Celtibéricus».

18. *Voir p. 73.*

19-23. *Voir p. 74.*

m*inor* Numanti*nus* qui, Carthaginem et Numantiam diruendo, [et] in hac Africam, in illa Hispaniam fregit.

12 Quintus Nero, qui *H*annibale in Apulia relicto uenientem ab Hispania *Ha*s*dru*balem excepit copia*s*que eius uno die apud Metaurum flumen deuicit, qui si se cum *H*annibale iunxisset, dubitari non potest paria eis p.R. ef*fe*cturum non fuisse.

13 Paulus, qui cum Macedoniam ui*c*isset et Gr*a*eciam liberasset et opulentissimum trium*ph*um reportasset, inter ipsos trium*ph*i dies amissis duobus liberis, pro con*t*ione dixit gratias se agere fortunae quod in suam potius domum quam in rem publicam s*a*euisset.

14 Duo Metelli, quorum alter Macedonicus, deuictis Macedonibus, qui Contrebiam, inexpugnabilem Hispaniae ciuitatem, iussis testamenta scribere et uetitis redire nisi uicissent militibus, occupauit, alter Numidicus, uicta Numidia, qui cum perniciosas rei publicae leges ferret Apuleius tribunus plebis totusque senatus in eas iurasset, maluit in exilium ire quam iurare: huius filius Pius cognominatus est, quod patrem in exilium secutus est.

15 Gaius Marius, qui in Africa Numidis, in Gallia Ci*mb*ris Teutonibusque superatis a *c*aliga peruenit usque septimum consulatum.

11 minor numantinus *Woe. Ass.*: monumantısm *M*[1] numantinus *M*[2] *Sau.* || et *M*[1] *secl. M*[2] *edd.*

12 quintus *M Sau. Ass.*: claudius *Woe.* || hannibale *Ass.*: annibale *M*[2] *Sau. Woe.* annibalem *M*[1] || hasdrubalem *M*[2] *Sau. Ass.*: asdrubalem *Woe.* annibalem *M*[1] || copiasque *M*[2] *edd.*: -iaque *M*[1] || si se *M Woe. Ass.*: sese *Sau.* || paria *M Sau. Ass.*: -rem *Woe.* || populum romanum effecturum *ego*: praefacturum *M*[1] praestaturum *M*[2] *Sau.* populum romanum futurum *Woe.* populum romanum facturum *Ass.*

13 uicisset *M*[2] *edd.*: uixi- *M*[1] || graeciam *edd.*: gre- *M* || contione *Woe. Ass.*: conci- *M Sau.* || saeuisset *M*[2] *edd.*: se- *M*[1].

14 iussis *M*[2] *edd.*: -isset *M*[1].

15 cimbris *M*[2] *edd.*: cinporis *M*[1] || caliga *M*[2] *edd.*: gallia *M*[1].

16 Sulla, qui, maître de la victoire pendant la guerre civile, fut le premier à s'emparer de l'empire romain, et le seul à l'abdiquer[24].

17 Sertorius, qui, alors qu'il s'était réfugié en exil après avoir été proscrit par Sulla, rangea sous son pouvoir presque toute l'Espagne en un temps record et se montra invincible, malgré une fortune à tous égards contraire[25].

18 Lucullus[26], à qui le butin de la province d'Asie procura de très gros moyens, et qui fut très grand amateur de constructions et de tableaux.

19 Pompée, qui vainquit les Arméniens du roi Tigrane, les Pontiques du roi Mithridate, les Ciliciens maîtres de toute la mer en moins de quarante jours, et qui parcourut une grande partie de l'Asie, entre l'océan Caspien, et l'océan Rouge[27], en remportant victoires et triomphes[28].

20 Caius César, qui soumit les Gaules et les Germanies[29], et, le premier des Romains, navigua sur l'Océan dans lequel il découvrit la Bretagne, qu'il vainquit[30].

21 Jules César Auguste, qui, après avoir complètement pacifié toutes les provinces, répartit les armées dans le monde entier et organisa l'empire romain; après sa consécration[31], régna la dictature perpétuelle des Césars[32].

24. L. Cornélius Sulla Félix abdiqua la dictature en juin-juillet 79 a.C. et mourut au début de 78.

25. Le marianiste Q. Sertorius était gouverneur d'Espagne citérieure en 82 a.C.; chassé par les Sullaniens, il alla en Afrique, puis revint en Espagne (80) qu'il gouverna de façon indépendante du pouvoir romain. Il fut assassiné par ses amis en 72, après avoir mené une guerre meurtrière contre les généraux romains: Q. Caecilius Métellus Pius, M. Domitius et surtout Pompée depuis le début de 76.

26. M. Licinius Lucullus, consul en 74 a.C., chargé de la guerre contre Mithridate VI Eupator jusqu'en 66, date à laquelle il fut remplacé par Pompée.

27-32. *Voir p. 74.*

16 S*u*lla, qui bello ciuili uictoria perpoti*t*us Romanum primus inuasit imperium solusque deposuit.

17 Sertorius, qui proscriptus a Sulla cum in exilium profugisset, quam breuissim*o te*mp*ore* prope totam Hispaniam redegit in suam potestatem et ubique aduersante fortuna insuperabilis fuit.

18 Lucullus, qui Asiacae prouinciae spoliis maximas opes est consecutus et *a*edificiorum tabellarumque pictarum studiosissimus fuit.

19 Pompeius, qui Armenios sub rege Tigrane, Ponticos sub rege Mit*h*ridate, Cilicas toto mari dominantis intra quadrag*es*imum diem uicit et magnam partem Asiae inter oceanum Caspium Rubrumque uictoriis suis triumphisque peragrauit.

20 Gaius Caesar, qui Gallias Germaniasque subegit et primus Romanorum n*auig*auit Oceanum in quo Britanniam inuenit et uicit.

21 Iulius Caesar Augustus, qui perpacatis omnibus prouinciis exercitus toto orbe terrarum disposuit et Romanum imperium ordinauit, post cuius consecrationem perpetua Caesarum dictatur*a* dominatur.

16 sulla *Woe.*: sil- *M*[1] syl- *M*[2] *Sau. Ass. ut semp.* || perpotitus *M*[2] *edd.*: -ius *M*[1].
17 quam breuissimo tempore *edd.*: q. breuissime imperium *M*.
18 asiacae *M Sau. Woe.*: asiaticae *Ass.* || aedificiorum *M*[2] *edd.*: e- *M*[1] || tabellarumque *M Sau. Ass.*: tabula- *Woe.*
19 mithridate *edd.*: mitr- *M ut saepissime* || toto *M*[2] *edd.*: -os *M*[1] || dominantis *M*[1] *Woe. Ass.*: -tes *M*[2] *Sau.* || quadragesimum *M*[2] *edd.*: -gimum *M*[1] || mare *post* rubrumque *add. Ass.*
20 nauigauit *M*[2] *edd.*: necauit *M*[1] *an* nauit?
21 dictatura *M*[2] *edd.*: -ur *M*[1].

19,1 Les Romains qui s'illustrèrent en toge.

Ménénius Agrippa, qui unit au Sénat le peuple qui faisait sécession et les réconcilia[1].

2 Appius Caecus[2], qui rompit la paix de Pyrrhos de peur que le peuple, qui n'avait pas voulu obéir à ses propres rois, ne fût régi par des rois étrangers.

3 Tibérius Gracchus, qui, bien qu'il tînt Scipion l'Asiatique pour son ennemi[3], ne souffrit pas qu'il fût mené en prison par les tribuns de la plèbe, parce que, disait-il, il était sacrilège, selon lui, que Scipion fût là où étaient retenus ses prisonniers, encore enchaînés; c'est le père des Gracques qui furent assassinés pendant leur tribunat, alors qu'ils provoquaient des émeutes par leurs lois agraires[4].

4 Décimus Brutus le «Callaïque»[5], qui, avec le consul Opimius[6], anéantit son gendre C. Gracchus[7] qui troublait l'équilibre de la République par les lois agraires.

5 M. Brutus[8], qui, après avoir suivi le parti de Pompée, puis avoir été rétabli dans ses droits par César, fit une conjuration pour le tuer, parce qu'il semblait aspirer au titre de roi.

6 Livius Drusus[9], qui, ayant obtenu par la promulgation des lois agraires la faveur du peuple romain au plus haut degré, fut tué traîtreusement dans sa maison par le consul Philippe[10] afin qu'il n'accomplisse pas ce qu'il avait promis.

Chapitre 19

1. Au moment de la sécession de la plèbe sur le Mont Sacré (cf. 25,1), en 494 a.C.(?).

2. En 280 a.C., Ap. Claudius Caecus (censeur en 312, consul en 307 et 296) fit échouer une ambassade envoyée par Pyrrhos à Rome pour demander la paix.

3. Ti. Sempronius Gracchus, consul en 177 et en 163 a.C., était tribun de la plèbe quand il intercéda en faveur de L. Cornélius Scipio Asiaticus, alors accusé de péculat (183). Il épousa ensuite la fille de Scipion l'Africain, le frère de Scipion l'Asiatique.

4. Tibérius fut tribun en 133, Caius, en 123 et 122 a.C.

5. D. Iunius Brutus, surnommé le «Callaique» à la suite de ses victoires sur les Galiciens, avait été consul en 138 a.C.

6-7. *Voir p. 74.*

8-10. *Voir p. 75.*

19,1 Romani qui in toga fuerunt illustres.

M*ene*n*i*us Agrippa, qui dissidentem populum senatui conligauit atque conciliauit.

2 Appius Cae*cus*, qui pacem Pyrrhi diremit ne populus qui suis parere noluerat sub e*x*ternis regibus regeretur.

3 Tiberius Gr*acch*us, qui Scipionem Asiaticum, quamuis inimicum haberet, no*n es*t passus a tribunis in carcerem duci, quo*d* diceret nefas ibi esse Scipionem ubi captiui illius adhuc alligati tenerentur: hic est Gr*accho*rum pater, qui in tribunatu, cum agrariis legibus seditiones excitarent, interfecti sunt.

4 Decimus Brutus Cal*la*ecus, qui Gracchum gene*r*um agra*ri*is legibus *re*i p. *s*tatum turbantem cum Opimio cons*ule* oppressit.

5 M. Brutus, qui Pompeii partes secutus mox a Caesare restitutus in mortem eius coniurauit quod affectare nomen regium uideretur.

6 L*iu*ius Dru*s*us, qui agrariis legibus promulgatis summum p. R. fauorem consecutus, ne promissa perficeret, per insidias a Philippo consule domi suae interfectus est.

19,1 menenius *Woe.*: manus M^1 manius M^2 *Sau. Ass.*
2 caecus M^2 *edd.*: caesar M^1 || noluerat *M Sau. Ass.*: uo- *Woe.* || externis M^2 *edd.*: est- M^1.
3 gracchus M^2 *edd.*: grecus M^1 || non est M^2 *edd.*: noluit M^1 || quod M^2 *edd.*: quo M^1 || gracchorum *edd.*: greco- M^1 grraccho- M^2.
4 callaecus *ego*: calecius *M* calaecius *Sau.* callaicus *Woe.* callaecius *Ass.* || c. *ante* gracchum (-ccum M^1 -cchum M^2) *add. Woe. Ass.* || generum M^2 *edd.*: -nesum M^1 || agrariis *edd.*: -agratis *M* || rei p. statum M^2: iptatum M^1 rei publ. statum *Sau.* rei publicae statum *Woe. Ass.* || consule oppressit M^2 *edd.*: consoppressit M^1.
6 liuius *Woe. Ass.*: lucius *M Sau.* || drusus M^2 *edd.*: druius M^1 || promulgatis M^2 *edd.*: -lcatis M^1 || p. r. *ego*: pro M^1 pro eo M^2 *Sau.* populi romani *Woe. Ass.*

7 Lutatius Catulus, qui chassa d'Italie Lépide[11] qui voulait casser les actes de Sulla par l'intervention d'une armée, et qui, seul de tous, acheva une guerre civile sans verser le sang[12].

8 Caton le Censeur, qui fut si souvent accusé: tant qu'il vécut, il ne cessa d'accuser les hommes nuisibles; c'est lui qui eut la plus grande expérience dans tous les domaines, et qui fut, selon Salluste, l'orateur le plus habile d'ascendance romaine[13].

9 Caton le Préteur, qui, ayant suivi le parti de Pompée pendant la guerre civile, préféra mourir plutôt que survivre à la République asservie[14].

10 Scaurus[15], qui interdit à son fils de se trouver en sa présence, parce que celui-ci avait déserté lors de la guerre cimbrique[16].

11 Scipion Nasica[17]: parce qu'il lui semblait ne pas avoir été inauguré comme consul selon les rites, il abdiqua le consulat et refusa le triomphe offert par le Sénat après sa victoire sur les Dalmates, et il fit enlever pendant sa censure les statues que chacun s'était élevé en public. Il fut d'avis, au Sénat, que Carthage, cependant, ne devait pas être détruite: pour cela, il fut appelé «le meilleur des hommes».

12 Cornelius Céthégus, qui jugea que son frère Céthégus[18] devait être puni de mort parce qu'il avait conspiré avec Catilina.

13 Tullius Cicéron, qui, pendant son consulat, étouffa très courageusement la conjuration de Catilina.

11. Q. Lutatius Catulus fut consul en 78 a.C. avec son adversaire politique M. Aemilius Lépidus.

12. La guerre, conduite par Catulus et Pompée, fut de courte durée (été 77 a.C.), mais très sanglante, contrairement à ce que dit Ampélius.

13. M. Porcius Cato (*Cato maior*), consul en 195 a.C., censeur en 184-182, fut le plus grand orateur de son temps et le premier à écrire en latin des ouvrages en prose.

14. M. Porcius Cato (*Cato minor*), préteur en 54 a.C., l'un des chefs du partie pompéien après la mort de Pompée, se tua à Utique quelques jours après la bataille de Thapsus (avr. 46).

15-18. *Voir p. 75.*

7 Lutatius Catulus, qui Lepidum acta Sullae rescindere uolentem admoto exercitu Italia fugauit et solus omnium sine sanguine bellum ciuile confecit.

8 Cato censorius, qui totiens accusatus est; quoad uixit nocentis accusare non destitit; hic est omnium rerum peritissimus et, ut Sallustio Crispo uidetur, Romani generis disertissimus.

9 [Cato] Cato praetorius, qu*i* bello ciuili partes Pompeii secutus mori maluit quam superstes esse rei <p.> seruienti.

10 Scaurus, qui uetuit filium in conspectum suum uenire quia bello Ci*mb*rico deseruerat.

11 Scipio Nasica: quia non rite inauguratus consul uideretur, consulatu se abdicauit et domitis Dalmatis oblatum a senatu triumphum repudiauit statuasque quas sibi quisque in publico posuerat in censura sua sustulit; censuit in senatu tamen Cart*h*aginem non esse delendam, propterea optimus iudicatus.

12 Cornelius Cet*h*egus, qui fratrem suum Cet*h*egum quod cum Catilina coniurasset morte multandum censuit.

13 Tullius Cicero, qui in consulatu suo Catilinae coniurationem fortissime oppressit.

8 accusatus est *M Sau.*: a. est et *Woe.* a *Ass.* || ei *post* nocentis *add.* M^2 || disertissimus M^2 *edd.*: disse- M^1.
9 cato *iter.* *M* || qui M^2 *edd.*: quo M^1 ||superstes *edd.*: -tites M^1 -titem M^2 || rei p. M^2 *Sau.*: rei M^1 rei publicae *Woe. Ass.*
10 cimbrico *Woe. Ass.*: ciprico M^1 cyprico M^2 *Sau.*
11 qui *ante* quia *add. Woe. Ass.* || consul M^2 *Sau. Woe.*: consules M^1 consul esse *Ass.* || carthaginem M^2 *edd.*: carta- M^1.
12 cethegus/m M^2 *Sau. Woe.*: cette- M^1 *Ass.*
13 catilinae M^2 *edd.*: catill- M^1.

20,1 Quels sont ceux qui se dévouèrent au salut commun? Les trois Horaces qui combattirent les Curiaces, <champions> des Albains, pour décider du pouvoir suprême.

2 Les Fabius qui, au nombre de trois cents[1], tous de souche patricienne, réclamèrent pour eux seuls la charge de la guerre de Véies.

3 Mucius Cordus, parce qu'il mit ses mains dans les flammes.

4 Horatius Coclès, qui, en armes, traversa le Tibre à la nage après que le pont eut été détruit.

5 Les trois cents, menés sous le commandement de Calpurnius Flamma contre les Puniques, qui, dans le maquis sicilien, après l'anéantissement de l'armée[2], délivrèrent le peuple romain, si bien qu'ils égalèrent exactement la gloire des trois cents Lacédémoniens aux Thermopyles[3].

6 Les deux Décius, qui se vouèrent aux dieux Mânes, le premier au cours de la guerre latine, le second au cours de la guerre samnite[4].

7 Le pontife Folius[5], qui se voua aux dieux Mânes, lui et d'autres vieillards, après que Rome eut été incendiée par les Gaulois Sénons.

8 Régulus, qui préféra subir les supplices des Carthaginois plutôt que de conclure avec eux une paix inutile, ou de trahir lui-même la foi du serment[6].

9 Curtius, qui se jeta dans une crevasse de la terre quand, selon l'oracle, était réclamé ce qu'il y avait de meilleur dans la ville de Rome[7].

Chapitre 20

1. Ils étaient trois cent six (Liv. 2,48-50) et périrent tous à la bataille du Crémère 472 a.C.(?); un seul Fabius, trop jeune pour combattre, survécut.

2. En 258 a.C.; ces soldats faisaient partie de l'armée du consul A. Atilius Calatinus, qui marchait sur Camarina.

3. Cf. 14,6 et n. 7 *ad. loc.*

4. Deux consuls plébéiens, le père et le fils, appelés tous deux P. Décius Mus, accomplirent le rituel de *deuotio*, le premier en 340, le second (cf. 18,6 et n. 7 *ad. loc.*) en 295 a.C.

5-7. *Voir p. 75.*

20,1 Qui pro salute se optulerunt?
Horatius trigeminus, qui aduersus Curiatios Albanorum [qui] de summo imperio dimicauerunt.

2 Fabii, qui trecenti cum omnes patri*c*iae stirpis essent, bellum Veiens peculiariter sibi depoposcerunt.

3 Mu*c*ius Cordus, quia ignibus manus imposuit.

4 *H*oratius Cocles, qui ponte rescisso Tiber*im* armatus transnauit.

5 Trecenti sub Calpurnio Flamma contra Po*e*nos, qui in Siciliensi saltu mortuo exercitu populum Romanum liberauerunt ut plane CCC Lacedaemoniorum apud T*h*ermop*y*las gloriam ad*a*equarent.

6 Duo Deci*i*, quorum alter Latino bello, alter Samnitico diis manibus se deuouerunt.

7 F*o*lius pontifex, qui Vrbe a Gallis Senonibus incensa se aliosque senes diis manibus deuouit.

8 Regulus, qui tormenta Carthaginiensium maluit pati quam <ut> inutilis pax cum eis fieret aut ipse iuris iurandi fidem falleret.

9 Curtius, qui se in *h*iatu*m* terrae immisit cum ex oraculo quod optimum esset in urbe Romana posceretur.

20,1 populi romani *post* pro *add. Woe.* || horatius (o- M^1) trigeminus *M Sau. Ass.*: -tii -ni *Woe.* || qui *ante* de *secl. Woe. Ass.*
2 patriciae *edd.*: -ritiae *M.*
3 mucius M^2 *edd.*: musi- M^1 || quia M^1: qui M^2 *edd.* || manus *M Sau. Ass.*: -um *Woe.*
4 horatius M^2 *edd.*: o- M^1 || tiberim *ego*: -ii M^1 -is M^2 *edd.* || transnauit *ego*: transiit nauitans *M Sau.* transiit natans *Woe. Ass.*
5 poenos *edd.*: pon- *M* || mortuo exercitu populum romanum *M Sau.*: morte sua exercitum populi romani *Woe. Ass.* || plane *Mp. c. edd.*: pote *Ma. c.* || thermopylas M^2 *edd.*: termopil- M^1 || adaequarent *edd.*: ade- *M.*
6 duo decii M^2 *edd.*: duodecim M^1.
7 folius *ego*: fuluius *M Sau.* fabius *Woe. Ass.*
8 quam ut M^2 *edd.*: quam M^1.
9 in hiatum M^2 *edd.*: iniatu M^1.

10 Spurius Postumius, qui, envoyé sous le joug avec son armée par le chef samnite Pontius Télésinus, prit l'initiative de rompre le traité et déclara qu'il devait lui-même être livré aux ennemis[8].

11 Caius Métellus, qui retira le Palladium du temple de Vesta en feu et perdit la vue[9].

21,1 Quels sont ceux qui rapportèrent les dépouilles opimes[1]?

Romulus, de Agron, le roi des Céniniens[2]; 2 Cossius Cornélius, du larth Tolumne, roi des Véiens[3]; 3 Claudius Marcellus[4], de Virdomar, le roi des Gaulois.

22,1 Quels sont ceux qui, provoqués par les ennemis, en vinrent aux mains?

Mallius Torquatus, qui arracha à un Gaulois son torque et se le mit autour du cou[1].

2 Valérius , «le Corbin», parce que, alors qu'il combattait après avoir été provoqué par un Gaulois, un corbeau s'installa sur son casque et troubla l'ennemi[2].

3 Scipion Émilien[3]: alors qu'il était légat sous le commandement du général victorieux Lucullus[4], il tua à Intercatia, ville des Vaccéens, un barbare qui l'avait provoqué.

4 Lucius Opimius[5], sous les ordres du consul Lutatius Catulus[6], tua dans un défilé du Trentin un Cimbre qui l'avait provoqué.

8. Les consuls de 321 a.C., Sp. Postumius Albinus et son collègue T. Véturius, bloqués par les Samnites dans les défilés des Fourches Caudines, capitulèrent; à la suite du traitement honteux infligé aux Romains, le Sénat brisa le traité et les généraux romains se livrèrent à l'ennemi. L'année suivante, le consul L. Papirius Cursor reprit l'offensive (cf. 18,7 et n. 9 *ad. loc.*).

9. *Voir p. 75.*

Chapitre 21

1. *Voir p. 75.*

2-4. *Voir p. 76.*

Chapitre 22

1-6. *Voir p. 76.*

10 Spurius Postumius, qui a Pontio Telesino Samnitum duc*e* sub iugum missus cum exercitu auctor fuit rumpendi foederis seque hostibus censuit esse dedendum.

11 Gaius Metellus pontifex, <qui> ardente templo Vestae Palladium extulit et ocul*os* amisit.

21,1 Qui spolia opima rettulerunt?

Romulus de Agrone Ceninensium rege; Cossus Cornelius de l*a*rthe Tolumne Veien*t*ium rege; Claudius Marcellus de Virdomaro rege Gallorum.

22,1 Qui prouocati ab hostibus manu contenderunt?

Mallius Torquatus, qui Gallo torquem detraxit eumque sibi circumdedit.

2 Valerius Coruinus, qui*a* a Gallo prouocatus cum pugnaret, coruus galeam eius insedit et hostem perturbauit.

3 Scipio Aemilianus: cum esset legatus sub Lucullo imperatore, apud Intercatiam, Vaccaeorum urbem, prouocatorem barbarum occidit.

4 Lucius Opimius, sub L*u*tatio Catulo consule, in saltu Tridentino prouocatorem Cimbrum interfecit.

10 duce *M*² *edd.*: -ci *M*¹.
11 gaius *M Sau. Ass.*: caecilius *Woe.* || qui *post* pontifex *ego add.* || qui ex *post* pontifex *add. Woe. Ass.* || ardente *M*² *edd.* -tem *M*¹ || oculos *M*² *edd.*: occulte *M*¹.

21,1 agrone *M*¹ *Ass.*: acr- *M*² *Sau. Woe.* || ceninensium *M Sau.*: cae- *Woe. Ass.* || cossus *Woe. Ass.*: -sius *M Sau.* || larthe *M*² *Sau.*: lerthe *M*¹ larte *Woe. Ass.* || tolumne *M Sau.*: -nio *Woe. Ass.* || ueientium *Sau. Woe. Ass.*: ueninensi- *M*¹ ueiensi- *M*² || uirdomaro *ego*: uirod- *M*¹ uired- *M*² uirid- *edd.*

22,1 mallius *M Sau. Ass.*: manl- *Woe.*
2 quia *ego*: qui *M Sau. Woe.*, *secl. Ass.* || coruus *edd.*: -uius *M.*
3 sub *M Sau.*: ab *Woe. Ass.*
4 lutatio *edd.*: lat- *M.*

23,1 Quels sont ceux qui vainquirent des peuples au nom des Romains?

Scipion l'Africain[1], Scipion le Numantin[2], Scipion l'Asiatique[3], Mummius l'Achaïque[4], Servilius l'Isaurique[5], Brutus le Callaïque[6], Paul-Émile le Macédonique[7], Métellus le Crétique[8], César le Germanique[9], César le Dacique[10].

24,1 Combien y eut-il d'illustres Scipions qui reçurent des surnoms d'après leurs exploits?

Scipion le Grand, l'Africain, qui vainquit Hannibal[1]; 2 Scipion le Jeune, le Numantin, qui détruisit Numance et Carthage[2]; 3 Scipion l'Asiatique[3], qui célébra un triomphe sur Antiochos[4]; 4 Scipion Nasica[5], qui fut proclamé par le Sénat «le meilleur des hommes»; 5 Scipion[6], qui après l'assassinat de Pompée[7], reconstitua son parti et se tua après avoir été vaincu.

Les dissensions internes à Rome

25,1 La plèbe fit quatre fois sécession d'avec les Pères: la première sécession eut lieu à cause des excès des usuriers, quand la plèbe fit sécession en armes sur le Mont[1]; 2 la deuxième, à cause des excès des décemvirs, quand Virginius, après avoir tué sa propre fille, encercla sur le mont Aventin Appius[2] et tous ses partisans, et fit en sorte que, accusés et condamnés après leur sortie de charge, ils fussent châtiés par différents supplices; 3 la troisième, à cause des mariages: «que les plébéiens n'épousent

Chapitre 23

1. P. Cornélius Scipio Africanus, cf. 18,11 et n. 13 *ad. loc.*
2. P. Cornélius Scipio Aemilianus Africanus Numantinus, cf. 18,11 et n. 14 *ad. loc.*, 22,3 et n. 3 *ad. loc.*
3. L. Cornélius Scipio Asiaticus, cf. 19,3 et n. 3 *ad. loc.*
4. L. Mummius Achaicus, consul en 146 a.C. s'empara de Corinthe et la mit à sac.

5-9. *Voir p. 76.*

10. *Voir p. 77.*

Chapitre 24

1-7. *Voir p. 77.*

Chapitre 25

1-2. *Voir p. 77.*

23,1 Qui pro Romanis gentes superauerunt?

Scipio Africanus, S*cipio* Numantinus, Scipio Asiaticus, Mu*m*mius Ac*h*aicus, Seruilius Isauricus, Brutus Cal*laec*us, Paulus Macedonicus, Metellus Creticus, Caesar German*ic*us, Caesar Dacicus.

24,1 Quo*t* illustres Scipiones, qui magnis rebus gestis cognominati sunt?

Scipio Magnus, Africanus, qui uicit *H*annibalem; *S*cipio minor, Numantinus, qui Numantiam et Car*th*aginem diruit; Scipio Asiaticus, qui de Antioc*h*o trium*ph*auit; Scipio Nasica, qui a senatu uir optimus iudicatus; Scipio qui occiso Pompeio partes restituit et uictus se interfecit.

25,1 Secessiones plebis a patribus fuerunt quattuor: prima secessio propter impotentiam foeneratorum, cum in Montem plebs armata se*c*essit; 2 secunda, propter impotentiam decemuirum, cum interfecta filia sua Virginius Appium et totam eius factionem in Auentino monte circumuenit effecitque ut abdicato magistratu accusati atque dampnati uariis suppliciis punirentur; 3 ter*t*ia, propter matrimonia: «plebei ne patriciis nuberent»,

23,1 qui pro romanis gentes superauerunt *secl. Ass. et* 24,1 qui magnis rebus gestis cognominati sunt *hic trans.* || scipio numantinus M^2 *edd.*: sapa n. M^1 || mummius M^2 *edd.*: mumi- M^1 || achaicus M^2 *edd.*: aca- M^1 || callaecus *ego*: calatius M^1 calatinus M^2 *t.* callaicus M^3 *mg. edd.* || germanicus M^2 *edd.*: -nus M^1.

24,1 quot M^2 *edd.*: -od M^1 || scipio minor M^2 *edd.*: c- m. M^1 || antiocho M^2 *edd.*: -oco M^1 || triumphauit M^2 *edd.*: -mfauit M^1.

25,1 secessiones plebis *titul. add.* M^2 || foeneratorum *M Sau.* fe- *Woe.* fae- *Ass.* || sacrum *ante* montem *add. Woe. Ass.* || secessit M^2 *edd.*: sege- M^1.
2 dampnati M^1 *Ass.*: damn- M^2 *Sau. Woe.*
3 tertia M^2 *edd.*: -rcia M^1 *ut semper* || ne M^1 *Ass.*: ut ne *Sau.* ut M^2 *Woe.*

pas des patriciens», que suscita Canuléius sur le mont Janicule[3]; 4 la quatrième sécession, au forum, à cause de la question des magistratures: «que des plébéiens deviennent consuls», que suscita Sulpicius Stolo[4].

26,1 Il y eut quatre séditions à Rome: la première sédition fut celle de Tibérius Gracchus[1] que Scipion Nasica[2], ayant rassemblé une troupe, écrasa sur le Capitole, alors qu'il ébranlait l'équilibre de la Cité à propos des lois judiciaires et agraires; 2 la deuxième fut celle de Gracchus[3], le frère de Tibérius, qui excitait de nouveaux troubles en vue de largesses similaires: le consul Opimius l'écrasa sur le mont Aventin avec l'aide de son beau-père Décimus Brutus Callaïcus[4], après que les esclaves eurent été appelés à la liberté; 3 la troisième fut celle du tribun de la plèbe Apuléius Saturninus[5] et du consul Glaucia[6], qui troublaient par des massacres la tenue des comices au Champ de Mars: Marius, les ayant poursuivis jusqu'au Capitole, les assiégea et prit soin de les achever à coups de bâton et de pierres; 4 la quatrième sédition fut celle de Livius Drusus[7] et de Quintus Cépion[8], alors que l'un soutenait l'ordre sénatorial, l'autre, l'ordre équestre: cependant le principal motif du soulèvement fut le fait que Drusus promettait le droit de cité à tous les Italiens, mais alors il fut tué dans sa propre maison par le consul Philippe[9].

27,1 Quels sont ceux qui entrèrent dans des projets sacrilèges contre la patrie?

Coriolan[1], exilé en raison de grandes difficultés dans l'approvisionnement, voulut prendre sa patrie par intervention d'une

3. Le tribun C. Canuléius mena le combat de la plèbe pour faire abolir en 445 a.C. l'article de la loi des XII tables, *lex inhumanissima*, qui interdisait les mariages mixtes.

4. *Voir p. 77.*

Chapitre 26

1-5. *Voir p. 77.*

6-9. *Voir p. 78.*

Chapitre 27

1. *Voir p. 78.*

quam Canuleius concitauit in monte Ianiculo; 4 quarta secessio, in foro propter magistratus: «ut plebei consules fierent», quam Sulpicius Stolo concitauit.

26,1 Seditiones in Vrbe quattuor: prima seditio Tiberi Gracc*hi*, quem de iudi*c*iariis et agrariis legibus statum ciuitatis mouentem Scipio N*asic*a facta manu in Capitolio oppressit; 2 secunda seditio Gracc*hi* fratris eius, quem ob similes largitiones nouos motus excitantem Opimius consul cum Decimo Bruto *C*all*ae*c*o*, socero eius, conuocatis ad pilleum seruis in Aven*tin*o monte oppressit; 3 tertia seditio Apulei Saturnini tribuni plebis et Glau*c*iae consulis, quos comitia in campo caedibus perturbantes Marius in Capitolium persecutus obsedit et conficiendos fustibus saxisque curauit; 4 quarta seditio fuit Liui Drusi et Quinti Caepionis, cum ille senatum, <hic> equestrem ordinem ads*er*eret: praecipua tamen ad motus excitandos fuit causa quod Drusus ciuitatem omnibus Italicis pollicebatur, sed tum a Philippo consule in domo sua interfectus.

27,1 Qui aduersus patriam nefaria ini*e*re consilia?

Coriolanus ob asperiorem annonam in exilium actus Vulscorum exercitu admoto patriam expugnare uoluit,

26,1 seditiones *titul. add.* M^2 || tiberi M^1 *Woe. Ass.*: -ii M^2 *Sau.* || gracchi M^2 *edd.*: -ci M^1 || iudiciariis M^2 *edd.*: iuditi- M^1 || scipio nasica M^2 *edd.*: scipionem ita M^1.
2 c. *ante* gracchi (-ci M^1) *add. Woe. Ass.* || callaeco M^2: galletio M^1 callaecio *Sau. Ass.* callaico *Woe.* || oppressit *post* socero *add. et del.* M^1 || auentino *edd.*: aduento M^1 auento M^2.
3 apulei M^1 *Woe. Ass.*: -ii M^2 *Sau.* || glauciae M^2 *edd.*: gaucli glautiae M^1*a.c.* glautiae M^1*p.c.* || occidit *ante* obsedit *add. et del.* M^1.
4 liui M^1 *Woe. Ass.*: -ii M^2 *Sau.* || senatum *Woe. Ass.*: -us *M Sau.* || hic *add. Woe. Ass.* || adsereret *Woe. Ass.*: adside- *M Sau.* || est *post* interfectus *add. Woe.*

27,1 iniere M^2 *edd.*: inire M^1

armée de Volsques, mais, vaincu par les prières de sa mère, il fut alors percé de coups par sa propre armée[2].

2 Marcus Maelius[3]: alors qu'il semblait <aspirer à la royauté> en utilisant des distributions frumentaires, il fut tué sur les Rostres par le maître de la cavalerie[4], sur l'ordre du dictateur Quinctius Cincinnatus[5].

3 Spurius[6], alors qu'il préparait le pouvoir absolu pour une faction au moyen de lois agraires <...>

4 Manlius Capitolinus[7]: alors qu'il libérait ceux qui causaient des troubles avec de l'argent, soupçonné d'aspirer à la royauté, il fut précipité du haut de la roche Tarpéienne.

5 Catilina[8]: alors qu'il avait formé une conjuration pour le massacre du Sénat, l'incendie de Rome, le pillage du Trésor public, et qu'il avait cherché à gagner les Allobroges à ce crime, mis en accusation au Sénat par Cicéron, il fut anéanti par Antoine[9], dans une bataille en Apulie[10].

Les ennemis de Rome

28,1 Contre quels peuples le peuple romain engagea-t-il la bataille et pour quels motifs? Sous Romulus, le peuple romain combattit les Sabins une première fois à cause de l'enlèvement des vierges; sous Tullus, les Albains...[1]

2. Selon Fabius Pictor, cité par Tite-Live (2,40), Coriolan serait mort de vieillesse.

3. Le véritable prénom de Maelius était Spurius et non Marcus.

4. C. Servilius Ahala, maître de la cavalerie de Cincinnatus en 439 a.C.

5. *Supra*, 18,4 et n. 5 *ad. loc.*

6. Spurius Cassius, l'auteur du *foedus Cassianum* de 493, consul pour la troisième fois en 486 a.C.

7. M. Manlius Capitolinus, le défenseur du Capitole contre les Gaulois, consul en 392 a.C.

8. Le patricien ruiné L. Sergius Catilina forma une conjuration en septembre 63 a.C. après avoir échoué une seconde fois aux élections consulaires.

9-10. *Voir p. 78.*

Chapitre 28

1. *Voir p. 78.*

sed Veturiae matris precibus uictus tum ab exercitu suo conf*os*sus est.

2 Marcus M*a*elius cum frumentaria largitione <affectare> *regn*um uideretur, iussu Quin*c*tii Cincinnati dictatoris a magistro equitum in rostris occisus est.

3 Spurius, cum agrariis legibus faction*i* dominationem pararet <...>.

4 Manlius Capitolinus, cum pecunia conturbatores liberaret, suspectus regni affectati de Tarpeio saxo praecipitatus est.

5 Catilina, cum in *c*aedem senatus, in incendium Vrbis, <in> direptionem aerarii coniurasset, et in id facinus Allobrogas sollicitasset, a*b* Cicerone in senatu accusatus, ab Antonio in Apulia debellatus est.

28,1 Populus Romanus cum quibus gentibus bella conseruit et quibus de causis?

Populus Romanus sub Romulo pugnauit cum Sa*b*inis, prius propter uirgines raptas; sub Tul*l*o cum Albanis...

confossus *Woe. Ass.*: -fusus *M Sau.*
2 marcus *secl. Woe. Ass.* || maelius *Woe. Ass.*: me- *M Sau.* || cum frumentaria largitione affectare regnum *Woe.*: cum f. l. cum M^1 f. l. cum M^2 *Sau.* f. l. cum a. r. *Ass.* || quinctii *Woe. Ass.*: quint- *M Sau.*
3 factioni *ego*: -ne *M Sau.* -nem et *Woe. Ass.* || *lacun. post* pararet *indic. Woe. Ass. recte ut uidetur.*
4 conturbatores *M Sau. Ass.*: complures debitores *Woe.*
5 caedem M^2 *edd.*: ce- M^1 || in *ante* incendium *secl. Woe.* || in *ante* direptionem *add. Ass.* || allobrogas M^2 *edd.*: -ocas M^1 || ab M^2 *Sau. Woe.*: ad M^1 a *Ass.*

28,1 populus — causis *secl. Sau.* || conseruit *Woe. Ass.*: censuerit M^1 gesserit M^2 || sabinis M^2 *edd.*: saui- M^1 || *ante* prius *lac. indic. Ass.* || tullo M^2 *Woe. Ass.*: tulio M^1 tullio *Sau.* || *post* albanis *lac. indic. Woe. Ass. fortasse recte, sed uide adn.*

2 Quels furent les rois ou les généraux qui firent la guerre aux Romains?

Pontius Télésinus[2], le chef des Samnites qui envoya les Romains sous le joug aux Fourches caudines.

3 Pyrrhos[3], le roi des Epirotes, qui fit la guerre aux Romains en faveur des Tarentins[4] et qui, après avoir ravagé la Campanie, parvint à vingt milles de Rome; bientôt vaincu par Curius et Fabricius[5], il regagna son pays, et alors qu'il avait rangé par les armes l'Achaïe sous ses lois, il arracha également la Macédoine au roi Antigone[6] et fut tué pendant qu'il assiégeait Argos[7]. De tous les Grecs, il fut le plus savant et le plus habile dans l'art militaire.

4 Hannibal[8], qui, après avoir suivi à neuf ans son père en Espagne, devint général en chef à moins de quinze ans; pendant trois ans il remporta la victoire en Espagne et, après avoir rompu le traité en détruisant Sagonte[9], il vint en Italie par les Pyrénées et les Alpes[10], et écrasa Scipion à Liternum[11], Tibérius Claudius à la Trébie[12], Flaminius à Trasimène[13], Paulus et Varron à Cannes[14], Gracchus en Lucanie[15], Marcellus en Campanie[16].

Les institutions romaines

29,1 Quels furent les changements de gouvernement du peuple romain?

Le peuple romain fut d'abord gouverné par des rois[1]; ensuite, les rois ayant été chassés à cause de l'orgueil

2. Cf. *supra*, 20,10 et n. 8 *ad. loc.*

3. Pyrrhos, fils d'Éacide, roi d'Épire de 306 à 302, puis de 297 à 272 a.C.

4. Pyrrhos avait été appelé à l'aide par les Tarentins en 281 a.C.

5. Pyrrhos fut d'abord vaincu par les Romains à Héraclée (280 a.C.), puis à Asculum (279). C. Fabricius Luscinus avait été consul en 282 et 278 a.C.; M'. Curius Dentatus, consul en 275, battit Pyrrhos à Bénévent cette année-là.

6-10. *Voir p. 78.*

11-16. *Voir p. 79.*

Chapitre 29. *Voir p. 79.*

1. *Voir p. 79.*

2 Qui reges uel duces cum Romanis bella gesserunt? Pontius Telesinus, dux Samnitum, qui ad Caudinas furculas Romanos sub iugum misit.

3 P*y*rr*h*us, rex Epirotarum, qui pro Tarentinis bellum cum Romanis gessit uastataque Campania ad uicesimum a*b* Vrbe *lapide*m peruenit; *m*ox a Curio et Fabricio uictus in patriam concessit et cum Ac*h*aiam armis sub se red*e*gisset, Macedoniam quoque Antigono regi eripuit et, dum Argos expugnat, occisus est. Omnium Graecorum sapientissimus et militaris disciplinae peri*t*issimus fuit.

4 *H*annibal, qui nouem annorum patrem in *H*ispaniam secutus, minor annorum quindecim imperator factus, triennio in *H*ispania uicit et euersione Sagunti rupto f*o*edere per P*y*ren*a*eum et Alpes in Italiam uenit et Scipionem <ad> Liternum, Tiberium Claudium apud Tre*b*iam, Flaminium apud Trasimenum, Paulum et Varronem apud *C*annas, Grac*ch*um in Lucania, Marcellum in Campania superauit.

29,1 Status populi Romani quas commutationes habuit? Populus Romanus primum sub regibus fuit, deinde

2 qui — gesserunt M^2 *mg.*, *ante* populus *trans. Sau. secl. Woe. Ass.*
3 pyrrhus M^2 *Sau. Ass.*: pirrus M^1 pyrrus *Woe.* || ab urbe lapidem *Woe. Ass.*: at urbem M^1 ad urbem M^2 *Sau.* || mox M^2 *edd.*: nox M^1 || achaiam M^2 *edd.*: aca- M^1 || redegisset *edd.*: redig- *M* || eripuit et *M*: eripuisset *Sau. Woe.* eripuit sed *Ass.* || peritissimus *edd.*: peris- *M*.
4 hispaniam M^2 *edd.*: is- M^1 || quindecim *M Sau.*: XXV *Woe. Ass.* || hispania M^2 *edd.*: i- M^1 || cum *post* et *add. Ass.* || foedere *Woe. Ass.*: fe- *M Sau.* || pyrenaeum *Woe. Ass.*: pirene- M^1 pyrene M^2 *Sau.* || uenit et M^1 *a.c. ut uidetur* M^3 *Woe.*: uenisset M^1 *p.c. Ass.* uenit *Sau.* || ad liternum *Woe.*: liternium M^1 ad ticinum M^3 *Sau.* apud ticinum *Ass.* || trebiam M^2 *edd.*: trepi- M^1 || cannas M^2 *edd.*: ga- M^1 || gracchum M^2 *edd.*: gracum M^1 || lucania M^2 *edd.*: -am M^1 || *post* superauit *lacun. indic. Woe. Ass.*

29,1 *de cap. 29 bis scripto uide p.* IX.

insolent de Tarquin[2] et du déshonneur apporté à Lucrèce, il se confia à la protection des consuls et des tribuns; 2 agité ensuite par les séditions tribuniciennes, il mit en place des «décemvirs pour faire les lois et établir la République», après que tous les magistrats eurent abdiqués; 3 ayant pris en haine leur despotisme et leur arbitraire, il revint à nouveau aux consuls[3], jusqu'à ce que, les guerres civiles ayant éclaté entre César et Pompée[4] et la liberté ayant été étouffée par la violence, toutes choses furent soumises à la puissance du seul César: à partir de là, régna la dictature perpétuelle des Césars[5].

Les souverains étrangers

30,1 Origine du royaume de Mithridate[1]. Le roi des Perses Cyrus[2] fut le premier à arracher le pouvoir aux Mèdes. Il laissa deux fils, Cambyse[3] et Smerdis; Cambyse, ayant, sous prétexte qu'il était l'aîné, frustré son frère, <rêva> que Smerdis, assis sur le trône, touchait le ciel de la tête, et il prit lui-même soin de le faire tuer[4]; et par la suite, alors qu'à son retour d'Ethiopie où ses forces avaient été mises en pièces, il était venu en Égypte et qu'il avait remarqué que les habitants du lieu se réjouissaient, en ayant déduit qu'ils se moquaient de ses revers, il blessa Apis à la cuisse et le tua du même coup. 2 Entre-temps, un mage[5],

2. Cf. *supra* 17,2.
3. Cf. *supra* 25,2 et n. 2 *ad. loc.*
4. Cf. *infra* 40,3, 41,1 et 43,1.
5. L'emploi du terme *dictatura* pour caractériser le mode de gouvernement instauré par Auguste, que nous appelons le régime impérial, est impropre: si César l'Ancien (C. Iulius Caesar) se vit bien conférer la dictature perpétuelle par sénatus-consulte le 14 février 44 a.C., après avoir été dictateur en 49, 47 et 45 dans l'intervalle de ses consulats, ce ne fut le cas ni d'Auguste, qui la refusa en 22 a.C., ni d'aucun de ses successeurs, qui prirent pour bases légales de leur pouvoir absolu — «dictatorial» au sens moderne, si l'on veut — l'impérium consulaire ou proconsulaire et la puissance tribunicienne. Sur l'origine de l'erreur, cf. *Introd.*, p. XV, n. 26.

Chapitre 30

1-3. *Voir p. 79.*
4-5. *Voir p. 80.*

post superbiam Tarquinii et inlatum Lucretiae stuprum expulsis regibus tutelam sui consulibus tribunisque commisit; 2 deinde tribuniciis seditionibus agitatus, abdicatis omnibus magistratibus decemuiros legum ferendarum et rei p. constituendae causa parauit; 3 horum quoque dominationem et libidinem detestatus, rursus ad consules rediit, donec exortis bellis ciuilibus inter Caesarem et Pompeium et oppressa per uim libertate sub unius Caesaris potestatem redacta sunt omnia: ex eo perpetua Caesarum dictatura dominatur.

30,1 Initium regni Mithridatis.

C*y*rus rex Persarum primus imperium Medis ademit: duos filios reliquit Cambysen et Smerden; horum Camb*y*ses, def*ru*d*a*to fratre quod maior esset, Smerden in solio sedentem capite caelum pulsare <somniauit et> occidendum eum curauit ipse, et deinde reuertens ab Aethiopia, rebus perfractis, cum in Aegyptum uenisset incolasque eius loci l*a*etantes aduertisset, ratus est illos aduersis suis insultare, Apin in femine uulnerauit eodemque ictu occidit. 2 Interim magus quidam, Smer-

post *M Sau. Woe.*: propter *Ass.* || consulibus tribunisque *Ma Sau. Woe.*: c. praetoribus tribunis plebis *Mb Ass.*
2 abdicatis Ma^2 *Mb edd.*: -tus Ma^1 || rei p Ma^2 *Sau.*: prop Ma^1 rei *Mb* rei publicae *Woe. Ass.*
3 libidinem *Ma edd.*: -ne *Mb* || libertate Ma^2 *Mb edd.*: -em Ma^1 || potestatem Ma^2 *Mb edd.*: -e Ma^1 || dictatura Ma^2 *Mb edd.*: dictat pura Ma^1.

30,1 cyrus M^2 *edd.*: cir- M^1 *ut saepe* || cambyses M^2 *edd.*: -bisen M^1 || defrudato *ego*: -functo *M edd.* || fratre M^1: pa- M^3 *edd.* || rex factus *post* esset *add. Ass.* || somniauit et *Ass.*: per somnium uidens M^3 *Sau.* in somnis uidens *Woe.* || eum *secl. Woe.* || et *secl. Ass.* || perfractis *M Sau. Woe.*: per famem fractis *Ass.* || memphin *post* aegyptum *add. Woe. Ass.* || laetantes M^2 *edd.*: le- M^1 || ratus est M^1: ratus M^3 *edd.*

Smerdis, frère de Patibiata, tirant parti de son nom et s'étant proclamé, en fonction d'une certaine ressemblance, le fils de Cyrus, s'était emparé du pouvoir royal perse. Quand cela fut annoncé à Cambyse, il oublia, dans sa hâte de rentrer chez lui, de remettre au fourreau la glaive avec lequel il avait tué Apis: tandis qu'il s'efforcait de le faire, il se blessa à la cuisse à l'endroit précis où il avait blessé Apis; il mourut de cette même blessure en quelques jours. 3 Après qu'un messager informé de la mort de Cambyse fut arrivé chez les Perses, Potanès donna pour instructions à sa fille Phaedyma, avec laquelle Smerdis avait une liaison, de se risquer à examiner, quand celui-ci se serait assoupi, s'il avait des oreilles cachées sous les cheveux, ou non; il savait, en effet, que Cyrus avait fait essoriller le mage Smerdis. Potanès affirma que Smerdis était un imposteur: 4 alors sept très nobles Perses se lièrent par serment; voici leurs noms: Potanès, Hydanès, Aspatinès, Saphernès, Mégaboius, Gobiès[6], Darius. Ensuite, après avoir tué le mage Smerdis, ils décidèrent que régnerait à l'avenir, Potanès excepté, celui d'entre eux dont le cheval hennirait le premier dans un lieu qu'ils auraient choisi. 5 Alors Hibérès, le valet d'écurie de Darius, conduisit vers l'endroit fixé le cheval de son maître, après y avoir caché une jument: alors, le cheval de Darius poussa un grand hennissement. Darius[7] obtint ainsi le pouvoir

6. Les noms des conjurés amis de Darius: Otanès, Hydarnès, Aspathinès, Intaphernès, Mégabyzos, Gobriès, dans leur version grécisée (cf. Hérodote 3,70) sont déformés chez Ampélius.

7. Darius Ier le Grand (522-486), cf. *supra* 13,3-4.

des, Patibiat*ae* frater, abutens nomine, ex formae subsimilitudine filium se C*y*ri professus [est], regnum Persicum inuaserat. Quod ubi *Camby*si nuntiatum est, regredi in patriam maturans, oblitus est gladium quo Apin interfecerat uaginae reddere: quod cum conatur efficere, femen suum uulnerauit et eam partem qua Apin uulne*rauer*at; ex eodem uulnere in paucis diebus obiit. 3 De cuius morte postquam certior nuntius ad Persas uenit, Potanes P*ha*ed*y*mam filiam suam, quacum Smerde*s* consuetudinem habebat, edocuit ut, cum ille sopitus esset, utrum aures tectas comis haberet periclitaretur; sciebat enim a C*y*ro Smerd*i* mago ademtas aures. Ille falsum esse Smerden confirmauit; 4 tunc septem nobilissimi Persae inter se coniurauerunt; eorum nomina haec sunt: P*o*tanes, *H*ydanes, Aspatines, Saphernes, Megaboius, Gobies, Darius. Deinde, mago Smerde interfecto, constituerunt uti, excepto posthac Potane, ex illis regnaret cuius equus primus in loco quem delegissent *h*innisset; 5 tunc Hiberes, agaso Darii, equum domini ad locum praedictum duxit, ill*o* loco <equa> abscondit*a*: tunc equus Darii magnum *h*innitum dedit. Ita Darius

2 patibiatae M^2 *Sau. Ass.*: -ibiato M^1 -izithac *Woe.* || subsimilitudine M^1: si- M^2 *Sau. Ass.* suae si- *Woe.* || professus M^2 *edd.*: p. est M^1 || cambysi M^2 *edd.*: si M^1 || uulnerauerat M^2 *edd.*: -erat M^1.
3 potanes *M Sau. Ass.*: o- *Woe.* || phaedymam *Woe. Ass.*: pedimam *M Sau.* || smerdes M^2 *edd.*: -en M^1 || comis M^2 *edd.*: -itis M^1 || cyro M^2 *edd.*: curo M^1 || smerdi M^2 *edd.*: -den M^1 || ille *M Sau.*: -la *Woe. Ass.*
4 potanes M^3 *Sau. Ass.*: pt- M^1 ot- *Woe.* || hydanes M^2 *Sau.*: ydanes M^1 hydarnes *Woe. Ass.* || aspatines *M Sau.*: -thines *Woe. Ass.* || saphernes *M Sau. Ass.*: intap- *Woe.* || megaboius *M Sau. Ass.*: -byzus *Woe.* || gobies *M Sau.*: -bries *Woe. Ass.* || smerde M^2 *edd.*: -en M^1 || potane *M Sau. Ass.*: o- *Woe.* || hinnisset M^2 *edd.*: i- M^1 *ut semp.*
5 hiberes *M Sau. Ass.*: oebares *Woe.* || illo loco equa abscondita *ego*: ille alio loco abscondit M^1 *Ass. et post lacun. indic.* illic alius equus ab suo initur M^2 illic alia equa ab suo initur M^3 *Sau.* + ille alio loco abscondet *Woe.*

royal; c'est de lui que tire son origine Artaban[8], dont Sallustius Crispus affirme qu'il fut le fondateur du royaume de Mithridate[9].

31,1 Les rois des Parthes.

Séleucus[1], l'ami d'Alexandre le Macédonien: après la mort de celui-ci, ayant reçu de son frère Arrhidée[2] l'ordre de gouverner Babylone, il soumit à son pouvoir les peuples voisins — de là vient qu'il fut appelé «Nicator» — et fonda trois villes très puissantes: Antioche, Séleucie, Laodicée.

2 Arsace[3], remarquable par sa beauté et sa valeur militaire, dont les descendants furent surnommés les Arsacides; il fit la paix avec le général victorieux Sulla.

3 Orodès[4], qui conclut un traité avec Cn. Pompée; il anéantit dans un funeste désastre, à Carrhes, Crassus avec ses légions[5].

4 Pacorus[6], qui envoya son fils et homonyme en Syrie ravager les provinces romaines, et fut alors, lui-même, tué par Ventidius, le légat de Jules César[7].

32,1 Les rois de Cappadoce et d'Arménie.

Tigrane[1], déjà cité, qui, au cours de la troisième guerre punique, aida le peuple romain, sous les ordres du consul Manilius[2] et de Scipion Emilien[3].

8. Artaban Ier (214-196), troisième successeur d'Arsace qui fut, vers 250 a.C., le fondateur de la dynastie parthe et prétendait descendre de l'Achéménide, Artaxerxès III Ochos (359-338) mort empoisonné.

9. La référence à Salluste faite par Ampélius à la fin de ce chapitre fait penser que notre auteur a tiré son information des *Histoires*, perdues presque entièrement pour nous.

Chapitre 31

1-7. *Voir p. 80.*

Chapitre 32. Voir p. 80.

1-3. *Voir p. 81.*

regnum optinuit, a quo Artabanes originem ducit, quem conditorem regni Mithridatis fuisse confirmat Sal*l*ustius Crispus.

31,1 Reges Parthorum.

Seleucus, Alexandri Macedonis amicus, cuius post mortem a*b* Arr*h*ida*eo* fratre eius iussus Babylonem optinere finitimos sub se redegit — unde Nicator est appellatus — et tres ualidissimas urbes constituit, A*ntioch*iam, Seleuciam, Laodiciam.

2 Arsaces, forma et uirtute praecipuus, cuius posteri Arsacidae cognominati sunt, qui pacem cum Sulla imperatore fecit.

3 Orodes, qui f*o*edus cum Cn. Pompeio percussit, *C*rassum cum legionibus apud Carr*h*as funesta clade deleuit.

4 Pacorus, qui filium suum eiusdem nominis misit in Syriam ut Romanas prouincias popularetur, atque ipse a Ventiḍio legato Iulii Caesaris occisus est.

32,1 Reges Cappadociae et Arm*e*niae.

Tigranes, qui iam scriptus est, qui tertio Punico bello p. R. *iu*uit sub Mani*li*o consule et Scipione Aemiliano.

artabanes *M Sau.*: -bazes *Woe. Ass.* || sallustius M^2 *edd.*: salu- M^1.

31,1 cuius M^1 *Ass.*: hu- M^2 *Sau. Woe.* || ab arrhidaeo *Ass.*: auarrida M^1 abarrida M^2 *Sau.* ab aridaeo *Woe.* || fratre *Woe. Ass.*: -ter *M Sau.* || antiochiam *Woe. Ass.*: abarridam M^1 *Sau.* abarridae M^2.
3 foedus *Woe. Ass.*: fe- *M Sau.* || et *ante* crassum (gr- M^1) *add. Woe. Ass.* || carrhas *Ass.*: -ras *M Sau. Woe.*

32,1 *de Ass. editionis dispositione uide adn.* || armeniae M^2 *edd.*: armin- M^1 || p.r. iuuit *ego*: perdomuit *M edd.* || manilio *ego*: macino *M Sau.* mancino *Woe. Ass.*

2 Bellos, le roi d'Arménie qui, alors qu'il avait attaqué la Grèce et incendié le temple d'Apollon Pythien, perdit son armée du fait des tempêtes et du froid[4].

3 Polycrate, le roi de Cappadoce qui rêva que le soleil et la lune brûlaient; il fut tué par un préfet du roi Darius[5].

4 Epaminondas[6], fils de ce dernier[7], le roi qui remporta la victoire en combattant pour Thèbes.

5 <Les rois de Corinthe>.

Périandre, le roi qui régna à Corinthe[8].

6 Timoléon, qui tua son frère qui régnait à Corinthe[9]; il chassa également Denys, le roi de Sicile[10] et n'accepta pas lui-même le royaume qu'on lui offrait, mais, au contraire, il détruisit aussi la citadelle; comme il entendait de méchants reproches, il dit: «toute ma vie j'ai agi en sorte que nous soyons tous libres».

33,1 Les rois d'Asie et de Pergame.

Eumène de Cardia[1], écuyer d'Alexandre, fils de Philippe, très belliqueux mais qui jouit d'une fortune trop peu favorable; il fut pourtant redoutable au point que, de son vivant, personne n'osa s'appeler roi.

2 Antiochos, déjà cité[2].

Un autre Eumène[3] qui aida les Romains avec sa troupe, pendant la guerre de Macédoine.

Attale[4], qui combattit souvent pour les Romains; *(32,5) il

4. On a peut-être ici une allusion à l'invasion des Galates de 280-278 qui fut arrêtée à Delphes par les Étoliens, et une tempête de neige attribuée à l'intervention d'Apollon. Le chef galate est appelé Brennus par Justin (24,6-8).

5. Polycrate, tyran de Samos, et non roi de Cappadoce, fut effectivement tué en 521 a.C. par Oroétès, satrape de Lydie, au temps du roi Darius Ier. Les rois de la Cappadoce indépendante se sont appelés Ariarathe, puis Ariobarzane.

6-10. *Voir p. 81.*

Chapitre 33

1-4. *Voir p. 81.*

2 Bellus, rex Armeniae, qui cum impetum in Graeciam fecisset et Pythii Apollinis templum incendisset, tempestate et frigore exercitum amisit.

3 Pol*y*crates rex Cappadociae qui somniauit solem et lunam uri, qui a praefecto Dari*i* regis occisus est.

4 Epaminon*das*, eius filius, rex qui T*h*eb*i*s pugnando uicit.

5 <Reges Corinthi>.

Periandrus rex, qui Corint*h*i regnauit.

6 Ti*m*oleon, qui Corint*h*i fratrem suum regnantem interfecit, idem et Dionysium Sic*il*iae regem expulit, neque ipse ab offerentibus regnum accepit, sed arcem quoque demolitus est. Hic cum conuicia mala audiret, ait: «tota uita mea id egi ut omnes liberi essemus».

33,1 Reges Asiae et Pergami.

Eumenes Card*ia*nus Philippi Alexandri armiger bellicosissimus sed parum prospera fortuna usus, adeo tamen terribilis ut uiuente eo nemo ausus sit rex appellari.

2 Antioc*h*us, <qui> iam scriptus est.

Eumenes alius, qui Romanos Macedonico bello iuuit cum milite suo.

A*t*talus qui pro Romanis s*a*epe pugnauit; *(32,5)

3 polycrates M^2 *edd.*: polic- M^1 || darii M^2 *edd.*: -ri M^1.
4 epaminondas *Woe. Ass.*: -on *M Sau.* || thebis *ego*: tebas M^1 thebam grecorum M^2 thebas graecorum *edd.*
5 reges corinthi *restit. est ante* periandrus *ut uidetur* || periandrus *M Ass.*: -der *Sau. Woe.* || corinthi M^2 *edd.*: -ti M^1.
6 timoleon M^2 *edd.*: tio- M^1 || corinthi *edd.*: -tis M^1 -thiis M^2 || siciliae M^2 *Sau. Woe.*: siriae M^1 syriae *Ass.*

33,1 cardianus *Woe. Ass.*: -duenus *M Sau.* || *lacun. post* philippi *indic. Woe. Ass.*
2 antiochus M^2 *edd.*: -cus M^1 *ut semp.* || qui *ante* iam *add. Woe. Ass.* || attalus M^2 *edd.*: antha- M^1.

soumit aux Romains toutes choses sur terre et sur mer*[5]: il fit en effet du peuple romain son héritier testamentaire.

34,1 Les rois du Pont et de Bithynie.

Pharnace, roi de Bithynie, fils de Mithridate, qui, au cours de la guerre civile qui fut faite sur le sol de Pharsale, envahit la Syrie à l'exemple de son père, et, à l'approche de César, vaincu, avant d'en venir à le combattre, par la terreur même qu'inspirait ce nom, se réfugia dans le Pont[1].

2 Prusias[2], roi ami du peuple romain, auprès de qui se réfugia Hannibal, après la défaite d'Antiochos: alors que des ambassadeurs le réclamaient au roi, il se libéra en s'empoisonnant[3].

3 Nicomède[4], ami et allié du peuple romain, qui eut en amitié César dans sa prime jeunesse, et qui, mourant, envoya lui-même par testament le peuple romain en possession d'héritage.

35,1 Les rois d'Alexandrie.

Après la mort d'Alexandre le Macédonien, régnèrent sur Alexandrie en Egypte huit rois du nom de Ptolémée[1]; beaucoup furent des hommes très illustres.

2 Ptolémée Evergète[2], qui protégea Alexandre à l'abri de son bouclier chez les Oxydraques.

5. Je pense qu'il faut déplacer ce fragment de 32,5 et le mettre ici, mais on pourrait préférer le considérer comme une glose marginale et l'exclure du texte.

Chapitre 34

1. Pharnace, qui régnait sur le Bosphore cimmérien, tenta de profiter de la guerre civile entre Pompée et César pour reconstituer le royaume de son père Mithridate Eupator; vaincu à Zéla par César le 2 août 47 a.C., il fut assassiné peu après. J'exclus du texte le réfléchi *sui*, interpolation née d'une dittographie.

2-3. *Voir p. 81.*

4. *Voir p. 82.*

Chapitre 35

1-2. *Voir p. 82.*

omnia terra et mari Romanis subiugauit*, nam testamento suo p. R. heredem fecit.

34,1 Reges Ponti et Bit*hy*niae.

*Ph*arnaces, rex Bit*hy*niae, filius Mit*h*ridatis, qui bello ciuili quod in Pharsalia gestum est *inst*ar patris sui S*y*riam inuasit et, aduentu Caesaris, antequam in congressum eius ueniret, ipso terrore nominis [sui] uictus refugit in Pontum.

2 Pr*u*sias rex, amicus populi Romani, ad quem Hannibal, uicto Antioc*h*o, confugit et cum a rege exposceretur per legatos ueneno se liberauit.

3 Nicomedes, socius et amicus populi R., in cuius amicitia prima aeta*te* Caesar fuit, qui moriens testamento et ipse p. R. heredem dimisit.

35,1 Reges Alexandriae.

Post mortem Alexandri Macedonis regnauerunt Alexandriae <ad> Aegyptum octo *Pt*olo*mae*i nomine, multi clarissimi uiri.

2 Ptolomaeus *E*uergetes, qui Alexandrum apud O*xy*dracas obiecto clipeo *pr*o*t*exit.

omnia — subiugauit *scrips. M errore post* regnauit (32,5), *ego trans.* || nam *M Sau. Ass.*: idem *Woe.*

34,1 bithyniae *M*[2] *edd.*: bittin- *M*[1] || pharnaces *M*[2] *edd.*: fa- *M*[1] || pharsalia *Woe. Ass.*: -ica *M Sau.* || instar patris sui *ego*: mabrae p. suis *M*[1] milite p. sui *M*[2] *Sau. Woe.* + mabrae p. + suis *Ass.* || sui *ego secl. uide adn.*
2 prusias *M*[2] *edd.*: per- *M*[1].
3 aetate *M*[2] *edd.*: -tas *M*[1].

35,1 ad *ante* aegyptum *ego add.* || octo *secl. Ass.* || ptolomaei *M*[2] *edd. ut semper*: folonici *M*[1].
2 euergetes *M*[2] *Sau. Woe.*: uergentes *M*[1] soter *Ass.* || oxydracas *M*[2] *Woe. Ass.*: opsidraopsidacras *M*[1] ozyd- *Sau.* || obiecto *M*[2] *edd.*: -os *M*[1] || protexit *M*[2] *edd.*: ret- *M*[1].

3 Ptolémée Philadelphe[3], fils du précédent, un grand lettré qui écrivit bon nombre de livres en grec.

4 Ptolémée Sôter[4], qui vainquit les Rhodiens avec une immense flotte.

5 Ptolémée Tryphon[5], qui tua à coup de flèches des hommes qui suscitaient une émeute au théâtre; il livra les autres aux flammes; son fils Cyprios fit beaucoup de guerres pour les Romains contre les Garamantes et les Indiens.

6 Ptolémée, dit «le Pupille»[6] qui reçut du Sénat Pompée pour tuteur jusqu'à son adolescence, et fut ensuite tué par Pothin pendant une guerre civile[7].

36,1 Les généraux et les rois des Carthaginois.

Hannon[1] et Magon[2], qui au cours de la guerre punique prirent le consul Cornélius[3] près des îles Lipari.

2 Hamilcar, qui fut surnommé «Boccor»[4]: au cours de la première guerre punique, il soumit au pouvoir des Carthaginois une grande partie de l'Espagne; il laissa quatre fils: Hasdrubal, Hannibal, Hamilcar et Magon.

3 Hasdrubal, le frère d'Hannibal, qui, arrivant d'Espagne au cours de la deuxième guerre punique, fut complètement dépouillé par Claudius Néron[5] avant de faire sa jonction avec son frère.

3. Ptolémée II Philadelphe (285-246), le fondateur du Musée et de la Bibliothèque d'Alexandrie.

4. Sans doute Ptolémée III Évergète (246-221).

5-7. *Voir p. 82.*

Chapitre 36

1-2. *Voir p. 82.*

3-5. *Voir p. 83.*

3 Ptolom*a*eus, <eius> filius, *Ph*iladel*phus*, litteratissimus, qui plurimos libros Graecos scri*p*sit.

4 Ptolom*a*eus Soter, qui ingenti classe R*h*odios uicit.

5 Ptolom*a*eus Tr*yph*on, qui seditiosos in t*h*eatro sagittis occidit, alios flammis dedit; huius filius C*y*pri*u*s pro Romanis multa bella gessit aduersus Garamantas et Indos.

6 Ptolom*a*eus, Pupillus dictus, qui Pompeium tutorem a senatu accepit donec pubesceret, et postea ciuili bello <a> Pot*h*ino interfectus est.

36,1 Duces et reges Cart*h*aginiensium.

Hanno et Mago, qui *P*unico bello Cornelium consulem apud Li*p*aras ceperunt.

2 Hamilcar, qui Boccor cognominatus est, primo Punico bello magnam partem Hispaniae sub imperium Cart*h*aginiensium redegit relictis filiis quattuor: *H*asdr*u*bale, *H*annibale, Hamilcare et Magone.

3 *H*a*s*dr*u*bal, frater *H*annibal*is*, qui secundo Punico bello cum ingentibus copiis ab Hispania ueniens antequam se fratri coniungeret a Claudio Nerone expoliatus est.

3 eius filius philadelphus *Woe Ass.*: f. filadelfi M^1 f. philadelphi M^2 *Sau.* || scripsit M^2 *edd.*: -ibsit M^1.
4 soter *M Sau. Woe.*: euergetes *Ass.* || rhodios M^2 *edd.*: ro- M^1.
5 tryphon M^2 *Sau. Woe.*: trefon M^1 physcon *Ass.* || theatro M^2 *edd.*: te- M^1 || cyprius *Ass.*: ciprus M^1 cypris M^2 *Sau.* + cipris *Woe.*
6 a pothino *Woe. Ass.*: pontino M^1 *Sau.* a pontino M^3.

36,1 carthaginiensium M^2 *edd.*: carta- M^1 || primo *ante* punico (bu- M^1) *add. Woe. Ass.* || liparas M^2 *edd.*: liba- M^1.
2 hasdrubale *Woe. Ass.*: asdrib- M^1 asdrub- M^2 *Sau.* || hannibale: M^2 *Woe. Ass.*: a- M^1 *Sau.*
3 hasdrubal *Woe. Ass.*: annibal M^1 asdrubal M^2 *Sau.* || hannibalis *Woe. Ass.*: annibale M^1 annibalis M^2 *Sau.*

37,1 Les rois de Numidie.

Syphax[1], que Scipion Africain traîna, vaincu, à son triomphe; sur son trône, il mit Masinissa[2].

2 Masinissa, le roi qui apporta à Scipion l'aide de sa cavalerie contre Carthage et contre Syphax; il reçut de lui le royaume de Numidie, parmi les récompenses de leur fraternité d'armes.

3 Jugurtha, déjà nommé[3].

38,1 Les rois de Mauritanie.

Juba[1], le roi qui écrasa Curion[2], le légat de César; peu après, Pompée ayant été tué, Juba s'efforça de consolider le parti de Caton et de Scipion[3]: alors qu'il s'était retiré dans le palais royal, il se fit tuer volontairement après un magnifique dîner[4].

2 Juba[5], le roi le plus cultivé, qui régna sur l'ordre de César Auguste et fonda la très splendide ville de Césarée[6].

39,1 Quels sont ceux qui prirent les armes contre le peuple romain?

Tatius, roi des Sabins, qui, après s'être emparé de la citadelle de Tarpéia, combattit Romulus sur le Forum même et établit solidement la paix avec Romulus après l'intervention des Sabines.

2 Mettius Suffetius, roi des Albains, qui se tint à l'écart des Fidénates, en violation du traité[1], et fut sur l'ordre de Tullus Hostilius, lié à un char et déchiré par des chevaux lancés en sens contraire.

Chapitre 37

1. Roi des Numides Massaesyles, époux de la princesse carthaginoise Sophonisbe, Syphax hésita longtemps avant de s'allier aux Carthaginois; il fut livré à Scipion l'Africain par son rival Masinissa et finit ses jours en prison à Rome.

2-3. *Voir p. 83.*

Chapitre 38

1-6. *Voir p. 83.*

Chapitre 39. *Voir p. 83.*

1. *Voir p. 84.*

37,1 Reges Numidiae.
S*y*p*h*ax, quem Scipio Africanus uictum in trium*p*h*um traxit; regno eius imposuit Masinis*s*am.
2 Masinissa rex, qui Scipionem aduersus Cart*h*aginem et S*y*p*h*acem equitatu adiuuit; ab eo inter praemia commilitii Numidiae regn*o* donatus est [et].
3 Iugurtha, qui scriptus est.

38,1 Reges Mauritaniae.
Iuba rex, qui Curionem legatum Caesaris oppressit; mox, occiso Pompeio, Catonis et Scipionis partes firmare conatus cum se in regiam recepisset post magnificam *ce*nam interficiendum se dedit.
2 Iuba rex litteratissimus, qui Caesaris Augusti iussu regnauit et magnificentissimam urbem C*ae*saream condidit.

39,1 Qui aduersus pop. R. arma sumserunt?
Tatius, rex Sa*b*inorum, qui occupata ar*c*e Tarpeia in ipso foro cum Romulo decertauit et interuentu Sabinarum pacem cum Romulo fixit.
2 Mettius Suffetius, rex Albanorum, qui contra foedus a Fidenati*bu*s destitut*u*s et iussu Tulli Hostilii del*i*gatus ad currum et in aduersa actis equis laceratus est.

37,1 syphax *M*² *edd.*: sifax *M* || regno *M*¹ *Woe. Ass.*: -oque *M*² *Sau.* || masinissam *M*² *edd.*: -nisam *M*¹.
2 carthaginem *M*² *edd.*: carta- *M*¹ || syphacem *M*² *edd.*: sipa- *M*¹ || numidiae regno donatus est *M*² *Sau.*: n. regnatus (-auit *M*¹*a.c.*) d. e. et *M*¹*p.c.* d. e. et n. regnauit *Woe. Ass.*

38,1 cenam *Woe. Ass.*: an- *M*¹ caen- *M*² coen- *Sau.*
2 caesaris *M*² *edd.*: ce- *M*¹, *ut saepe* || caesaream *M*² *edd.*: ces- *M*¹.

39,1 sabinorum *M*² *edd.*: saui- *M*¹ || arce *M*² *edd.*: argae *M*¹.
2 suffetius *M Sau. Ass.*: fu- *Woe.* || a fidenatibus destitutus *M*² *Sau.*: ad fidenatis destitutis *M*¹ *Ass.* ad fidenatis desciuit *Woe.* || deligatus *M*² *Sau. Woe.*: deleg- *M*¹ releg- *Ass.*

3 Porsenna, roi des Etrusques, qui assiégea les Romains sur le Janicule à cause des Tarquins.

4 Tiridate[2], qui fut vaincu et restauré par Corbulon[3], un personnage consulaire.

Les guerres civiles

40,1 Quatre guerres civiles furent provoquées à Rome par les Romains. Le tribun Sulpicius[1] suscita la première guerre civile parce que Sulla[2] n'avait pas voulu transmettre à Marius[3] la mission contre Mithridate qui lui avait été assignée; 2 Lépide suscita contre Catulus la deuxième guerre, par crainte de la Sicile mise à sac[4]; 3 César et Pompée suscitèrent la troisième guerre: le prétexte de la guerre, plus que sa cause, fut le consulat refusé par le Sénat à César, pour le reste: la rivalité des deux hommes et le désir de s'emparer du pouvoir. En effet, alors que César devait, après avoir licencié son armée selon les coutumes et la loi des ancêtres, venir à Rome et informer le Sénat de ses actes, et obtenir ainsi le triomphe, faisant mine de craindre la popularité de Pompée, il refusa de congédier son armée si le principe de son absence aux comices consulaires n'était pas acquis; déclaré pour cette raison ennemi public par le Sénat, il décida d'en tirer vengeance par les armes[5], et il prit ainsi possession non seulement du consulat et du triomphe, mais encore de tout l'empire du peuple romain. 4 César Auguste suscita la quatrième guerre contre plusieurs chefs d'armée: contre le jeune Pompée[6] qui réclamait les biens paternels, bientôt après contre Cassius et Brutus[7] en vengeance de son père assassiné[8], enfin

2. Tiridate, mis sur le trône d'Arménie en 55 par son frère le roi parthe Vologèse Ier, fut d'abord chassé par Corbulon qui le remplaça par le prince romanisé Tigrane, puis restauré à la suite de la paix conclue avec les Parthes, à condition qu'il allât se faire couronner à Rome par l'empereur Néron, ce qu'il fit en 66.

3. *Voir p. 84.*

Chapitre 40. *Voir p. 84.*

1-5. *Voir p. 84.*

6-8. *Voir p. 85.*

3 Porsenna, rex Etruscorum, qui Romanos ad Ianiculum obsedit propter Tarquinios.

4 Tiridates, qui a Corbulone consulari uiro uictus et restitutus est.

40,1 Ciuilia bella quattuor mota sunt in Vrbe a Romanis. Ciuile bellum primum Sulpi*c*ius tribunus excitauit quod subscriptam prouinciam Mithridaticam Sulla in Marium transferre noluisset; 2 secundum bellum Lepidus contra Catulum ob metum Siciliae expugnatae; 3 tertium bellum Caesar et Pompeius: belli species magis quam causa fuit negatus a senatu Caesari consul*at*us, ceterum utriusque aemulatio et cupiditas imperii occupandi. Nam, cum secundum mores legemque maiorum dimisso exercitu uenire in Vrbe*m* Caesar deberet et docere senatum de rebus a se gestis atque ita triumphum consequi, simulans se gratiam timere Pompeii, negauit se missurum exercitum nisi consularibus comitiis ratio absentis sui posita fuisset; quam ob rem hostis a senatu iudicatus, statuit id bello uindicare, ac sic non consulatum modo ac triumphum, sed totum populi Romani imperium redegit in suam potestatem. 4 Quartum bellum Caesar Augustus aduersus complures duces: contra Pompeium iuuenem bona paterna repetentem, mox aduersus Cassium et Brutum in ultionem interempti

3 propter *ego*: -rque *M edd.*

40,1 bella ciuilia quot *add. mg.* M^2, *titul. pos. Sau.* || bella ciuilia *titul. pos. Woe.* || a romanis *post* sunt *add. simulq. del.* M^1 || sulpicius *Woe. Ass.*: -itius *M Sau.* || subscriptam *M Sau.*: sibi repetam *Woe.* sibi ereptam *Ass.* || transferre *M Sau.*: -ri *Woe. Ass.*
2 expugnatae M^1 *Woe. Ass.*: expolia- M^2 *Sau.*
3 consulatus M^2 *edd.*: -libus M^1 || fuit *post* occupandi *add. simulq. del.* M^1 || maiorum M^2 *edd.*: -mque M^1 || urbem M^2 *Sau. Ass.*: -be M^1 *Woe.*

contre Antoine et Cléopâtre[9] qui avaient pris l'initiative de faire la guerre contre la patrie.

41,1 Il y a quatre genres de guerre: guerre nationale, qui se fait avec des étrangers, <intestine> comme les Romains avec les Latins, les Athéniens avec les Lacédémoniens; guerre servile, que les Romains firent contre les esclaves fugitifs, en combattant leurs chefs, Spartacus, Crixus, et Oenomaos[1]; guerre civile, qu'ils se font entre eux, comme Marius et Sulla[2], César et Pompée[3], Auguste et Antoine[4].

42,1 Déroulement de la guerre de Marius.

L'insatiable avidité de Marius pour les honneurs voulut s'emparer de la mission pontique attribuée à Sulla, en usant de la rogation du tribun de la plèbe Sulpicius. Indigné, Sulla rejoignit immédiatement son armée et lui fit faire mouvement vers Rome et, pénétrant dans sa patrie, il s'empara du Capitole; vaincu par la peur, le Sénat mit au ban de l'état Marius et tout son parti[1]. 2 Ensuite, une fois Sulla parti pour l'Asie, comme Marius, exilé, s'était enfui, et qu'il s'était d'abord caché à Minturnes dans un marais, et que, jeté à ce moment en prison, il s'en était évadé, et que, pendant ce temps à Rome, Cinna et Octavius s'opposaient l'un à l'autre[2], l'occasion lui en ayant été donnée, Marius revint et amena Cinna avec lui[3]; après la défaite du parti d'Octavius, Marius, devenu consul

9. Le triumvir Marc-Antoine (M. Antonius) avait épousé la reine d'Egypte, Cléopâtre VII; vaincu par César le Jeune à Actium (2 sept. 31 a.C.), il se réfugia en Egypte et, abandonné par ses soldats après de nouvelles défaites, il se tua à Alexandrie le 10 août 30; Cléopâtre suivit son exemple deux jours après.

Chapitre 41. Voir p. 85.
1-4. *Voir p. 85.*

Chapitre 42
1-3. *Voir p. 85.*

patris, deinceps aduersus Antonium et Cleopatram ultro bellum patriae inferentis.

41,1 Bellorum genera sunt quattuor: gentile quod cum externis geritur, <internum> ut Romani cum Latinis, Atheniensibus cum Laced*a*emoniis, seruile quod Romani aduersus fugitiuos gesserunt contra duces eorum Spartacum, Crixum et *O*enomaum, ciuile quod inter se certant sicut Marius et S*u*lla, Caesar et Pompeius, Augustus et Antonius.

42,1 Ordo belli Mariani.

Inexplebilis honoris Marii cupiditas decretam S*u*ll*a*e Ponticam prouinciam uoluit eripere per rogationem Sulpicii tribuni plebis. Sulla indignatus continuo ad exercitum perrexit et eum Vrbi admouit et in patriam ingressus Capitolium occupauit; quo terrore uictus, senatus Mario totique factioni eius interdixit. 2 Profecto deinde in Asiam Sulla, Marius exul cum profugisset, ac primum Minturnis in palude latuisset, tum coniectus in carcerem euasisset, interim Cinn*a* et Oc*t*auius in Vrbe in*uicem* ob*essent*, hac occasione data, Marius redi*i*t et secum Cinnam adduxit, uictis Octauianis partibus; septies con-

41,1 quot genera bellorum *add. mg. M*[2], *titul. pos. Sau. Woe.* || internum *ego*: sociale quod *** *Woe.* ut romani *** sociale quod *** *Ass.* || et *ante* contra *add. M*[2] *edd.* || oenomaum *M*[2] *edd.*: de- *M*[1] || antonius *edd.*: -ninus *M*.

42,1 sullae *Woe.*: a sille *M*[1] syllae *M*[2] *Sau.* a syllae *Ass.*
2 cinna et octauius *M*[2] *edd.*: cinnetocinauius *M*[1] || inuicem obessent, hac occasione *ego*: inter ob hac o. *M*[1] essent *add. M*[2] *mg. et* hac *in* hoc *mut.* essent ob hoc o. *Sau.* *** hac o. *Woe.* inter ob *** hac o. *Ass.* || rediit *Woe. Ass.*: -dit *M Sau.* || cinnam *M*[1] *Woe. Ass.*: -na *M*[2] *mg. Sau.* || adduxit *M*[1] *edd.*: adiunxit *M*[2] *mg.* || septies *M Sau. Ass.*: -imum *Woe.*

pour la septième fois[4], endeuilla Rome toute entière par de très cruels massacres. 3 Entre temps, Sulla, revenu à Rome après sa victoire sur Mithridate[5], trouva sous les armes presque toute l'Italie, sous le commandement de Marius le Jeune, le fils de Marius, mais il écrasa toutes ses troupes, en partie en Etrurie à Sacriport[6], en partie à la porte Colline[7], et il massacra dans la *Villa Publica* le reste de ses adversaires qui s'étaient rendus: il afficha les noms de ceux qui s'étaient enfuis, avec l'autorisation légale de les tuer[8].

43,1 Déroulement de la guerre entre César et Pompée.

César, Pompée et Crassus, ayant formé une alliance, avaient en leur possession l'empire des Romains: César avait les armées de Gaule, Crassus, celles de Syrie; Pompée, appuyé sur leurs forces, était le maître au Sénat[1]. Après la mort de Crassus chez les Parthes[2], <...>

2 <Déroulement de la guerre entre Auguste et Antoine ...>

Musus Barbarus Asculanus, Quintus Lutatius Catulus[3] <...>

Les guerres étrangères

44,1 Le peuple romain fit trois fois la guerre contre les Macédoniens: sous les ordres du consul Flamininus, il vainquit leur roi Philippe[1]; sous

4. Le 1er janvier 86 a.C., avec comme collègue Cinna, consul pour la troisième fois. Marius mourut le 13 janvier, de mort naturelle. Cinna fut tué à Ancône au printemps 84.

5. Mithridate avait subi des défaites qui permirent à Sulla, pressé de rentrer en Italie, de conclure la paix de Dardanos (août 85 a.C.): un armistice avant la reprise de la guerre par Lucullus, puis par Pompée.

6. Au printemps 82 a.C.

7. 1er novembre 82 a.C.

8. Des milliers de Romains avaient déjà été tués quand furent affichées les premières listes de proscription: les proscrits n'avaient plus d'existence légale, leurs biens étaient confisqués et n'importe qui pouvait les tuer. Marius le Jeune, alors consul, s'était tué à Préneste en novembre.

Chapitre 43

1-3. *Voir p. 86.*

Chapitre 44

1. *Voir p. 86.*

sul creatus, saeuissimis c*ae*dibus totam Vrbem funestauit. 3 *Su*lla interim, uicto Mit*h*ridate, in Vrbem reuersus, prope totam *Ital*iam in armis inuenit sub iuuene Mario, Marii filio, sed omnes eius copias partim in Etruria ad Sacriportum, partim ad Collinam portam prostrauit et reliquias aduersariorum eorum qui se dederant, in uilla publica trucidauit: qui diffugerant, in tabula pro*scrip*sit, iure permisso ut interficerentur.

43,1 Ordo belli inter Caesarem et Pompeium.

Caesar et Pompeius et Crassus, in*it*a societate, imperium Romanorum possidebant: Caesar Gallicos, Crassus Syriacos exercitus habebat; Pompeius, horum uiribus fretus, in senatu dominabatur. Post Crassi mortem apud Parthos <...>.

2 <Ordo belli inter Augustum et Antonium.

...>e Musus Barbarus Asculanus, Quintus Lutatius Catulus <...>.

44,1 [De bello Macedonico] Populus Romanus cum Macedonibus bellum ter gessit: su*b* Flaminino consule,

caedibus *M*[2] *edd.*: ced- *M*[1]
3 italiam *M*[2] *edd.*: asiam *M*[1] || eorum *secl. Woe. Ass.* || dederant *M*[1] *Ass.*: dedide- *M*[2] *Sau. Woe.* || proscripsit *M*[2] *Sau.*: propererssit *M*[1] proposuit *Woe. Ass.*

43,1 inita *M*[2] *Sau. Woe.*: in qua *M*[1] iuncta *Ass.*, *an* iniqua? || *lacun. post* parthos *recte indic. Woe. Ass.*
2 ordo belli inter Augustum et Antonium *titul. ego rest. et lacun. indic. ante* e musus *et post* catulus: emusus barbarus *M Ass.* musus barbarus *Sau. Woe.*

44,1 de bello macedonico *titul. interpol. ego secl.*, *seru. edd.*, *sed uncis excl. Ass.* || populus — gessit *iter. M*[1] || sub flaminino *Woe. Ass.*: sufflaminino *M*[1] sub flaminio *M*[2] *Sau.*

Paul-Émile, Persée, le fils de Philippe[2]; sous Métellus le Macédonique, le Pseudophilippe[3]. 2 La cause de la première guerre fut que les Grecs se plaignait des injustices commises par les Macédoniens; la cause de la deuxième fut que Persée avait rompu le traité conclu avec son père; la cause de la troisième fut que le Pseudophilippe usurpa frauduleusement le nom des rois des Macédoniens.

45,1 <Au cours de quelles> guerres du peuple Romain <...>?

Au cours de la guerre étrusque, quand le roi Porsenna assiégea le Janicule[1]; au cours de la guerre gauloise, quand les Gaulois Sénons assiégèrent le Capitole après avoir détruit l'armée à l'Allia et incendié Rome[2]; 2 au cours de la guerre de Tarente, quand Pyrrhos était arrivé à vingt milles de Rome après avoir ravagé toute la Campanie[3]; au cours de la guerre punique, quand, après la déroute de l'armée à Cannes, Hannibal[4] établit son camp à trois milles de Rome; au cours de la guerre cimbrique, quand les Cimbres avaient occupé les Alpes Tridentines[5]; 3 au cours de la guerre servile[6], quand les gladiateurs Spartacus, Crixus et Oenomaus sont écrasés en Lucanie par Crassus[7] et en Etrurie par le consul Pompée[8], au moment où ils marchaient sur Rome pour l'incendier, après avoir dévasté presque toute l'Italie.

46,1 Le peuple romain combattit contre les Carthaginois. La première guerre punique fut faite avec des forces navales. 2 Le

2. Cf. *supra* 16,4 et les notes *ad. loc.*
3. Cf. *supra* 16,5 et les notes *ad. loc.*

Chapitre 45

L'énoncé de la question comporte une lacune; l'interrogation est à compléter avec un verbe signifiant menacer, mettre en danger, et le nom de la ville de Rome.

1. Cf. *supra* 39,3.
2. Cf. *supra* 18,5; 20,7.

3-8. *Voir p. 86.*

regem eorum *Ph*ilippum uicit, sub Paulo, Persen *Ph*ilippi filium, sub M*e*tello Macedonico, Pseudophilippum. 2 Primi belli causa, quod de iniuriis Macedonum Graeci querebantur; secundi, quod foedus cum patre suo percussum ruperit Perses; terti*i*, quod falso nomen regum Macedonum Pseudophilippus inuasit.

45,1 <Quibus> bellis populi Romani <...>?
Etrusco bello, cum Porsenna rex Ianiculum obsedit; Gallico bello, cum Galli Senones exercitu apud Aliam deleto, Vrbe incensa, Capitolium obsederunt; 2 Tarentino bello, cum P*y*rr*h*us ad uicesimum lapidem, totam Campaniam populatus, accesser*a*t; Punico bello, cum *H*annibal Cannensi exercitu fuso ad tertium lapidem castra posuit; Ci*m*brico bello, cum Ci*m*bri Tr*id*entinas Alpes occupauerant; 3 seruil*i* bello, cum Spartac*us*, Crixus et *O*enomaus gladiatores, populata prope Italia, cum ad incendendam Vrbem pergerent, in Lucania a *C*rasso, in Etruria a Pompeio consule opprimuntur.

46,1 [De tribus Punicis bellis] Populus Romanus cum Carthaginiensibus dimicauit. Primum Punicum bellum

philippi *M*[2] *edd.*: fi- *M*[1] || metello *M*[2] *edd.*: mat- *M*[1].
2 tertii *M*[2] *edd.*: -io *M*[1] || regum *M Sau. Woe.*: -gium *Ass.*

45,1 quibus bellis populi romani <...> *ego*: de uariis bellis p.r. *M*[1] de uariis cladibus populi romani *M*[2] *Sau.* (*in ital. litt.*) *Woe.* <quibus bellis ***> *Ass.* || aliam *M*[1] *Woe. Ass.*: alisiam *M*[3] alliam *Sau.*
2 accesserat *Sau.*: -serit *M*[1] -sit *M*[3] *Woe. Ass.* || cimbrico *Woe. Ass.*: cinb- *M*[1] cymb- *M*[2] *Sau.* || tridentinas *Woe. Ass.*: tare- *M Sau.* || occupauerant *M*: -runt *edd.*
3 seruili *M*[2] *edd.*: -le *M*[1] || spartacus *M*[2] *edd.*: -cos *M*[1] || oenomaus *M*[2] *edd.*: eon- *M*[1] || tota *ante* Italia *add. Woe. Ass.* || crasso *M*[2] *edd.*: gr- *M*[1].

46,1 de — bellis *titul interpol. secl., seru. edd.* || ter *ante* cum *add. Ass.* || ter *ante* dimicauit *add. Woe.*

motif allégué se présentait comme double: d'une part, les Carthaginois avaient été aux côtés des Tarentins[1], d'autre part, les Mamertins demandaient de l'aide contre les Puniques[2]; à la vérité, du reste, le butin fut la possession de la Sicile et de la Sardaigne, des îles très fertiles[3]. 3 Appius Claudius engagea la guerre dans le détroit de Sicile[4], Manlius et Régulus portèrent les coups décisifs en Afrique même[5], le consul Duillius aux îles Lipari[6] et Lutatius Catulus aux îles Egates[7] achevèrent la guerre par le naufrage des flottes des ennemis.

4 La deuxième guerre punique fut de loin la plus sanglante de toutes. La cause en fut la destruction de Sagonte par Hannibal, en violation du traité[8]. 5 Le premier désastre de cette guerre eut lieu à Literne[9]: Scipion le père ayant été blessé, Publius Scipion qui n'était pas encore pubère le protégea et le délivra; le deuxième désastre, sur la Trébie[10], où fut blessé le consul Flaccus[11]; le troisième à Trasimène, où fut massacrée l'armée de Flaminius[12]; le quatrième à Cannes, où furent anéanties deux armées, avec la mort du consul Paul-Émile, la fuite de Térentius Varron[13]. 6 A la vérité, ensuite, quatre généraux revendiquent pour leur propre compte la gloire de la guerre punique: Fabius «Cunctator»[14] qui, en temporisant, brisa Hannibal qui s'apprêtait pour la destruction de Rome; Marcellus, qui fut le premier à résister à Hannibal à Nôle[15] et qui, du coup, mit pratiquement à la torture sa ligne de bataille qui perdit pied; Claudius Néron[16], qui surprit Hasdrubal, arrivant d'Espagne avec d'immenses troupes, avant qu'il n'opère sa jonction avec Hannibal, et qui le vainquit dans un grand combat...[17]

Chapitre 46

1. En 272 a.C., les Carthaginois envoyèrent une escadre croiser devant Tarente: démonstration militaire destinée à impressionner les Romains, plus qu'à aider la ville qui, abandonnée par Pyrrhos, s'apprêtait à capituler. Les Romains estimèrent que cet action violait le traité conclu avec Carthage en 306 a.C.

2. *Voir p. 86.*

3-17. *Voir p. 87.*

naualibus copiis gestum est; 2 causa motus praetendebatur duplex: altera, quod Cart*h*aginienses Tarentinis adfuissent, altera, quod Mamertini aduersus Poenos auxilium poscerent; ceterum re uera praemium fuit Sicilia*e* et Sardiniae possessio fertilissimarum insularum. 3 Appius Claudius bellum in Siculo freto commisit, Manlius et Regulus in ipsa Africa profligauerunt, Duillius consul apud Liparas insulas, Lutatius consul apud Aegates mersis hostium classibus consummauerunt.

4 Secundum Punicum bellum longe omnium cruentissimum fuit: causa, quod *H*annibal contra foedus Saguntum euertisset. 5 Prima clad*e*s huius belli apud Liternum, uulnerato patre Scipione, quem Pu*b*lius Scipio nondum pubes protexit ac liberauit; secunda clades apud Tre*b*iam, uulnerato Flacco consule; tertia apud Trasimenum, uastato Flaminii exercitu; quarta apud Cannas, deletis duobus exercitibus P*a*uli consulis morte, Terentii fuga Varronis. 6 Postea uero quattuor duces Punici belli gloriam sibi uindicant: Fabius, [sibi] Cunctator, qui imminentem Vrbis excidio *H*annibalem mora fregit; Marcellus, qui primus *H*annibali apud Nolam restitit et inclinatam eius aciem p*a*ene ictu cruciauit; Claudius Nero, qui uenientem ab Hispania *H*asdrubalem cum ingentibus copiis, priusquam se *H*annibali iungeret, excepit et ingenti proelio uicit...

2 carthaginienses *M*² *edd.*: carta- *M*¹ || siciliae *M*² *edd.*: -lia *M*¹.
3 duillius *M*² *edd.*: dum illius *M*¹ || libares *ante* liparas *add. simulq. del. M*¹.
5 clades *Woe. Ass.*: -dis *M Sau.* || liternum *Woe.*: listern- *M Sau.* ticin- *Ass.* || publius *M*² *edd.*: pul- *M*¹ || trebiam *M*² *edd.*: treui- *M*¹ || pauli *M*² *edd.*: percu- *M*¹.
6 sibi *M secl. Ass. ut dittogr.*: siue *corr. Sau. Woe.* || paene ictu *ego*: penae ictus *M Sau.* penitus *Woe. Ass.* || hasdrubalem *Ass.*: ans- *M*¹ as- *M*² *Sau. Woe.* || *post* uicit *deest quarti ducis nomen, lacunam indic. Ass. qui scrips.* <Scipio Africanus qui ***>.

7 La troisième guerre punique comporta plus de gloire que de difficulté; en effet Scipion Emilien[18] consomma, en compagnie de Tigrane[19], la destruction de Carthage, commencée sous le consul Manilius[20] quand, après l'incendie de Carthage, il soumit pour toujours les villes de l'Afrique toute entière, sous prétexte que les Carthaginois avaient réarmé des flottes et porté les armes contre leurs voisins, en violation du traité conclu.

47,1 Quels sont ceux qui furent vaincus, et grâce à quels généraux jusqu'au règne de Trajan?

Grâce au consul Flamininus <le peuple romain> vainquit les Macédoniens qui luttaient sous la conduite du roi[1]; 2 grâce aux Scipions Africains, les Carthaginois[2]; grâce au consul Paul-Émile, Persée[3]; <grâce à l'Asiatique> il vainquit en Syrie le roi Antiochos[4]; grâce à Scipion Emilien, les Celtibères et Numance[5]; 3 grâce au même Scipion[6], la Lusitanie et le général Viriate[7]; grâce à Décimus Brutus, la Galice[8]; grâce à Mummius l'Achaïque, Corinthe et également les Achéens[9]; 4 grâce à Fulvius Nobilior, les Étoliens et Ambracie[10]; grâce à Marius, les Numides et Jugurtha[11]; grâce à ce même Marius, les Cimbres et les Teutons[12]; 5 grâce à Sulla, les Pontiques et Mithridate[13]; grâce à Lucullus, de même <les Pontiques et Mithridate[14]; grâce à Pompée>, ces mêmes Pontiques et

18. Cf. *supra* 18,11 et n. 14 *ad. loc.*; 22,3; 23,1; 24,2; 32,1.
19. Cf. *supra* 32,1 et n. 1 *ad. loc.*
20. Cf. *supra* 32,1 et n. 2 *ad. loc.*

Chapitre 47
1. Cf. *supra* 16,3 et les notes *ad. loc.*; 44,1-2.
2. Cf. spécialement *supra* 18,11.
3. Cf. *supra* 16,4 et les notes *ad. loc.*; 44,1-2.
4. Cf. *supra* 24,3; 33,2; 34,2.
5. Cf. 18,11 et n. 14 *ad. loc.*

6-13. *Voir p. 87.*
14. *Voir p. 88.*

7 Tertium Punicum bellum maioris gloriae quam operis fuit; nam Manilio consule inc*h*oatum excidium Car*th*aginis Aemilianus consummauit, una cum Tigrane, cum incensa Carthagine totius Africae urbes in perpetuum repressit, quod contra foederis pactionem Carthaginienses reparassent classes et arma finitimis intulissent.

47,1 Vsque imperium Traiani qui uicti sunt et per quos duce*s*?

<Populus Romanus> per Flamini*n*um consulem Macedonas uicit sub rege [Perse] bellantes; 2 per Scipiones Africanos, Carthaginienses; per Paulum consulem, Persen; <per Asiaticum> in S*y*ria uicit regem Antio*ch*um; per Scipionem *A*emilianum, Celtiberos et Numantiam; 3 per eumdem Scipionem, Lusitaniam et ducem Viriatum; per Decimum Brutum, Gall*ae*ciam; per Mummium Ac*h*aicum, et Corint*h*um et Ac*ha*eos; 4 per Fuluium Nobiliorem, Aetolos et Ambraciam; per Marium, Numidas et Iugurtham; per eundem Marium, Cimbros et Teutones; 5 per S*u*llam, Ponticos et Mit*h*ridatem; per Lucullum, item <Ponticos et Mithridatem; per Pom-

7 inchoatum M^2 *Sau. Woe.*: inco- M^1 *Ass.* || una cum tigrane cum *M Sau.*: una *Woe.* et *Ass.* || urbes *M Sau.*: uires *Woe. Ass.* || reparassent *M Sau. Ass.*: comp- *Woe.*

47,1 duces *Woe. Ass.*: CCIIII *M Sau.* || populus romanus *add. Woe. Ass.* || flamininum *Woe. Ass.*: -minium *M Sau.* || per paulum consulem *post* uicit *trans. Woe. Ass. et post lacun. indic. inutiliter ut uidetur.*
2 perse *ego secl. ut gloss. sed fortasse* philippo *legendum ex errore librarii cuiusdam*: *seru. edd.* || per scipionem asiaticum *ante* in *add. Woe. Ass.* || aemilianum M^2 *edd.*: e- M^1.
3 gallaeciam *Ass.*: galliam *M Sau.* callaeciam *Woe.*
4 fuluium *Woe. Ass.*: fluu- *M Sau.* || aetolos *Woe. Ass.*: aetho- *M Sau.* || marium *post* eundem *secl. Sau.* || teutones *Woe. Ass.*: teutho- *M Sau.*

Mithridate, et aussi les pirates ciliciens et les Arméniens avec le roi Tigrane, et de très nombreux peuples d'Asie: sous ce <général>, en effet, le peuple romain parvint jusqu'à l'océan <Indien> et la mer Rouge[15]; 6 grâce à Caius César: les <Gaules>, les Germanies, la Bretagne[16]: sous ce général, le peuple romain ne se borna pas à voir l'Océan, il y navigua; 7 grâce à César Auguste, le peuple romain pacifia complètement les Dalmates, les Pannoniens, les Illyriens[17], les Égyptiens[18], les Germains[19], les Cantabres[20], et tout le monde entier, à l'exception des Indiens, des Parthes, des Sarmates, des Scythes, des Daces, car la Fortune les mit en réserve pour les triomphes de l'empereur Trajan[21].

La vie politique

48,1 On parle de comices d'après le mot «comitatus»[1], du fait que les sénateurs et les classes sont appelés à voter pour créer les magistrats et les prêtres. 2 En fait, il y a trois types de comices: elles sont dites «curiates», «tributes», «centuriates», parce qu'elles se disposent par curies, par tribus, <et par centuries>. 3 Si la question à propos de laquelle le peuple est <convoqué> est traditionnelle et habituelle, elle est tranchée par les curiates; si elle est plus vaste, par les tributes; s'il s'agit d'une décision de la plus haute importance, alors le soldat est appelé à voter et les comices sont appelées centuriates[2].

15. Cf. *supra* 18,19 et la n. 27 *ad loc.*

16. Cf. *supra* 18,20 et les n. *ad loc.*

17. Le début de la présence romaine en Illyrie datait de la fin du IIIe siècle a.C. César le Jeune y fit lui-même deux campagnes à l'époque du triumvirat (35 et 33 a.C.); devenu Auguste, il divisa la région en deux provinces impériales: Dalmatie et Pannonie, après les campagnes du futur empereur Tibère en 12-9 a.C. Un soulèvement général fut écrasé par ce même Tibère en 6-9 de notre ère.

18-21. *Voir p. 88.*

Chapitre 48

1-2. *Voir p. 88.*

peium> eosdem Ponticos et Mithridatem, item Cilicas piratas et Armenios cum rege Tigrane, et plurimas Asia*c*as gentes; sub hoc enim <duce ad Indicu>m Oceanum et Rubrum mare usque peruenit; 6 per Gaium Caesarem <Gallias Ge>rmanias, Britanniam: sub hoc duce, non tantum uidit, sed etiam nauigauit Oceanum; 7 per Caesarem Augustum, Dalmatas, Pannonios, Ill*y*ricos, *A*egyptios, Germanos, Cantabros, totumque orbem perpacauit, exceptis Indis, Parthis, Sarmatis, Sc*y*t*h*is, Dacis, quod eos fortuna Traiani principis triumphis reseruauit.

48,1 [De comitiis] Comitia dicuntur a comitatu [*u*e*l* frequentia] quod patres et *c*lasses ad suffragia uocantur, creandorum magistratuum uel sacerdotum causa. 2 Comitiorum autem triplex ratio est: haec «curiata», haec «tributa», haec «centuriata» dicuntur, quia haec per curias et per tribus <et per centurias> explicantur. 3 Si translati*cium* sit et solitum de quo populus <uocatur>, curiatis transigitur; si amplius, tributis; si in summo discrimine est, tum miles ad suffragia uocatur et comitia centuriata dicuntur.

5 item cilicas — asiacas gentes *post* mithridatem *scrips. M*[1] *del. M*[2] || ponticos — pompeium *post* item *add. Ass. recte ut uidetur*: ** per pompeium *ante* item *add. Woe.* || asiacas *Sau. Woe.*: -atas *M* -aticas *Ass.* || <duce ad indicu>m *Woe. Ass.*: /////////m *M* ad indicum *Sau.*
6 gallias germanias *Woe. Ass.*: /////////r- *M* gallias et ger- *Sau.* || et *post* germanias *add. Woe.*
7 dalmatas *M*[2] *edd.*: -tias *M*[1] || indis *edd.*: -iis *M*.

48,1 de comitiis *titul interpol. ego secl., seru. edd.* || et frequentia *ego secl. ut gloss.* || classes *M*[2] *edd.*: gl- *M*[1].
2 haec *ante* per *M Sau.*: aut *Woe. Ass.* || et *M Sau.*: aut *Woe. Ass.* || et per centurias *M*[2] *s.l. Sau.*: aut p.c. *Woe. Ass.*
3 translaticium *edd.*: -tius *M*[1] -tium *M*[2] || uocatur *post* populus *ego add., lacun. eo loco indic. Woe. Ass.*

49,1 La plus ancienne répartition du peuple romain est la répartition en trois que fit Romulus: le roi, le Sénat, le peuple; et il divisa le peuple en trois tribus: celle des Tities, celle des Luceres, celle des Ramnes. 2 Suit la répartition du peuple romain sous le roi Servius Tullius, qui le divisa en tribus, classes et centuries par la répétition du cens, afin que tous les meilleurs et les plus riches aient davantage de poids dans les votes, c'est-à-dire au sein du peuple romain. 3 Il y a aussi une troisième répartition, entre patrons et clientèles, en vertu de laquelle les inférieurs se confiaient à la protection des supérieurs.

50,1 Il y a trois types d'états: l'état monarchique, l'état aristocratique, l'état démocratique: en effet, les états sont soit sous le pouvoir de rois, comme la Séleucie des Parthes, soit sous celui d'un Sénat, comme la Marseille des Gaules, soit les gens se gouvernent eux-mêmes comme le faisaient les Athéniens. 2 Il y a aussi un quatrième type que les Romains inventèrent en faisant la synthèse des trois précédents: en effet, d'une part les consuls ont le pouvoir royal, d'autre part le plus haut niveau de décision est aux mains du Sénat, la plèbe, enfin, a le pouvoir de ses votes.

49,1 Antiquissima populi Romani distributio triplex est quam Romulus fecit in regem, in senatum, in populum; qui populus in tres tribus diuidebatur, Titiensem, Lucerem, Ramnetem. 2 Secutus populi Romani distributio sub Seruio Tullio rege, qui eum in tribus, classes, centurias diuisit *a*b iteratione census, ut optimus et locupletissimus quisque in suffragiis, id est in populo Romano, plurimum ualeret; 3 et tertia diuisio est in patronos et clientelas, qui inferiores superior*um* se fidei committebant.

50,1 [De rebus publicis] Rerum publicarum tria genera sunt, regium, optimatum, populare: aut enim sub regum sunt potestate, ut Seleucia P*a*rt*h*orum, aut senatus, ut Massilia Gallorum, aut se ipsi regunt, ut Athenienses solebant. 2 Est et quartum genus, quod Romani commenti sunt, ut ex his tribus unum efficerent: nam et regiam potestatem consules habent, et penes senatum consilii publici summa est, et plebs habet suffragiorum potestatem.

49,1 de populi Romani distributionibus *titul. indic.* M^2 *mg. ego secl., seru. edd.* || lucerem *M Sau. Ass.*: -rensem *Woe.*
2 secutus M^1 *a.c.*: sequens M^1 *p.c. Woe.* sequitur M^2 *Sau.* secunda *Ass.* || ab iteratione M^2 *Sau.*: etbitreatione M^1 et distribuit ratione *Woe.* uariatione *Ass.* || id est in populo romano M^2 *Sau.*: id e. in p r M^1 id e. in re publica *Woe. secl. Ass. ut gloss. fortasse recte.*
3 et *secl. Woe. Ass.* || qui M^1: qua M^2 *Sau.* quia *Woe. Ass.* || superiorum M^2 *edd.*: -ribus M^1.

50,1 de rebus publicis *titul interpol. ego secl., seru. edd.* || parthorum M^2 *edd.*: porto- M^1.
2 et penes — est *om. Sau.*

explicit lucii ampelii / iber ad macrinum *M.*

NOTES COMPLÉMENTAIRES

Chapitre 1 (p. 1)

1. Cet axiome, d'inspiration stoicienne, est une formulation minimale, en termes purement philosophiques, de la définition du monde qui ouvre habituellement les traités de géographie: cf. parmi les plus connus, Vitruve 9,1,2, plus explicite, Hygin *Astr.* 1,1,1, plus concret, Pline *N.H.* 2,2 et Apulée, *M.* 1, plus prolixes.

Selon la physique des stoïciens, le monde, ensemble des corporels (substance et qualités) et des incorporels (ce qui n'agit ni ne pâtit), est fini, unique et parfaitement un; il est sphérique et tend en tous sens vers son centre. Contaminés par le Pythagorisme, les stoïciens enseignent également que le monde est le système actif et organisateur, et le principe divin: c'est une solidarité hiérarchisée qui est en elle-même sa propre fin.

2. La première formulation de la théorie des quatre éléments «racines de toutes choses» est due à Empédocle d'Agrigente (c. 484-c. 424). Pour les stoïciens, le feu primitif se condense en air, et l'air en eau; l'eau se divise: une partie se condense en terre, une partie reste à la surface; le souffle de l'air enflammé sur l'eau produit le germe central qui est la raison séminale, la loi du monde (*logos spermaticos*).

3. Le syntagme *orbis terrarum* est employé par Ampélius dans deux sens différents: ici, comme en 6,1, il signifie globe terrestre, tandis qu'en 6,2, il a le sens plus classique d'oikoumène = la terre habitable par les hommes et habitée par eux, c'est-à-dire le secteur de l'hémisphère nord reconnu par les Anciens.

4. Les quatre orientations fondamentales pour les chorographes (nos points cardinaux) qui vont servir plus loin à Ampélius pour déterminer les aires des vents (5,1)

5. Le § 4 est le commentaire succinct d'une sphère armillaire: les cinq cercles, polaires, solsticiaux, et équinoxial, constituent l'armature de la sphère de démonstration, et leur projection sur la petite sphère interne de l'appareil, qui représente la Terre, permet de déterminer les climats. Sur le cercle de l'écliptique sont localisés les signes du Zodiaque, dont Ampélius va parler au chapitre suivant, tributaire de Nigidius Figulus (cf. *Introd.* p. XIII et n. 20).

6. La division du globe terrestre en cinq zones, dont deux tempérées, remonterait à Parménide selon Posidonios, cité par Strabon (2,2,2); l'idée est communément admise à partir des Alexandrins, même s'il existe des divergences sur l'étendue et la nature de la zone torride (cf. Strabon, 2,2,2-3).

Chapitre 2 (p. 2-5)

3. Ammon-Râ, le grand dieu de Thèbes, assimilé par les Grecs à Zeus, avait dans l'oasis de Siwah un sanctuaire oraculaire très fréquenté; le dieu était représenté avec des cornes de bélier.

4. L'oasis de Siwah est à près de cinq cents kilomètres à vol d'oiseau d'Alexandrie, soit bien plus loin que ne le dit Ampélius; Nigidius (fr. 89) dit que le sanctuaire est à neuf jours de marche (*iter dierum nouem*) d'Alexandrie, ce qui représente également une évaluation trop faible, mais correspond à peu près à la durée du voyage d'Alexandre (dix étapes) jusqu'à l'oasis, depuis Paréthonium (Marsa Matrouh), sur la côte, à l'extrémité occidentale de l'Egypte. Pour aller d'Alexandrie à Siwah, la route normale, dans l'Antiquité comme de nos jours, passe par Paréthonium/Marsa; elle fait 593 km.

5. Cf. Hygin (*Astr.* 2,20,3), où le récit, un peu plus développé, est mis sous l'autorité d'Hermippe de Smyrne, ce qui donnerait pour ce § le stemma suivant:

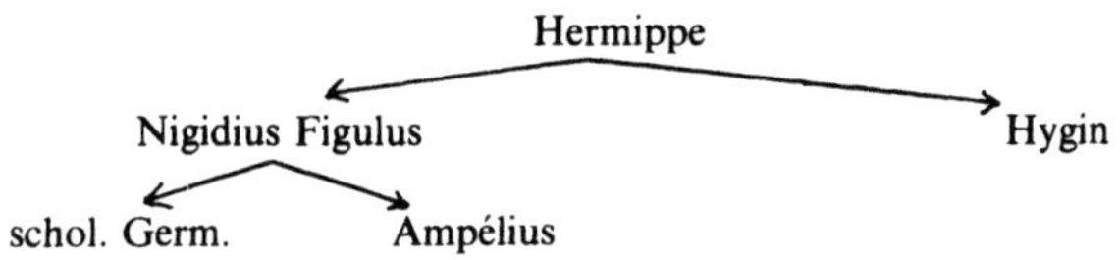

Hygin mentionne ensuite (*Astr.* 2,20,4) deux autres légendes conservées par Léon de Pella, où le catastérisme est également mis en relation avec la geste de Liber.

6. C'est l'explication classique (cf. Hygin *Astr.* 2,20,1-2). Phrixos et Hellè, les enfants d'Athamas et de Néphélè, furent sauvés de la mort que leur préparait leur marâtre Ino par un bélier à toison d'or, envoyé par Zeus; ils furent emportés dans les airs en direction de l'orient: Hellè tomba dans la mer et se noya (Hellespont); Phrixos, arrivé sain et sauf en Colchide, sacrifia le bélier à Zeus et offrit la Toison d'or, symbole de prospérité et de paix, au roi Aeétès; plus tard, Médée permit à Jason de s'en emparer.

7. Cf. Nigidius (fr. 90) et Hygin *Astr.* 2,21,1, qui fait de plus allusion à la légende d'Io.

8. Cf. Nigidius (fr. 91), où les légendes relatives à ce catastérisme sont bien plus développées.

9. Les Cabires Iasion et Dardanos, dieux jumeaux de Samothrace, fils de Zeus et d'Electre. Leurs mystères étaient entourés du secret le plus rigoureux, comme ceux d'Eleusis auxquels ils sont apparentés par les légendes: amour de Iasion pour Déméter, et identification de Dardanos avec Triptolème.

14. Fille de Jupiter et de Thémis selon Hésiode, d'Astrée et de

l'Aurore selon Aratos (cf. Hygin *Astr.* 2,25,1), la Vierge appartient au mythe de l'âge d'or.

15. Cette seconde légende se retrouve, plus développée, dans les passages parallèles de Nigidius (fr. 94) et Hygin (*Astr.* 2,4,2-6, cf. 2,25,2 et *Fab.* 130).

16. Héros athénien contemporain du mythique roi Pandion, Icarios, qui introduisit, selon la légende, la vigne en Grèce, d'où sa place dans la geste de Dionysos, est à distinguer de son presque homonyme Icaros (en français Icare), le fils de Dédale.

17. Nigidius (fr. 94), comme Ampélius, parle d'un chien, si du moins les accords grammaticaux ont été respectés par la tradition manuscrite, mais, en fait, il s'agit d'une chienne, appelée Maera (Μαῖρα).

21. La leçon de *M* (*Mochos*) fait difficulté, car on n'a pas de référence à un personnage de ce nom dans les textes anciens: en plus des conjectures citées par Assmann dans son édition (p. 5): Στατμούχος (Iahn) → Stathmuchos (adoptée par Assmann), Mochlos (Tzschucke, suivi par Zink), Machos (Mauss), on pourrait proposer Ochos, Orkos (le garant du serment), Mopsos (les deux personnages connus sous ce nom sont des devins), et aussi Αἰακός (Éaque) ou Minos (à cause de leurs fonctions de juges). Je pense préférable d'écrire *Stathmochos*, issu apparemment d'une corruption du grec (cf. (*γυνή*) *σταθμὸν ἔχουσα*, Hom. *Il.* 12,434), qui peut se traduire «le porte-balance», et convient au catastérisme.

22. Cf. Nigidius (fr. 96), plus développé, et Hygin (*Astr.* 2,26), qui donne une version différente du rôle d'Orion.

23. Cf. Nigidius (fr. 97), plus développé, et Hygin (*Astr.* 2,27).

27. Pan conseilla aux Olympiens de se transformer en animaux pour échapper au regard de Python et faire croire au monstre qu'ils s'étaient enfuis; de là viendrait, selon Nigidius et Hygin, le culte égyptien des dieux à forme animale.

28. Si c'est bien de Typhon qu'il s'agit, il fut enseveli par Zeus sous l'Etna.

29. Deux origines à ce catastérisme pour Ampélius: Ganymède ou Deucalion; deux pour Nigidius (fr. 99): Deucalion ou Aristée, le fils d'Apollon et de Cyrène; trois pour Hygin (*Astr.* 2,29): Ganymède, Deucalion, ou le roi Cécrops.

30. Cette première explication se retrouve, plus développée chez Hygin (*Astr.* II,30,1), qui identifie Cupidon avec le second poisson, Vénus étant le premier, le seul dont parle Ampélius; Nigidius (fr. 100) ne la mentionne pas.

31. C'est la seule explication fournie par Nigidius (fr. 100), qui développe davantage cet épisode de la légende de la déesse syrienne Dercéto (Atargatis); Hygin y fait allusion à propos du Poisson austral (*Astr.* 2,41), mais attribue la métamorphose à Isis.

Chapitre 3 (p. 5-6)

1. Ces constellations figurent pour les Romains deux groupes de sept bœufs de labour (*septem triones*); elles sont appelées «Ourses» par les Grecs qui nomment également «Hamaxa» (Chariot) la Grande Ourse.

Chapitre 4 (p. 6)

Dans ce chapitre les signes du Zodiaque sont localisés au lever du Soleil à l'équinoxe de printemps par rapport à un système à douze vents, qui est celui des géographes: dans ce système, les directions des vents forment un angle de 30° avec leurs voisins; l'alignement des directions des vents sur le levant et le couchant aux solstices a une valeur exacte pour la latitude de Rhodes (36° lat. N) qui est le parallèle de référence de la carte d'Eratosthène.

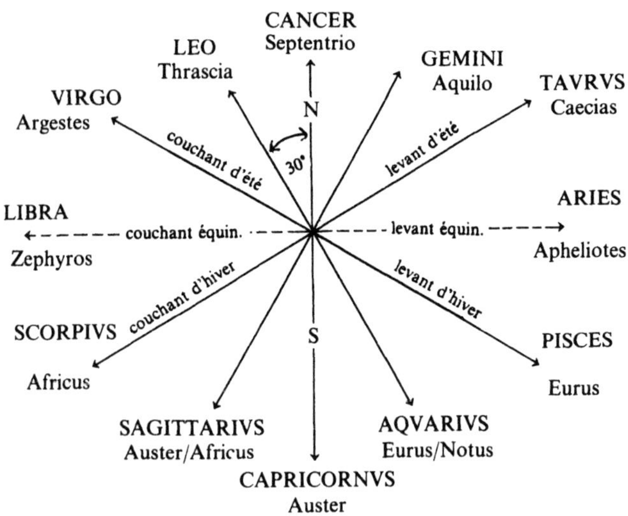

Chapitre 5 (p. 7)

Dans ce chapitre, Ampélius regroupe les vents selon les quatre orientations cardinales qu'il a indiquées plus haut (1,3). Les vents sont nommés par leur nom grec (notés * sur le tableau ci-dessous) ou par leur nom latin; si l'on compare cette nomenclature avec la localisation usuelle des vents cités, on constate que notre auteur suit ici un système à huit vents, le plus commun sous l'empire romain: celui, par exemple, qui est figuré sur la Tour des Vents à Athènes, et que définit Strabon (*Géographie* 1,2,21). Pline, pour sa part (*H.N.* 2,46 (119), utilise conjointement le système à douze vents et le système à huit vents, il y ajoute des vents locaux ou saisonniers. Le tableau ci-dessous donne les aires des vents nommés par Ampélius, par rapport à leur localisation usuelle (col. 1), chez Strabon (col. 2), et chez Pline (col. 3); on verra qu'il y manque les noms des vents qui dans le chapitre 4 servaient à localiser trois des signes du Zodiaque: le Taureau, le Lion et la Vierge, ce qui montre qu'Ampélius a suivi pour son chapitre 5 une source différente de celle qu'il avait utilisée pour son chapitre 4.

	Ampélius 5 Vents	(1)	(2)	(3)	Ampélius 4 Zodiaque
Oriens					
	*Eurus	SE	SE	SE	Pisces
	*Apheliotes	E	E	E	Aries
	Vulturnus	SE		SE	
Occidens					
	*Zephyros → Iapyx	W	W	W	Libra
	Corus	NW		NW	
	Fauonius	W		W	
Septentrio					Cancer
	Aquilo → Circius	NE		NE	Gemini
	*Boreas	N	N	NE	
	*Aparctias			N	
Meridies					
	*Notus → Leuconotus	S	S	S	Aquarius
	*Libs	SW	SW	SW	
	Auster	S		S	Capric.
					Sagittar.
	Africus	SW		SW	Scorpio

Chapitre 6 (p. 7-10)

3. L'existence d'autres terres émergées dans l'hémisphère nord, à l'opposé de l'oikoumène, est rendue vraisemblable par la différence entre l'étendue du monde connu et celle de l'hémisphère entier; la circonférence de la terre ayant été mesurée avec assez d'exactitude

selon des procédés astronomiques par Eratosthène (250 000 stades) puis par Posidonios (240 000 stades, ou 180 000 stades). La présence, dans l'hémisphère sud de deux autres régions habitables, peuplées par les «antipodes», est supposée par analogie et souci de symétrie.

4. La division de l'oikoumène en trois continents, séparés les uns des autres par le Tanaïs (= le cours inférieur du Don, prolongé vers le nord selon un tracé imaginaire), le Nil et le détroit de Gadès, reflète l'opinion la plus commune (cf. Pline, *H.N.* 3,1): elle remonte aux Ioniens selon Hérodote (2,16), qui mentionne aussi (4,41) la possibilité que la Libye ne soit qu'une péninsule de l'Asie; les Romains qui appellent le plus souvent le troisième continent *Africa*, par extension de terme, voient parfois dans l'Afrique une partie de l'Europe, plutôt qu'un continent à part entière (cf. Salluste, *Iug.* 17,3; Lucain, 9,411-413). Les indications de la *Géographie* de Strabon sont suffisamment précises pour permettre de cartographier l'oikoumène tel que le voyaient les Anciens, et, par exemple, reconstituer la fameuse carte d'Eratosthène.

17. Les îles Canaries, décrites par Pline de façon assez précise (*H.N.* 6,203-205) d'après les résultats de l'expédition organisée par Juba II.

18. Ampélius nommait douze Cyclades parmi les trente-neuf existantes: *M* nous a conservé les noms de dix d'entre elles; je propose de restituer le nom de Siphnos, à cause de sa grande ressemblance avec Cythnos qui a pu faire croire à un copiste qu'il y avait là un doublet fautif, et celui de Ios, si bref qu'il se confond avec une désinence et a pu être pris également pour une erreur du modèle à corriger. Siphnos était une île importante (mines d'or et d'argent, arboriculture prospère); Ios est l'île où serait mort Homère.

19. Les Sporades sont pour les Anciens les îles qui se trouvent dispersées dans la mer, par opposition aux Cyclades, rangées en cercle autour de Délos.

Chapitre 7 (p. 10-11)

Ampélius exprime dans ce chapitre une conception unitaire de l'Océan, dont la mer intérieure, qu'il appelait plus haut (6,12) *mare nostrum* selon l'usage romain, n'est qu'un grand golfe. Voir annexe 1, tableau 2 et cartes I et II.

Chapitre 8 (p. 11-16)

Ce chapitre qui traite des merveilles du monde est constitué par deux séries de notices d'origine différente: la première (§1-17) a pour source un recueil de curiosités où des merveilles de différente nature étaient classées en ordre géographique (Illyrie → Epire → Péloponèse

→ Béotie → Attique → Asie mineure), ce qui fait penser à une périégèse, où lieux et œuvres remarquables étaient signalés au «touriste» suivant un itinéraire rationnel et préparé (cf. carte II); la deuxième série (18-23) traite des sept merveilles du monde que l'on trouve également dans le même ordre chez Hygin, dans l'appendice de Vibius Sequester, et chez Cassiodore (cf. annexe 2 et carte I); cette liste (d'autres un peu différentes ont circulé) pourrait remonter aux *Hebdomades* de Varron, qui serait la source commune des quatre auteurs (cf. *Introd.* p. XIV).

1. Le Nymphaeum est cité à deux reprises par Pline parmi les prodiges du feu terrestre: *semper ardens Nymphaei crater* (*H.N.* 2,237), *in Nymphaeo exit e petra flamma* (*H.N.* 2,240); Ps. Aristote, (*De Mir. auscultationibus* 36), Strabon (7,316) et Dion Cassius (41,45,2) y font également allusion; on localise généralement le phénomène sur le gisement d'asphalte de Selenica, qui se trouve au bord du Vjosa, à 15 km au NE de Vlora, en Albanie, un peu à l'écart de la route qui mène d'Apollonia à Amantia.

2. On ne voit ni à quoi Ampélius fait allusion, ni la relation entre ces deux phénomènes, d'autant que notre auteur revient ensuite à la description du gisement d'asphalte. En faisant de *ubi* une conjonction et en ponctuant autrement, on pourrait traduire: «quand il y a du feu, et qu'une flamme sort de la forêt, le concert de Pan s'entend jusqu'en ville», mais cela n'éclaircit pas le sens de la phrase, si bien que je ponctue comme les éditeurs précédents.

3. Ambracia (Arta), une ancienne colonie de Corinthe, avait été la capitale du roi Pyrrhus qui y avait rassemblé nombre d'œuvres d'art; quand le consul M. Fulvius Nobilior s'empara de la ville en 189 a.C., il emporta à Rome les statues et les tableaux, dont la fameuse *Hélène* de Zeuxis (cf. Polybe 22,13,9; Liv. 38,9,13; Pline *H.N.* 35,66). Les peintures dont parle Ampélius sont vraisemblablement des répliques exécutées *in situ* par des artistes locaux au moment de l'enlèvement des œuvres d'art originales. La ville ne fut pas détruite, mais elle perdit graduellement son importance au Ier s. à la suite de la fondation de Nicopolis par Auguste.

5. L'*Argo* fit une longue escale à Corcyre chez Alkinoos, le roi des Phéaciens, où Jason consomma son union avec Médée; l'île se trouve un peu au NW des marais côtiers où se perd l'Achéron, et on a sans doute dans ce passage d'Ampélius la trace d'une des nombreuses légendes locales rattachées au cycle des Argonautes en même temps qu'aux voyages d'Héraklès, qui fit, un temps, partie de l'expédition.

6. Ce temple de Jupiter Typhon (*Iouis templum Typhonis*) est bien étrange: faut-il corriger *Iouis ... Hyphonis*, en voyant dans *Hyphonis* une forme bâtarde du verbe grec *ὑφίημι* = se laisser glisser dans, descendre sous, ce qui donnerait à l'épithète de Jupiter un sens correspondant au contexte? De toute façon, il me semble que la fin du

§3 résulte d'un amalgame de fragments de plusieurs légendes: l'épisode de la lutte entre les dieux et les Titans, où Zeus libéra du Tartare les Cyclopes et les Hécatonchires; l'épisode de la lutte entre Zeus et Typhon, où le dieu fut démembré par le monstre et son corps mutilé caché dans une caverne; l'épisode de la descente aux Enfers d'Héraklès (Alcide) pour délivrer Thésée et Pirithoos, et son explication evhémériste qui situe l'exploit en Epire, à la cour du roi Haedonée (= Hadès).

7. Le Leucatas (cap Blanc), à l'extrémité SW de l'île.

8. Le *katapontismos*, saut dans la mer du haut d'une falaise de plus de 70 m. (saut de Leucade), passait pour guérir les amours fous; la poétesse Sappho y avait trouvé la mort, mais les désespérés qui s'y risquaient à l'époque romaine étaient rattrapés au passage par des filets ou repêchés par des barques.

9. Autour de l'agora de la ville basse de Sicyone, il y avait, en plus du *bouleuterion* transformé en thermes par les Romains, divers bâtiments publics dont un grand portique et un temple, peut-être dédié à Apollon, comme le dit Ampélius; la présence, dans une annexe, d'une collection d'ex-votos et de souvenirs, constituée pour l'émerveillement des voyageurs, après la reconstruction de la cité (IIIe s. a.C.) ou à l'époque romaine, n'est pas du tout invraisemblable; le plus gros de ce bric-à-brac ressortit aux figures des héros homériques.

11. A l'époque archaïque, criminels et esclaves pouvaient trouver refuge dans presque tous les sanctuaires et y bénéficier du droit d'asile; l'exercice de ce privilège, dont le principe même avait souvent été mis en cause par les Grecs, avait été progressivement restreint à quelques grands sanctuaires, dont l'Héraion d'Argos, jusqu'à ce que de nombreux abus amènent son abolition générale sous Tibère (Suétone, *Tib.*, 37); auparavant, une commission, sénatoriale puis consulaire, avait reçu les ambassades des cités et examiné les titres fondant la prétention des sanctuaires à exercer le droit d'asile: certains sanctuaires d'Asie mineure, dont l'Artémision d'Ephèse, semblent avoir obtenu gain de cause, mais avec des restrictions (Tacite, *Ann.* 3,60-63).

12. Ce vase est peut-être le périrrhantérion, actuellement conservé au musée de Corinthe: une grande vasque, destinée à l'eau lustrale, qui se trouvait près de l'entrée du sanctuaire de l'Isthme, dédié à Poséidon. Le sanctuaire d'Aphrodite Tyché, pour sa part, est sur l'Agora de Corinthe; la courtisane Laïs fut honoré par les Corinthiens d'un monument décrit par Pausanias (2,2,4), et son souvenir était fréquemment évoqué.

13. L'Amphiareion, sanctuaire oraculaire du héros thébain englouti par Zeus avec son char et ses chevaux, au moment où il allait être rejoint par ses ennemis, se trouvait sur le territoire de la cité d'Oropos, au nord d'Athènes; il y avait devant le sanctuaire une source sacrée par laquelle Amphiaraos, devenu dieu, avait regagné la terre. On montrait aussi en Béotie l'endroit où le héros avait disparu (cf. Pausanias 9,8,3).

14. Le bouclier de la statue d'Athéna Parthénos était orné de reliefs peints, à l'intérieur comme à l'extérieur (Pline, *H.N.* 36,18; 35,54): une Gigantomachie et une Amazonomachie; c'est sur cette dernière que Phidias se serait représenté en compagnie de Périclès (cf. Plutarque, *Per.* 13). Selon Valère-Maxime (8,14,6) et Apulée (*De mundo*, 32), c'est Phidias lui-même qui aurait fixé son portrait au bouclier de la manière décrite par Ampélius. Cf. aussi Cicéron, *De Or.* 17,73 et *Tusc.* 1,15,34.

15. La prophétesse Cassandre, appelée aussi Alexandra, était la fille de Priam et d'Hécube; victime d'Ajax, puis captive d'Agamemnon après la chute de Troie, elle fut assassinée par Clytemnestre et Egisthe, en même temps que le roi et que les deux enfants qu'elle avait eus de lui, à Mycènes ou à Argos selon les auteurs. Son tombeau était à Amyclées en Laconie (Pausanias 2,16,6), où elle avait un sanctuaire (Pausanias, 3,19,6). La curiosité que, selon Ampélius, on montre aux visiteurs à Troie: la pierre qui pleure du lait et du sang, peut résulter d'une affabulation née de l'obscur poème de Lycophron, *Alexandra*, liant le thème de l'emprisonnement de Cassandre par son père dans une caverne, où la lumière du jour ne pénètre pas (v. 3sqq.; 349sqq.; 1451-74), et le souvenir du tombeau de Cilla et Mounippos, en dramatisant les allusions au sang et au lait (v. 316-322) de la malheureuse mère assassinée juste après la naissance de son fils. D'autre part, on pourrait voir dans cette *pierre de taille* la base du Palladium que Cassandre entoure de ses bras dans de nombreuses représentations figurées de la scène où elle implore contre Ajax la protection de la déesse (iconographie abondante dans J. Davreux, *La légende de la prophétesse Cassandre*, Liège 1942). A.J. Reinach (Origine de deux légendes homériques, *RHR*, LXX, 1914, p. 21sqq.) a utilisé ce passage d'Ampélius pour étayer sa théorie sur l'origine du mythe de Cassandre, qui, selon lui, liait le souvenir d'une divinité préhellénique, Cassandre, assimilée à la *Mater Idaea*, puis à Athéna, aux rites d'aspersion accomplis sur un bétyle représentant la déesse phrygienne (cf. J. Davreux, *op. cit.*, p. 95, n. 2).

16. Cf. Pline, *H.N.* 5,125.

17. L'Artémision que l'on pouvait admirer à l'époque romaine était le sanctuaire reconstruit par Cheirocratès après qu'Hérostrate l'eut incendié (356 a.C.). Il mesurait 115 m de long sur 55 m de large et comptait 127 colonnes, dont 36 étaient sculptées (cf. Pline *H.N.* 36,95-97). L'édifice est une des sept merveilles du monde de la liste suivie par Ampélius à partir du § 18, si bien que notre auteur le mentionne deux fois.

18. Le texte de *M* pour le § 12 comporte deux lacunes qui semblent assez étendues et rendent incompréhensible la fin de la notice qu'Ampélius avait consacrée à la description du sanctuaire. 20 coudées équivalent à un peu moins de 9 m.

19. Parmi les nombreux trésors de l'Héraion de Samos, Ampélius

ne retient apparemment qu'un témoignage de l'habileté de ses jardiniers, à moins que des lacunes ne dénaturent notre texte.

20. Le terme de *scyphus* (petit vase à boire) convient mal à la description d'Ampélius. Peut-être faut-il corriger la leçon de M^1: *esciphus*, (M^2 *scyphus*), et écrire *scapha*, ce qui ferait de la construction végétale l'un des ex-votos offerts par les marins à l'Héraion; à moins qu'on préfère *scaphium*, qui est soit un vase en forme de vaisseau (ce qui rejoint l'interprétation précédente), soit une espèce de grand cadran solaire en forme de bassin (cf. Martianus Capella, 6,597).

21. On peut facilement conduire la pousse de végétaux pour leur donner l'apparence d'objets divers ou de personnages et cela se fait encore dans certains jardins, mais le lierre suppose un bâti, de plus il se détache spontanément de son support quand il fleurit, si bien que le nom *hedera* a sans doute été employé à tort.

22. La hauteur donnée par Ampélius à l'autel monumental dédié à Zeus est exacte: 12 m. environ; par ailleurs, l'édifice, élevé par Eumène II ou Attale II au IIe s. a.C., avait 36,44 m de long et 34,20 m de large.

23. La frise extérieure, en haut-relief, qui commémore la victoire d'Attale Ier sur les Galates.

24. Pline (*H.N.* 36,12) parle de deux statues de Diane, en marbre de Paros, exécutées par les fils d'Archermus, sculpteurs à Chios; l'une se trouvait à Chios, l'autre à Iasos, cité de Carie située entre Milet et Halicarnasse, d'où la correction d'Assmann que je reprends. Il existe, il est vrai, un port de Syrie appelé Rhôsos (Antioche de Piérie), (Strabon 16,2,8; Pline *H.N.* 5,80; Plutarque *Demetr.* 32), dont le nom pourrait convenir, mais sa situation géographique sur la rive sud du golfe d'Alexandrette l'écarte trop des autres merveilles répertoriées par Ampélius dans les § 12-17.

25. Ce phénomène se produisait également dans une cour et autour des autels du sanctuaire de Vénus à Paphos (Pline, *H.N.* 2,97; Tacite, *Hist.* 2,3), autour de la statue de Minerve à Néa en Troade (Pline, *l.l.*) et autour de la statue d'Artémis Kindyas à Bargylia (Polybe, 16,12; Strabon, 14,2,20).

26. La correction d'Assmann s'impose, à ceci près qu'il vaut mieux écrire *Bargyliis* plutôt que *Bargylo*, le Bargilus étant une montagne au nord de la Phénicie. La cité carienne de Bargylia était voisine de Iasos (Pline *H.N.* 5,107), où Ampélius place la statue miraculeuse, située par Pline à Bargylia (*supra*, n. 25): la proximité des cités explique la confusion faite par l'un ou l'autre. La lampe merveilleuse est sans doute un phare dont le foyer était alimenté au naphte, ce qui expliquerait le phénomène.

29. Dans les paragraphes 18-23, Ampélius traite des sept merveilles du monde à partir d'une source qui a également été utilisée par Hygin, l'appendice de Vibius Sequester et Cassiodore (cf. tableau de l'annexe 2), chacun de ces quatre utilisateurs ayant effectué des extraits plus ou

moins étendus du texte original perdu pour nous (les *Hebdomades* de Varron?). La rédaction d'Ampélius est cohérente et il n'y a donc pas lieu de suivre l'opinion d'Assmann, qui pensait que le texte des § 18-23 avait été interpolé par l'introduction d'une longue glose marginale: l'index des sept merveilles du monde, connue par Hygin, Vibius Sequester et Cassiodore; partant de cette idée, Assmann avait imaginé pour son édition une disposition en deux colonnes: à gauche, le texte propre d'Ampélius, à droite celui de la glose; le fait de couper ainsi le texte en deux l'avait amené à indiquer six lacunes — complication arbitraire et travail bien inutile.

30. Cf. *supra* n. 17.

31. Les Amazones passaient pour avoir fondé en Asie Mineure Smyrne, Cymè, Myrinè, Paphos, et Ephèse où elles avaient des statues dans l'Artémision (Pline, *H.N.*, 34,19); sur leur origine scythe et leur histoire, voir Justin 2,4.

32. La confusion faite par Ampélius entre Icare et Mausole peut avoir plusieurs explications: il y a eu — au moins dans la légende — un roi de Carie nommé Icare, dont les amours romanesques sont connues par Hygin (*Fab.* 190); d'autre part, la triste fin du fils de Dédale avait marqué de son nom plusieurs lieux de Méditerranée orientale, dont un cap où l'on montrait son tombeau; enfin il peut y avoir eu corruption du texte original, attesté par Vibius Sequester, *mausoleum in Caria* → *mausoleum Icari*. Il ne reste quasiment rien du tombeau de Mausole à Halicarnasse (Bodrum), décrit par Pline (*H.N.* 36,47), qui a servi de carrière aux Turcs et aux Chevaliers de Rhodes. L'orichalque est un bronze naturel (cuivre + métaux divers); Pline nous a conservé le souvenir de quelques statues faites en bronze et en fer (*H.N.* 34,140-141), preuve que ce type d'amalgame était connu dans l'Antiquité, mais selon les autres témoignages la statue du roi Mausole était en marbre de Paros (cf. annexe 2).

33. Le Colosse fut construit (c. 304-292) par les Rhodiens en souvenir de la résistance de leur cité à Démétrios Poliorcète; renversé par le tremblement de terre de 227 a.C., les morceaux en restèrent par terre jusqu'à l'invasion arabe. Il mesurait 31 m. de haut; le placage extérieur de bronze était soutenu par un assemblage de grosses pierres (Pline *H.N.* 34,63).

34. Peut-être faut-il voir dans cette colonne une construction de même type que celle édifiée par le sculpteur Lysippe à Tarente, pour protéger du vent sa statue colossale de Zeus, haute de quarante coudées également (Pline *l.l.*).

35. Les dimensions données par Ampélius à la statue chryséléphantine de Zeus sont, en fait, approximativement celles du temple d'Olympie qui l'abritait; la statue elle-même mesurait 28 coudées environ (12,5 m.). Les mesures données par Hygin et l'appendice de Vibius Sequester sont exagérées également: je pense que la source

commune devait donner à la suite une série de dimensions chiffrées où les abréviateurs ont puisé au petit bonheur.

38. Soit 13,32 m., 57,72 m., 44160 m.; les dimensions indiquées par Hérodote (1,178), et reprises par Orose (*Hist.* 2,6,8-9), sont bien supérieures: 50 coudées de large (22,2 m.), 200 de hauteur (88,8 m.), 480 stades de périmètre (84960 m.).

39. La figure légendaire de Sémiramis, épouse de Ninus, apparaît chez Ctésias, cité par Diodore (2,4,1); à l'origine du mythe se trouverait l'histoire de la reine Shammu-Ramat, épouse de Shamshi-Adad V, qui fut régente pour son fils Adad-Nirari III (823-810 a.C.). Sur la fondation de Babylone et sa muraille, cf. Justin, 1,2,7.

40. Ampélius est le seul à parler d'un architecte des pyramides; à la place de cette information, Hygin et l'appendice de Vibius Sequester donnent des mesures, soixante pieds pour l'un, six cents pour l'autre; Hygin fait allusion à l'absence d'ombre portée des pyramides, phénomène développé par Cassiodore. Peut-être y a-t-il un mot grec caché sous Agartus? *agastos* = digne d'admiration? *askios* = qui ne projette aucune ombre?

41. Cette ville n'est pas nommée: peut-être s'agit-il de Ville d'Isis, *Isidis Oppidum* (cf. Pline *H.N.* 5,64).

42. Cette merveille égyptienne est ajoutée par Ampélius à la liste des sept merveilles dont il vient de traiter; sa mention amène la transition du § 25 qui permet à notre auteur de passer au sujet suivant: les généalogies divines. La statue extraordinaire dont parle Ampélius n'est pas autrement connue. Il ne peut s'agir du colosse de Memnon, ni de la statue que Vespasien fit placer dans son forum: en basalte égyptien (siénite), le Nil était représenté entouré de seize petits enfants, figurant les seize coudées de la crue la plus favorable du Nil (Pline, *H.N.* 36,58).

43. Le passage fait difficulté, mais aucune correction n'est assez sûre pour être adoptée: la statue ne pouvait mesurer trois cents coudées (132 m.), mais on pourrait supposer, puisqu'elle est dite *plexilis*, qu'elle a été faite d'un entrelacement de lamelles de bronze, dont la longueur totale aurait été de trois cents coudées; d'autre part, il faut peut-être chercher sous cet adjectif inhabituel *plexilis*, le nom d'un artiste grec, maître d'œuvre de la statue: *per L* <...>, ou encore <*a*> *Praxiteli*, bien qu'on ne connaisse pas de statue du Nil faite par Praxitèle; enfin *in cubitis* peut être corrigé en *incubitus* ...

44. Il ne s'agit pas du Zeus exécuté par Phidias pour le temple d'Olympie (*supra* § 20 et n. 35 *ad loc.*), mais d'une autre statue chryséléphantine du dieu, celle de l'Olympeion d'Hadrien, dédié en 131-2 par l'empereur, qui plaça sa propre statue dans la *cella* à côté de celle de Zeus. Le premier temple avait été consacré par les Pisistratides c. 515 a.C., gigantesque, il était resté inachevé: le projet fut comparé par Aristote aux Pyramides; un nouveau temple fut commencé par Antiochos IV Epiphane (c. 175-164 a.C.).

Chapitre 9 (p. 16-19)

Il existe une étroite parenté entre ce chapitre d'Ampélius et le *De natura deorum* 3,42-59 de Cicéron; l'ordre d'exposition est très voisin, cependant il existe un assez grand nombre de divergences dans les généalogies divines, comme le montre le tableau de l'annexe 3. Mars et Hercule ne sont traités que par Ampélius, les Dioscures, les Muses et Cupidon se trouvent seulement chez Cicéron; on note chez l'un comme chez l'autre l'absence de rubrique pour quatre des grands dieux: Déméter/Cérès, Hadès/Pluton, Poseidon/Neptune et Héra/Junon.

Sans doute, doit-on imputer à la tradition manuscrite un certain nombre de fautes qui ont pu dénaturer l'information originelle, cependant les différences entre les deux textes sont assez grandes pour que l'on puisse assurer que Cicéron ne peut avoir été la source d'Ampélius: la parenté des deux textes s'explique par le recours à une source commune; Hasdrubal de Carthage (Clitomachos), élève de Carnéade, est donné en général comme la source directe de Cicéron et serait donc également la source, peut-être indirecte, d'Ampélius pour le chapitre 9 (cf. J.B. Mayor, *Cicero. De natura deorum*, Cambridge 1885, p. 199; W. Bobeth, *De indicibus deorum*, Leipzig 1904, p. 29).

16. Ce cinquième Hercule, fils de Ioab, un personnage qui n'apparaît pas dans d'autres légendes, me semble devoir être identifié avec l'ancêtre mythique de Juba II, dont nous parle Plutarque (*Sert.* 8-10): époux de la veuve d'Antée, Tingée, il en eut un fils, Sophax, qui régna sur le pays auquel il donna le nom de sa mère; Diodore, fils de Sophax, fut l'ancêtre de Juba «le plus grand historien qu'il y ait eu parmi les rois». L'Hercule honoré à Cherchell et représenté sur les monnaies de Juba (cf. Gsell, *op. cit.* p. 237-238, Leveau, *op. cit.* p. 103) est à distinguer du Melqart phénicien, le quatrième Hercule de la série d'Ampélius. Il y a sans doute un rapprochement à faire entre ce Ioab, père d'Hercule et le nom du roi Juba, qui se prétendait descendant du héros.

17. Il ne s'agit pas ici du Géant, fils de Japet et frère de Prométhée (Hésiode, *Th.* 507), mais du roi légendaire de Mauritanie dont les spéculations évhéméristes firent le fondateur de l'astronomie. Il aurait été l'instructeur d'Héraklès (Herodor. fr. 24; *FHG* II,34; Serv. *Aen.* 4,246), et non pas son élève, comme le dit à tort Ampélius.

Chapitre 10 (p. 19)

Une glose passée dans le texte de l'*Histoire romaine* de Velléius Paterculus (1,6,6) nous a conservé un fragment des *Annales* d'Aemilius Sura, qu'il faut mettre en relation avec le texte d'Ampélius: *Assyrii principes omnium gentium rerum potiti sunt, deinde Medi, postea Persae, deinde Macedones; exinde duobus regibus, Philippo et Antiocho, qui a*

Macedonibus oriundi erant, haud multo post Carthaginem subactam, deuictis, summa imperii ad populum Romanum peruenit. Aemilius Sura, malheureusement, n'est connu que par ce fragment; on ne sait ni quand il écrivit, ni quels étaient le sujet et l'étendue de ses *Annales*; l'œuvre commençait sans doute par une *Archéologie* — puisque tel était l'usage des annalistes — dont aurait fait partie le fragment cité, qui peut d'ailleurs avoir été abrégé par le glossateur. Cinq peuples furent successivement les maîtres du monde selon Sura, mais il y eut sept empires historiques pour Ampélius, qui intercale les Lacédémoniens et les Athéniens entre les Perses et les Macédoniens; cette divergence mise à part, les termes employés sont les mêmes et Sura et Ampélius dérivent de la même source.

1. L'idée de la succession des empires est un topos qui se développe depuis la rédaction du *Livre de Daniel* (peu après 163 a.C.) jusqu'à l'empire tardif; le nombre et l'identification des empires successifs diffèrent selon les auteurs. Le développement de ce thème sert le plus souvent pour fonder une eschatologie (cf. mon édition des *Histoires* d'Orose dans la CUF, tome I, *Introd.*, p. XLV-LVIII), parfois simplement, comme chez Ampélius, pour annoncer le plan du développement qui va suivre (chap. 11-18). Sur l'importance du nombre 7, cf. Aulu-Gelle, 3,10, qui cite les *Hebdomades* de Varron.

Chapitre 11 (p. 19-20)

1. Le personnage de Ninus, fondateur légendaire de Ninive et de l'empire assyrien, n'a pas de fondement historique: il apparaît dans les *Persica* de Ctésias, que Diodore a utilisés (2,1.20). Il est aussi pour Trogue-Pompée le premier roi conquérant (Justin, 1,1,4-10).

2. Une tradition différente, venue de Castor de Rhodes, et transmise par Varron jusqu'à Augustin (*C.D.*, 16,17) fait de Belus le premier roi des Assyriens.

En fait les légendes connaissent deux Belus qui sont ici confondus par Ampélius: Belus, fils de Poseidon et de la nymphe Libye, qui épousa la fille du Nil et régna sur l'Egypte: ses deux fils Egyptos et Danaos furent l'un roi d'Egypte, l'autre roi de Libye, puis d'Argos; Belos, c'est-à-dire le dieu Baal, assimilé à Kronos ou à Zeus, et père de Ninus.

3. Cf. *supra* chap. 8, n. 39.

4. La légende de Sémiramis est développée dans Diodore (2,4.19), toujours d'après Ctésias.

5. La première élaboration du mythe de Sardanapale à partir de l'histoire et de la personnalité des frères ennemis Assurbanipal et Shamash-Shuma-Ukin, remonte à Ctésias (cf. Diodore, 2,24); Hérodote (2,150), pour sa part, fait allusion aux immenses trésors du roi de Ninive Sardanapale.

Chapitre 12 (p. 20)

1. Cf. Trogue-Pompée (Prol. 1 et Justin 1,3) et Velléius Paterculus 1,6,1, qui dépendent de la même tradition historiographique gréco-romaine tardive.

Le fondateur du royaume mède est Déiokés (Daīukku) qui rassembla les tribus (cf. Hérodote 1,96-98) vers la fin du VIIIe s. a.C. L'Assyrie est conquise par les Mèdes de Cyaxare (653-585) et les Babyloniens de Nabopolassar (625-605) entre 612 (chute de Ninive) et 610 (Prise de Harran).

2. Le dernier roi des Mèdes, Astyage (585-550) fut battu c. 550 par Cyrus qui s'empara d'Ecbatane et en fit sa résidence d'été (cf. 8,21 et n. 36).

Chapitre 13 (p. 20-21)

1. Cyrus II le Grand (559-529) était le petit-fils d'Astyage par sa mère Mandane, qui avait épousé le prince royal perse Cambyse Ier (600-559).

7. Miltiade, fils de Cimon, l'un des dix stratèges élus pour l'année, dirigea les opérations dans la plaine de Marathon et y remporta la victoire le 13 septembre 490.

8. Xerxès Ier (486-465).

9. La ville fut prise et l'Acropole incendiée (480 a.C.).

10. Bataille de Salamine (29 septembre 480).

11. Xerxès fut assassiné en 465 par Artaban, qui fut lui-même exécuté par ruse de la main d'Artaxerxès Ier «Longue-Main», fils cadet et successeur de Xerxès.

Chapitre 14 (p. 22-23)

4. La première guerre de Messénie est datée habituellement de 743-724, certains veulent en abaisser la date jusqu'aux années 670-650. La tradition attribue aux rois Théopompe et Polydore une réforme accroissant les pouvoirs de la Gérousia.

5. Selon Hérodote (1,82), c'est pendant la lutte entre Sparte et Argos que combattirent trois cents hommes pour chaque cité; à la fin de la bataille, il resta deux Argiens et un Lacédémonien: Othryadas.

6. On a conservé quelques fragments des poèmes de Tyrtée, Athénien, Lacédémonien ou Milésien, qui combattit pendant la deuxième guerre de Messénie (c. 650-c. 620).

7. Au début de la deuxième guerre médique, les deux rois de Sparte étaient l'Agide Léonidas et l'Eurypontide Léotychidas. Léonidas com-

mandait l'armée de terre et fut tué en défendant les Thermopyles à la fin d'août 480; son frère Cléombrote lui succéda.

8. Pausanias, fils de défunt roi Cléombrote, exerçait la régence pour son cousin, le roi Pleistarchos, fils de Léonidas et successeur de Cléombrote.

9. Bataille de Platées, 27 août 479.

10. Après la bataille de Salamine, Xerxès était reparti pour l'Asie (cf. 13,4), en laissant le commandement des troupes à son beau-frère Mardonios, le fils de Gobryas, qui fut tué à Platées.

12. L'ancien navarque Lysandre, allié de Cyrus le Jeune, fils cadet de Darius II, était alors épistoleus de la flotte sous le commandement nominal du navarque Aracos. Il anéantit la flotte athénienne, ancrée à l'embouchure de l'Aigos-Potamos, en face de Lampsaque, et qui était commandée par Conon (fin août - début sept. 405 a.C.); craignant d'être mis en accusation par les Athéniens, Conon se réfugia auprès d'Evagoras de Chypre.

13. Athènes accepta les conditions des Spartiates après un long siège qui l'avait réduite à la famine; Lysandre fit son entrée au Pirée le 22 avril 404 a.C. et imposa aux Athéniens le gouvernement oligarchique des Trente, qui fut renversé l'année suivante par les démocrates sous la conduite de Thrasybule.

14. Xanthippe commandait une troupe de mercenaires que les Carthaginois prirent à leur service, après leur défaite navale du cap Ecnome, qui permit aux Romains de débarquer en Afrique.

15. C. Atilius Régulus, consul en 256 a.C., remporta d'abord une série de victoires en Afrique, puis il fut fait prisonnier en 255 et supplicié par les Carthaginois en 250.

16. Agésilas II, devint roi de Sparte en 400, à la mort de son frère Agis II dont le fils, Léotychidas, avait été écarté du trône pour bâtardise (il aurait été le fils d'Alcibiade). Il fit campagne en Asie mineure en 396-394.

17. Devant la menace présentée par Agésilas, Artaxerxès II avait subventionné une coalition contre Sparte d'Athènes, Thèbes, Argos et Corinthe; rappelé en Grèce, Agésilas fut vainqueur à Coronée (394).

18. Les environs de Corinthe furent le théâtre d'une guerre d'escarmouches entre les Spartiates d'Agésilas et l'infanterie légère du jeune général athénien Iphicrate.

Chapitre 15 (p. 23-26)

1. Premier roi, d'après la légende, de la cité qui prend sous son règne le nom d'Athènes, en hommage à la déesse Athèna qui a fait naître l'olivier et l'a offert aux «Cécropides».

2. Personnage légendaire, aux origines de la royauté athénienne, parfois confondu avec Codros ou avec Erechthée.

3. Premier roi mythique d'Éleusis, né du sol comme Cécrops et Erichthonios, qui accueillit chez lui Déméter.

4. Roi de Thrace, fils du dieu Poséidon, auquel un cycle de légendes attribue la fondation des mystères d'Eleusis; à l'époque classique, il était considéré comme l'ancêtre des Eumolpides et des Céryces, les deux familles d'Eleusis qui présidaient aux Mystères, et au sein desquelles étaient choisis le Hiérophante et le Dadouque.

9. Pisistrate exerça la tyrannie à trois reprises après avoir pris le pouvoir par la force ou par la ruse: en 561-555, après la prise de l'Acropole, en 544-538, grâce aux luttes des factions et à l'apparition d'une fausse Athéna, en 534-527, avec l'appui d'une armée populaire formée à Érétrie.

10. Hipparque fut assassiné en 514 a.C. par deux jeunes athéniens Harmodios et Aristogiton qui furent mis à mort. Hippias fut chassé d'Athènes par les Alcméonides en 510: il se réfugia chez les Perses qu'il conseilla jusqu'à la première guerre punique et il fut tué à Marathon.

11. Cf. *supra*, 13,3 et n. 7.

12. Aristide, stratège à Marathon, archonte en 489 a.C., était hostile à la politique de Thémistocle: il fut ostracisé en 484. Rappelé à Athènes en raison de la menace perse, il fut stratège à Platées, commanda les opérations maritimes contre les Perses, et fut le premier organisateur de la ligue de Délos.

15. Après avoir conseillé les Spartiates et combattu pour eux (415-411), Alcibiade se rendit auprès du satrape de Lydie, Tissaphernès et œuvra à la réconciliation des Athéniens et du Roi (Darius II); après avoir été choisi comme chef par l'armée de Samos, Alcibiade remporta la victoire à Cyzique (410 a.C.) puis conduisit une expédition en Asie mineure. Ampélius ne parle pas de son inconstance, de ses trahisons, ni de ses défaites devant Lysandre (407) qui l'obligèrent à s'exiler en Thrace.

16. Les exilés, réfugiés à Argos et à Thèbes, se réunirent aux frontières de l'Attique sous les ordres de l'ancien stratège Thrasybule, s'emparèrent de Phylè (nov. 404 a.C.) et de Munichie, chassèrent les Trente et rétablirent la démocratie (403).

17. Bataille de Cnide, août 394 a.C., remportée par Conon, rentré en grâce à Athènes (cf. 14,8, n. 12), sur le Spartiate Pisandre.

18. Dion, un disciple de Platon, était le beau-frère de Denys l'Ancien, et l'oncle de Denys le Jeune. Exilé par ce dernier il revint à la tête d'une petite flotte et le chassa en 357; il fut assassiné en 354 a.C.

19. L'Athénien Iphicrate créa un nouveau type d'infanterie légère, le corps des Peltastes, composé de mercenaires.

20. Phocion (c. 400-317), un oligarque modéré qui avait pris Aristide pour modèle politique, fut élu quarante-cinq fois stratège par les

Athéniens; au cours de sa longue carrière, il s'efforça de sauvegarder une indépendance relative pour Athènes en face de la monarchie macédonienne, mais, accusé par le peuple d'être trop favorable à Cassandre, il fut condamné à boire la ciguë.

24. Je mets entre guillemets les expressions qui me semblent être la traduction d'une partie des considérants des décrets honorifiques originaux.

Chapitre 16 (p. 26-28)

1. Après l'assassinat, en 359 a.C., de Perdiccas III, le fils puîné d'Amyntas (393-370/369 a.C.), son frère cadet Philippe II exerça la régence au nom de son neveu, le jeune Amyntas; il fut rapidement acclamé roi par les Macédoniens (c. 356-355).

2. Prise d'Amphipolis en 357, puis annexion des états des fils du roi de Thrace occidentale, Bérisadès, en 346; les jeunes princes avaient eu la naïveté de prendre Philippe comme arbitre de leurs différends. En 339-338, Philippe, maître de la Chersonèse, lance une expédition contre les Scythes et en même temps fait le siège de Byzance qui résiste.

3. Philippe est assassiné en 336 par un jeune noble macédonien; il semble que son épouse Olympias, craignant d'être répudiée, ait été l'instigatrice du meurtre.

4. Pella était la capitale de la Macédoine depuis le règne d'Archélaos (413-399).

5. Darius III Codoman, roi de légitimité discutable, avait été porté au pouvoir par l'eunuque Bagoas en 336 a.C.

6. La bataille eut lieu en mai-juin 334.

7. En octobre ou novembre 333.

8. Bataille d'Arbèles, ou de Gaugamèles, 1er oct. 331.

9. Le texte de *M* porte *legionum*, interpolation née, selon Assmann, de la mauvaise interprétation par un copiste de l'abréviation *L* pour *quinquaginta*.

10. Alexandre entra au Pendjab en 326; il soumit, entre autres souverains, le roi Porus (mai-juin 326), à qui il laissa le gouvernement de ses états.

17. Philippe V fut roi à quinze ans après la mort prématurée de son père Démétrios II (221 a.C.).

18. P. Sulpicius Galba, consul en 200 a.C. fut chargé de la conduite de la guerre.

19. T. Quinctius Flamininus, consul en 198 a.C., proconsul en 197, écrase la phalange macédonienne à Cynoscéphales en juin 197.

20. Démétrios semble être devenu partisan des Romains, car son père le fit tuer en 180 a.C., en l'accusant de trahison.

21. La paix fut signée au printemps 196: Philippe dut payer une

amende de mille talents, livrer sa flotte et évacuer les détroits, la Grèce et la Thessalie.

22. Persée succéda en 179 a.C. à son père Philippe.

23. Q. Marcius Philippus, consul en 169 a.C.

24. Bataille de Pydna le 22 juin 168, gagnée par le consul Paul-Émile (L. Aemilius Paulus).

25. Persée fut pris à Samothrace avec ses deux fils, Alexandre et Philippe, par le préteur Cn. Octavius, légat de Paul-Émile.

Chapitre 17 (p. 28)

Ampélius caractérise en quelques mots les sept rois de Rome de la liste traditionnelle. L'ordre des règnes de Servius Tullius et de Tarquin l'Ancien est inversé.

Chapitre 18 (p. 28-31)

1. Titus et Tibérius, fils de Brutus et de la sœur des Vitellius avaient conspiré en 509 a.C. (?), avec leurs oncles et les frères Aquilius, pour ramener les Tarquins au pouvoir (cf. Liv. 2,4-5).

2. L. Valérius Publicola, consul en 507 et en 504 a.C. (?).

3. Sous cette expression compliquée, se cache le souvenir de la *prouocatio ad populum*, droit d'appel du citoyen devant les comices, institué, selon la tradition, par une loi dont Valérius avait pris l'initiative, d'où son surnom de *Publicola*.

7. Q. Fabius Maximus Rullianus, consul avec P. Décius Mus en 295 a.C. Les Romains remportèrent la victoire à Sentinum sur une coalition d'Etrusques, de Gaulois, de Samnites et d'Ombriens, après que le consul plébéien Décius eut accompli le rituel de *deuotio*, à l'exemple de son père, consul en 340.

8. Q. Fabius Maximus Verrucosus Cunctator, consul en 233, 228, 215, 214, 209, dictateur en 217 a.C.

9. L. Papirius Cursor, consul en 320 a.C.

10. M'. Curius Dentatus, consul en 290, 275 et 274 a.C., fit cette réponse aux ambassadeurs samnites (cf. *Vir. ill.* 33,7).

11. C. Fabricius Luscinus, consul en 282 et 278, censeur en 275 a.C.

12. M. Claudius Marcellus obligea Hannibal à lever le siège de Nôle en 215 a.C., s'empara de Syracuse en 212; consul pour la cinquième fois en 208, il fut tué devant Locres.

13. P. Cornélius Scipio Africanus (consul en 205 et 194 a.C.) remporta à Zama (202) une victoire définitive sur Hannibal.

18. Q. Caecilius Métellus Numidicus, consul en 109 a.C., proconsul en 108-107, gagna la bataille du Muthul, reprit Vaga et célébra un

triomphe en 106, bien que la guerre contre Jugurtha ne fût pas terminée.

19. L. Apuléius Saturninus, tribun de la plèbe en 103 et 100 a.C., fit voter une loi agraire que Métellus fut le seul sénateur à refuser de jurer de respecter: en suite de quoi, il s'exila à Rhodes.

20. Q. Caecilius Métellus Pius, plus tard consul en 80 a.C.

21. Bocchus livra Jugurtha à Sulla, alors questeur de Marius, en 105 a.C., ce qui termina la guerre; le triomphe de Marius et l'exécution de Jugurtha eurent lieu l'année suivante.

22. Marius battit les Teutons à Aix en automne 102 a.C. et les Cimbres à Verceil en julllet 101.

23. Marius fut consul en 107 a.C., puis chaque année de 104 à 101, et une septième fois l'année de sa mort en 86.

27. L'ordre des opérations est inversé par Ampélius: investi d'un impérium extraordinaire sur la mer et ses rivages (*lex Gabinia* de janv. 67 a.C.), étendu à l'Orient entier (*lex Manilia* de janv. 66), Pompée vainquit d'abord les pirates en trois mois (mars-mai 67 a.C.): les quarante jours dont parle Ampélius correspondent à la seule pacification de la mer Tyrrhénienne; puis, de 66 à 63, il obtint la soumission de Tigrane (66) et obligea Mithridate à rompre le combat et à se réfugier de plus en plus loin, jusqu'à ce que le suicide du vieux roi à Panticapée (63) mette fin à la guerre. Entre temps, Pompée avait poussé ses expéditions jusqu'à la Caspienne à l'est et s'était emparé, au sud, de Jérusalem.

28. En 61 a.C., Pompée célébra son triomphe «*de Orbe terrarum* (sur le monde entier)».

29. Au cours de la Guerre des Gaules, César fit jeter un pont sur le Rhin et passa en Germanie pour une campagne de trois semaines (55 a.C.).

30. César fit deux expéditions en Bretagne (55 et 54 a.C.), qui furent à la vérité des échecs militaires, en particulier à cause de l'ignorance des Romains en matière de navigation hors de la Méditerranée.

31. Auguste, mort le 19 août 14 de notre ère, fut mis officiellement au rang des dieux immortels le 17 septembre. Il ne fut pas divinisé de son vivant.

32. Cf. *infra* 29,3 et n. 5 *ad loc.*

Chapitre 19 (p. 32-33)

6. L. Opimius, consul en 121 a.C.

7. C'est la version de Cornélius Népos: selon la plupart des auteurs, C. Gracchus avait épousé Licinia, la fille de P. Crassus (Plutarque, *Tib. Gr.* 21). Par ailleurs, D. Brutus avait épousé en secondes noces la belle-mère de C. Gracchus.

8. M. Iunius Brutus était préteur urbain en 44 a.C. Il fut avec son ami C. Cassius Longinus l'un des assassins de César.

9. M. Livius Drusus, tribun de la plèbe depuis le 10 décembre 92 a.C. jusqu'à son assassinat au début d'octobre 91.

10. L. Marcius Philippus, consul en 91, fit casser par le Sénat, sous prétexte de mauvais présages, les lois de Drusus, mais il n'est pas sûr qu'il soit à l'origine de l'assassinat de son ennemi politique : la culpabilité de Cépion est plus probable (cf. *infra* 26,4, et n. 8 *ad loc.*).

15. M. Aemilius Scaurus, consul et *princeps senatus* en 115 a.C., censeur en 109, un obscur patricien qui avait fait fortune de façon douteuse, affectait des mœurs antiques.

16. Pris de peur à la bataille de l'Adige en 101 a.C., le jeune homme s'était enfui sur son cheval; il ne put supporter les reproches de son père et se tua.

17. Ampélius a confondu le père et le fils pour en faire un seul personnage : la première partie du paragraphe se rapporte à P. Cornélius Scipio Nasica, consul en 191 a.C., qui fut jugé par le Sénat comme le plus digne de recevoir la pierre noire de Pessinonte, représentation de la Déesse-Mère de l'Ida, offerte aux Romains par le roi de Pergame Attale Ier pendant la deuxième guerre punique. La dernière phrase du paragraphe est relative à la position exprimée par P. Cornélius Scipio Nasica Corculum, consul en 162 et 155 a.C., lors des débats qui précédèrent la troisième guerre punique; Caton l'Ancien défendait la thèse adverse.

18. C. Cornélius Cethégus, l'un des principaux complices de Catilina, devait assassiner Cicéron; il fut arrêté, puis étranglé en prison à l'issue de la fameuse séance du Sénat du 5 décembre 63 a.C.

Chapitre 20 (p. 34-35)

5. Le grand pontife M. Folius, au moment de l'entrée dans Rome des Gaulois en 390 a.C.(?); cf. 18,5 et n. 6 *ad. loc.*

6. Cf. 14,9 et n. 15 *ad. loc.*

7. L'expiation de M. Curtius est datée traditionnellement de 362 a.C.

9. Au cours de l'incendie de 241 a.C., le grand pontife L. (et non C.) Caecilius Métellus sauva le Palladium et devint aveugle pour, nous dit Pline (*N.H.* 7,141), avoir vu ce qu'un homme ne devait pas voir.

Chapitre 21 (p. 35)

1. Les dépouilles opimes (*spolia opima*), armes et parures d'un roi ennemi tué en combat régulier par un Romain, peuvent être portées au

temple de Jupiter Férétrien, sur le Capitole, dédié par Romulus après sa victoire sur Agron; Tite-Live ne connaissait que trois exemples de cette consécration exceptionnelle (1,10); ils ont été repris par l'auteur du *De Viris* (2,3-4; 25; 45,1-2) et ici par Ampélius.

2. Après avoir tué le roi des Céniniens, Romulus déposa ses dépouilles au pied du chêne sacré des bergers, au Capitole, et dédia un temple à Jupiter Férétrien.

3. A. Cornélius Cossus, consul en 428 a.C.; il était alors tribun militaire (437).

4. M. Claudius Marcellus, consul en 222 a.C. (cf. 18,10 et n. 12 *ad. loc.*).

Chapitre 22 (p. 35)

1. T. Mallius (Manlius) Torquatus, cf. 18,3 et n. 4 *ad. loc.*; le combat contre le Gaulois eut lieu en 361 a.C. Le surnom Torquatus, né de ce fait d'armes, se transmit héréditairement.

2. M. Valérius était alors tribun (349 a.C.): les conditions de sa victoire lui valurent le surnom héréditaire de *Corvinus*, «le Corbin»; il fut consul l'année suivante.

3. P. Cornélius Scipio Aemilianus, le second Africain, fils de Paul-Émile et adopté par le fils du premier Africain; le combat se passa en 151 a.C.

4. L. Licinius Lucullus, consul en 151 a.C.

5. Ce L. Opimius, peut-être le fils du consul de 121 a.C., n'est pas autrement connu.

6. Q. Lutatius Catulus, consul en 102 a.C., proconsul l'année suivante, avait tenté de défendre les cols alpins contre les Cimbres, puis, débordé, avait battu en retraite; il commandait le centre à la bataille de Verceil.

Chapitre 23 (p. 36)

5. P. Servilius Vatia Isauricus, consul en 79 a.C., proconsul l'année suivante, fit la guerre pendant trois ans sur les marches de la province d'Asie et poussa des expéditions en direction de la Caspienne.

6. D. Iunius Brutus Callaecus cf. 19,4 et n. 5 *ad. loc.*

7. L. Aemilius Paulus, cf. 16,4 et n. 24 *ad. loc.*; 18,13 et n. 16 *ad. loc.*

8. Q. Caecilius Métellus Créticus, consul en 69 a.C., proconsul en 68-67.

9. Bien que César se soit vu crédité de la conquête de la Germanie par Ampélius (*supra*, 18,20 et n. 29 *ad. loc.*), le surnom de Germanicus

ne lui a jamais été attribué; le premier à le porter fut Drusus l'Ancien, mort en 9 a.C., puis ce *cognomen* prestigieux, héréditaire par décision du Sénat, a désigné son fils aîné, Germanicus Iulius Caesar (15 a.C. - 19 A.D.) adopté par l'empereur Tibère selon la volonté d'Auguste, et a fait partie de la titulature de son fils cadet, l'empereur Claude.

10. L'empereur Trajan (M. Vlpius Traianus).

Chapitre 24 (p. 36)

1. P. Cornélius Scipio Africanus, cf. 18,11; 23,1.
2. P. Cornélius Scipio Aemilianus Africanus, cf. 18,11; 23,1.
3. L. Cornélius Scipio Asiaticus, cf. 19,3; 23,1.
4. Antiochos III Mégas (223-187 a.C.).
5. P. Cornélius Scipio Nasica Corculum, cf. 19,11.
6. Q. Caecilius Métellus Pius Scipio, consul avec son beau-père Pompée à partir d'août 52 a.C.; il se tua, comme Caton (*supra* 19,9 et n. 14 *ad. loc.*), après Thapsus.
7. Il fut tué en mer, sur l'ordre des régents du roi Ptolémée, au moment de débarquer à Péluse, le 26 septembre 48 a.C.

Chapitre 25 (p. 36-37)

1. Cf. *supra* 19,1 et n. 1 *ad. loc.*
2. Appius Claudius Crassus Inrigillensis Sabinus, le plus prestigieux des décemvirs à pouvoir consulaire, chargés de rédiger les lois, qui gouvernèrent Rome dans les années 451-450 a.C. Le consulat fut restauré en 449, après la chute des décemvirs.
4. Ampélius a fait une seule personne des deux gendres de Fabius Ambustus: le patricien Sulpicius et le plébéien Stolo, dont l'épouse, jalouse du rang de sa sœur, inspira l'action. La législation tribunicienne de C. Licinius Stolo et L. Sextius (*leges Liciniae-Sextiae*), vers 367, comportait une loi supprimant le tribunat consulaire et rétablissant le consulat, assortie d'une clause prévoyant que l'un des consuls serait issu de la plèbe.

Chapitre 26 (p. 37)

1. Ti. Sempronius Gracchus, cf. *supra*, 19,3 et n. 4 *ad. loc.*
2. P. Cornélius Scipio Nasica Sérapio, consul en 138 a.C.
3. C. Sempronius Gracchus, cf. *supra*, 19,3.4 et n. 4 et 7 *ad. loc.*
4. Cf. *supra* 19,4 et les notes *ad. loc.*
5. L. Apuléius Saturninus, cf. *supra* 18,14 et n. 19 *ad. loc.*

6. C. Servilius Glaucia, préteur en 100 a.C., fut tué le 10 décembre en tentant d'échapper à la foule déchaînée par la coalition des nobles et des marianistes; Saturninus, Sauféius, ainsi que leurs amis furent mis à mort le même jour.

7. Cf. 19,6 et n. 9 *ad. loc.*

8. Q. Servilius Caepio, l'un des principaux ennemis de Drusus, était sans doute préteur en 91 a.C.; il fut tué l'année suivante dans une embuscade alors qu'il avait succédé à Rutilius pour la défense du front nord contre les *socii* révoltés.

9. Cf. 19,6 et n. 10 *ad. loc.*

Chapitre 27 (p. 37-38)

1. Telle que Tite-Live (2,33-40) nous l'a conservée, l'histoire de Coriolan (Cn. Marcius Coriolanus), héros de la prise de Corioles, puis traître à sa patrie, résulte de l'harmonisation tardive de traditions contradictoires. Les événements se placent au début du Ve s., pendant la lutte des Romains contre les Volsques, peu après la sécession de la plèbe sur le Mont Sacré (cf. 25,1).

9. C. Antonius Hybrida, le collègue de Cicéron au consulat en 63 a.C.

10. Bataille de Pistoia, fin janvier 62 a.C., où Catilina trouva la mort.

Chapitre 28 (p. 38-39)

1. Je ne pense pas qu'il y ait une lacune de *M* après *cum Albanis*: la question posée n'est suivie que d'une amorce de réponse à valeur d'exemple et le thème n'est pas développé davantage sous cette forme; Ampélius écrit un aide-mémoire et non un traité.

6. Antigone Monophtalmos avait été tué à la bataille d'Ipsos en 301 a.C.: c'est aux dépens de son fils, Démétrios Poliorcète, que Pyrrhos conquit la Macédoine (287 a.C.), après s'être allié avec son beau-père Ptolémée Sôter, Séleucos Nicator et Lysimaque.

7. A la fin de l'année 272 a.C.

8. Hannibal, né en 247 a.C., avait dix-huit ans à la mort de son père, tué en Espagne dans une embuscade en 229 a.C.; ce n'est qu'après la mort d'Hasdrubal l'Aîné qu'il fut acclamé général en chef par l'armée carthaginoise (221).

9. Selon les Romains, la prise de Sagonte par Hannibal (219 a.C.) violait les clauses du *foedus* de 241; tel fut le *casus belli* officiel de la deuxième guerre punique.

10. 218 a.C.

11. C'est sur le Tessin qu'Hannibal écrasa, en déc. 218 a.C., le consul P. Cornélius Scipion, père du premier Africain, qui fut grièvement blessé au cours de la bataille. Liternum est le nom de la maison de campagne où mourut Scipion l'Africain; la même confusion se retrouve *infra* 46,5. Cornélius Nepos donne comme lieu de bataille Clastidium (23,4,1), un bourg pris par Hannibal avant la bataille de la Trébie, selon Tite-Live (21,4).

12. C'est le consul Ti. Sempronius Longus qui perdit la bataille de la Trébie (déc. 218) qu'il avait engagée contre l'avis de son collègue.

13. Le consul C. Flaminius fut tué au cours de la bataille de Trasimène (21 juin 217 a.C.) qu'il avait engagée malgré des auspices défavorables et de mauvais présages.

14. Les consuls L. Aemilius Paulus et P. Térentius Varro furent écrasés par Hannibal à Cannes le 2 août 216 a.C.; le premier fut tué, le second réussit à échapper au massacre; les pertes des Romains furent énormes: plus de quarante-cinq mille morts, dont quatre-vingt-dix sénateurs.

15. Ti. Sempronius Gracchus, consul en 215 et 213 a.C., était proconsul en Lucanie (212), quand il fut tué dans une embuscade, près des *Campi Veteres*, en combattant Magon.

16. M. Claudius Marcellus était consul pour la cinquième fois (208 a.C.) quand il fut tué en Apulie, près de Venusia. Il avait combattu auparavant Hannibal en Campanie, d'où, probablement, la confusion faite par Ampélius. L'autre consul de l'année T. Quinctius Pennus Capitolinus Crispinus mourut peu après des suites des blessures qu'il avait reçues dans la bataille.

Chapitre 29 (p. 39-40)

Un petit résumé de l'évolution du gouvernement de Rome clôt la deuxième section de la première partie de l'*Aide-mémoire*, qui avait été introduite au chapitre 10 par une réminiscence des *Annales* d'Aemilius Sura.

1. Cf. *supra* 17,1-2.

Chapitre 30 (p. 40-42)

1. Il s'agit de Mithridate Ier Arsace VI «le Grand» (174-136), le grand roi conquérant parthe, et non de Mithridate Eupator, le roi du Pont (112/1-63).

2. Cf. *supra* 8,21 et n. 36 *ad. loc.*; 12,2 et n. 2 *ad. loc.*; 13,1-2 et n. 1-2 *ad. loc.*

3. Cf. *supra* 13,2 et n. 3-5 *ad. loc.*

4. Smerdis (Bardiya) était gouverneur des provinces orientales quand son frère le fit assassiner au début de son règne.

5. Le mage Gaumata se fit proclamer en 522 a.C.

Chapitre 31 (p. 42)

1. Séleucos Nicator (le Vainqueur), fils d'Antiochos et de Laodicée, le fondateur de la monarchie des Séleucides, était à la mort d'Alexandre le chef de la cavalerie du régent Perdiccas; après l'assassinat de ce dernier (321 a.C.), il reçut la Babylonie en partage à la réunion de Triparadeisos et y régna entre 306 et 280, après nombre de péripéties. Il est mis curieusement par Ampélius en tête de liste des rois parthes, les ennemis de sa dynastie dont ils finirent par amener la perte.

2. Arrhidée (Philippe III), fils de Philippe, fut choisi par les compagnons d'Alexandre comme roi, en attendant la naissance de l'enfant de Roxane; il n'exerça le pouvoir que nominalement et fut tué à la fin de 317 a.C. avec son épouse Eurydice, sur l'ordre d'Olympias, la mère d'Alexandre.

3. Ampélius confond dans une seule notice le fondateur de la dynastie, Arsace (*supra* chap. 30 n. 8), et son descendant Mithridate II qui signa en 92 a.C. un traité d'amitié avec Sulla, fixant à l'Euphrate la frontière entre les deux états; le successeur de Mithridate, Phraate III Arsace XII «Théos», confirma ce traité avec Lucullus (69), puis avec Pompée (66).

4. Orodès II Mithridate III Arsace XIII fit assassiner son père Phraate III en 57; c'est ce dernier qui avait traité avec Pompée (*supra*, n. 3).

5. Le 12 juin 53 a.C. Le roi était à ce moment à Artaxarta, c'est le Suréna qui commandait l'armée victorieuse.

6. En fait, c'est Orodès II qui attaqua la Syrie avec son fils Pacorus et des Romains transfuges en 41-40 a.C.; les envahisseurs poussèrent jusqu'en Asie mineure et en Ionie.

7. P. Ventidius Bassus, consul suffect en 43 a.C., avait reçu du triumvir Marc-Antoine (et non de César) un impérium proconsulaire contre les Parthes; il vainquit et tua Pacorus en 38.

Chapitre 32 (p. 42-43)

Ce chapitre rassemble des notices qui forment un amalgame de données confuses à propos de personnages dont, soit le nom, soit l'action qui leur est prêtée, soit le rattachement au titre générique: rois de Cappadoce et d'Arménie, soit tout cela à la fois, paraît très bizarre. Dans son édition (p. 48-49), E. Assmann a pensé résoudre en partie ces problèmes en supposant que ce chapitre résulte de l'amalgame, à un moment de la tradition manuscrite, de deux chapitres différents disposés en colonnes parallèles dans le texte original, et il a essayé d'en restituer la disposition; cette séparation du texte en deux, qui tronçonne chaque phrase en deux ou trois lambeaux, oblige à supposer une dizaine de lacunes et n'améliore pas la compréhension du texte. J'ai donc édité le texte de *M*, avec quelques corrections, en indiquant les problèmes que posent ces notices, certes incohérentes, mais dont je crois qu'il faut imputer les bizarreries à Ampélius lui-même, tributaire à la fois de «Népos» et d'une source inconnue, peut-être une chronologie disposée en colonnes dont il a mal apprécié la disposition.

1. On ne voit pas comment un Tigrane, roi de Cappadoce et d'Arménie (Tigrane II?), se serait trouvé aux côtés de Scipion Emilien dans les opérations contre Carthage, mais comme Ampélius en reparle plus loin (46,7), on ne peut incriminer une altération de la tradition manuscrite, mais plutôt la source d'Ampélius (une tradition locale?).

2. M'. Manilius, consul en 149 a.C. avec L. Marcius Censorinus.

3. Cf. *supra* 18,11 et n. 14 *ad. loc.*

6. L'erreur d'Ampélius peut provenir de la ressemblance entre le nom de Polycrate et celui du père du général thébain Epaminondas (c. 418-362), qui s'appelait Polymnis.

7. C'est Sylosôn, le frère de Polycrate, qui lui succéda, d'ordre de Darius, désormais protecteur de Samos.

8. Périandre, fils et successeur de Cypsélos, tyran de Corinthe (c. 627 - c. 585).

9. Timoléon (410-336) fit tuer en 365 son frère Timophane qui s'était emparé de la tyrannie à Corinthe, puis s'exila.

10. Denys le Jeune, en 343, qui se réfugia d'ailleurs à Corinthe.

Chapitre 33 (p. 43-44)

1. Eumène de Cardia, secrétaire de Philippe puis de son fils Alexandre, essaya après l'assassinat du régent Perdiccas de défendre l'unité de l'empire d'Alexandre; il fut livré par ses troupes en 317, et égorgé sur l'ordre d'Antigone Monophtalmos.

2. Antiochos III Mégas (cf. *supra* 24,3).

3. Eumène II (197-159), allié de Rome pendant la deuxième guerre de Macédoine.

4. Attale III (138-133).

Chapitre 34 (p. 44)

2. Prusias II, roi de Bithynie (192-148).

3. 183 a.C.

4. Nicomède III Philopator (91-74), petit-fils de Prusias II, légua son royaume aux Romains en déshéritant son fils.

Chapitre 35 (p. 44-45)

1. Il y eut en fait treize souverains du nom de Ptolémée jusqu'à Ptolémée Aulète (80-58), puis encore deux ou trois: les deux frères-époux de Cléopâtre, Ptolémée XIV Dionysos et Ptolémée XV l'Enfant, auxquels on ajoute parfois Ptolémée XVI (Césarion). Ampélius consacre des notices peu explicites à cinq d'entre eux, en inversant, semble-t-il, les surnoms de Ptolémée Ier et de Ptolémée III.

2. En réalité Ptolémée Sôter, fils de Lagos, le fondateur de la dynastie qui régna de 304 à 282. Compagnon d'Alexandre, il avait reçu l'Égypte à gouverner dès la mort du roi (326 a.C.).

5. La leçon de *M* est *trefon*, corrigé en *Tryphon* par Saumaise et Woelfflin, et en *Physcon* par Assmann; «Tryphon» est l'un des surnoms donné à Ptolémée III Évergète (246-221); «Physcon» (ventru), sobriquet insultant donné à Ptolémée VII Évergète II (145-116), appelé également par ses sujets «Kakergète» (malfaisant), aurait été préférable pour le sens (cf. Val. Max. 9,2,5). L'antagonisme entre Ptolémée VII et son frère Ptolémée VI Philomêtôr (180-145) offrit au Sénat romain l'occasion d'exercer son arbitrage et de régler à plusieurs reprises des compromis territoriaux entre les frères ennemis. Ainsi la royauté sur la Cyrénaïque, jointe un temps à Chypre (162-154), fut garantie à Ptolémée VII qui se protégea des tentatives d'assassinat venues de son frère en léguant par testament Cyrène au peuple romain.

6. Ptolémée XIV Dionysos II (51-47).

7. Ptolémée périt noyé au cours de la bataille du Nil le 27 mars 47 a.C. L'eunuque Pothin, «Nourricier du roi», l'un des assassins de Pompée, avait été tué auparavant sur l'ordre de César après son entrée dans Alexandrie.

Chapitre 36 (p. 45)

1. On connaît plusieurs généraux carthaginois de ce nom; deux d'entre eux sont à peu près contemporains de l'épisode de la capture de Cornélius: celui qui fut vaincu et pris devant Messine par Ap. Claudius Caudex en 264 a.C., et l'amiral qui fut vaincu par les Romains aux Îles Aegates en 241 a.C.

2. Il n'y a pas de Magon repérable pour l'époque considérée bien que beaucoup de Carthaginois aient porté ce nom; le plus connu est le frère d'Hannibal, qui commanda en Espagne pendant la deuxième guerre punique.

3. C'est Hannibal l'Ancien qui s'empara par traîtrise du consul Cn. Cornélius Scipio Asina, en 260 a.C.

4. On est tenté de corriger ce *Boccor* en *Barca*, puisqu'il s'agit bien dans cette notice d'Hamilcar Barca, mais l'anthroponyme est attesté en Afrique sous la forme Boccar (Juvénal, 5,90) et Bucar (Liv, 29,32).

5. Cf. *supra* 18,12 et n. 15 *ad. loc.*; *infra* 46,6.

Chapitre 37 (p. 46)

2. Contrairement à Syphax, Masinissa choisit l'alliance romaine; d'abord roi des Massyles, il obtint de l'amitié de Scipion la Numidie entière en 201 a.C.

3. Cf. *infra* 47,4: dans l'ordre du texte, tel qu'il nous a été transmis, Ampélius n'a pas encore fait allusion à Jugurtha. Neveu et fils adoptif du roi des Numides Micipsa, mort en 118 a.C., Jugurtha partagea d'abord le pouvoir avec ses frères Adherbal et Hiempsal, selon les modalités réglées par les Romains.

Chapitre 38 (p. 46)

1. Juba Ier, fils de Hiempsal, descendant de Masinissa.

2. C. Scribonius Curio, tribun en 49 a.C., fut massacré avec ses troupes le 20 août 49 a.C.

3. Cf. *supra* 19,9 et n. 14; 24,5 et n. 6 *ad. loc.*

4. Il se fit égorger après la bataille de Thapsus (6 avril 46 a.C.) et son royaume devint la province romaine d'*Africa Noua*.

5. Juba II, né c. 50 a.C., fut otage à Rome après la mort de son père Juba Ier; il reçut d'Auguste vers 25 a.C. le titre de roi et un royaume en Afrique, composé des anciennes possessions de Bocchus II (Maurétanie de l'Est) et de Bogud (Maurétanie de l'Ouest). Il régna jusqu'à sa mort en 33 de notre ère.

6. Iol (aujourd'hui Cherchell), que Juba nomma *Caesarea* en l'honneur de l'empereur, existait depuis le IVe s.; Juba la choisit comme capitale et en fit une très belle ville et un grand centre culturel, scientifique et artistique.

Chapitre 39 (p. 46-47)

Après les chapitres 30-38 qui passaient en revue un certain nombre de souverains étrangers, Ampélius formule une question qui lui permet d'amorcer une récapitulation du même ordre que celle qui a été ébauchée dans le chapitre 28; seuls quatre exemples de réponse ont été rédigés par notre auteur, à moins qu'il ne faille supposer une très longue lacune entre *propter Tarquinios* et *Tiridates*.

Après trois notices qui ressortissent à l'histoire légendaire des débuts de Rome, Ampélius passe curieusement à l'époque impériale, pour une des très rares allusions qu'il a faites à des événements de cette période (*Introd.* p. XVIII).

1. Après la victoire des Horaces sur les Curiaces (*supra* 20,1) qui avait assuré la prépondérance de Rome sur Albe, le chef albain Mettius Suffetius avait, en violation du traité d'alliance entre les deux cités, suscité contre Rome une guerre des Fidénates en leur promettant son appui militaire. Le jour de la bataille, il rangea l'armée des Albains sur une colline entre les deux camps, pour attendre de voir comment tourneraient les événements; sa duplicité fut mise en échec par le roi Tullus Hostilius, qui feignit de lui avoir assigné cette position et lui cria des ordres d'une voix forte, ce qui entraîna la déroute des Fidénates. Le lendemain, Mettius Suffetius fut exécuté d'une manière qui rappelait sa double trahison.

3. Cn. Domitius Corbulo, légat de Germanie en 47 de notre ère peu après son consulat, exerça de grands commandements en Orient entre 54 et 64.

Chapitre 40 (p. 47-48)

La 2ᵉ section de la 2ᵉ partie de l'*Aide-mémoire* revient de manière plus approfondie sur les thèmes qui avaient été abordés dans la deuxième et la troisième partie par le biais de notices individuelles: guerres civiles et guerres étrangères, régime romain et régimes politiques en général.

1. P. Sulpicius Rufus (cf. *infra* 42,1), légat de Pompée pendant la guerre sociale, ami de Marius et tribun de la plèbe en 88 a.C., fut tué par les cohortes sullaniennes au moment de la première prise de Rome.

2. P. Cornélius Sulla Félix (cf. *supra* 18,16-17; 19,7; 31,2), consul en 88 a.C. avec Q. Pompéius Rufus.

3. Cf. *supra* 18,15; 26,3 et les notes *ad. loc.*

4. Cf. *supra* 19,7 et n. 11 *ad. loc.* Lépide, gouverneur de Sicile en 81 a.C., avait pillé sa province; à son retour, les beaux-frères de Pompée, Q. Métellus Celer et Q. Métellus Népos, lui intentèrent un procès de concussion, accusation qu'ils abandonnèrent quand le danger encouru poussa Lépide à abandonner le parti sullanien et à présenter sa candidature au consulat pour 78. L'extrême violence de ses attaques contre Sulla assura son élection, qui fut l'une des causes de l'abdication du dictateur.

5. Les négociations entre César et le Sénat furent rompues au cours de la séance du 7 janvier: les consuls C. Marcellus et L. Cornélius

Lentulus Crus firent voter le sénatus-consulte ultime, dirigé contre César, mais sans le proclamer ouvertement «ennemi public», comme le dit Ampélius. Les tribuns césariens quittèrent aussitôt la ville et, le 12 janvier, César franchit en armes le Rubicon qui marquait les limites de sa province.

6. Sextus Pompée, le fils de Cn. Pompéius Magnus, se livrait à une guerre de piraterie en Méditerranée occidentale; il obtint des triumvirs la province de Sicile à la paix de Pouzzoles (été 39 a.C.), mais recommença les hostilités dès l'année suivante; il fut finalement battu à Nauloque le 3 septembre 36, capturé, et exécuté à Milet en 35.

7. Cf. *supra* 19,5 et n. 8 *ad loc.*

8. C. Iulius Caesar, grand-oncle et père adoptif d'Auguste, appelé César le Jeune à l'époque des guerres civiles.

Chapitre 41 (p. 48)

Dans la typologie des guerres déterminée par Ampélius, telle qu'elle nous a été transmise par la tradition manuscrite, il manque un adjectif caractérisant la deuxième guerre; la restitution *internum* est plus acceptable paléographiquement et convient mieux aux exemples donnés par Ampélius que le terme *sociale* adopté par les éditeurs allemands.

1. Cf. *infra* 45,3.

2. Ampélius en a déjà indiqué la cause immédiate (40,1), il va en traiter plus complètement dans le chapitre suivant.

3. La cause et le déclenchement de la guerre sont indiqués plus haut (40,3), les événements devaient être développés au chapitre 43, dont seul le début nous est parvenu.

4. Le récit de cette guerre, à laquelle Ampélius a fait allusion plus haut (40,4), manque: si notre auteur avait rédigé une notice sur le sujet, ce qui n'est pas certain, elle devait se placer dans la lacune du chapitre 43.

Chapitre 42 (p. 48-49)

1. Cf. *supra* 40,1.

2. En 87 a.C., Cn. Octavius avait fait invalider l'élection de son collègue au consulat L. Cornélius Cinna, et avait fait élire à sa place le flamine de Jupiter L. Cornélius Mérula.

3. Marius revint d'Afrique où il s'était réfugié (automne 87) et fit son entrée à Rome avec Cinna à la fin de l'année.

Chapitre 43 (p. 49)

1. En juillet 60 a.C., César réconcilia Pompée et Crassus (M. Licinius Crassus Dives) qui étaient fâchés depuis leur consulat de 70 a.C. Les trois hommes conclurent une alliance privée, appelée «premier triumvirat», dont le premier effet fut de permettre l'élection de César au consulat pour l'année suivante. Pompée et Crassus seront consuls ensemble en 55 a.C.

2. Cf. *supra* 31,3 et n. 5.

3. Cette suite de noms propres, sans doute corrompus, est tout ce qui reste de la notice sur les guerres civiles de César le Jeune qui devait se trouver à cet endroit. Q. Lutatius Catulus est peut-être l'un des fils du consul de 78, connus par une allusion de Salluste (*Cat.*, 35,6), mais la famille est éteinte sous l'Empire; *Musus* n'est pas un anthroponyme latin, seule la forme *Musa* est attestée; *Barbarus* existe comme *cognomen*; *Asculanus* peut être un nom dérivé de celui de la ville d'Asculum.

Chapitre 44 (p. 49-50)

1. Cf. *supra* 16,3 et les notes *ad. loc.*

Chapitre 45 (p. 50)

3. Cf. 19,2; 28,3 et les notes *ad. loc.*

4. Cf. *supra* 18,6.10-12; 28,4; 34,2; 36,2-3 et les notes *ad. loc.* et *infra* 46,4.6.

5. Cf. *supra* 18,15 et n. 22 *ad. loc.*

6. La guerre commença en 73 a.C. par la révolte des esclaves d'une école de gladiateurs de Capoue; elle s'acheva au printemps 71 a.C.

7. M. Licinius Crassus Dives, cf. *supra* chap. 43, n. 1.

8. Pompée écrasa la dernière bande d'esclaves et s'arrogea le mérite d'avoir terminé la guerre; ce fut le début de sa mésentente avec Crassus, son collègue au consulat l'année suivante.

Chapitre 46 (p. 50-52)

2. Les Mamertins, des mercenaires osques qui s'étaient emparé de Messine par traîtrise, avaient fait appel à Carthage contre Hiéron de Syracuse; ensuite, lassés de la tutelle qu'exerçait sur eux la garnison carthaginoise installée à Messine, ils envoyèrent des ambassadeurs à Rome (264 a.C.) qui proposèrent la *deditio* de leur ville en contrepartie de l'aide militaire des Romains.

3. La Sicile et la Sardaigne devinrent provinces romaines en 241 a.C.

4. Le consul Ap. Claudius Caudex engagea en 264 a.C. les hostilités contre les Carthaginois qui faisaient le siège de Messine avec leur allié Hiéron de Syracuse.

5. C. Manlius Vulso Longus (consul en 256 et 250 a.C.) et C. Atilius Régulus (consul en 257 a.C.) écrasèrent la flotte carthaginoise à Ecnome (256) et firent une campagne victorieuse en Afrique, avant l'intervention de Xanthippe (cf. 14,9 et n. 14-15 *ad. loc.*).

6. Le consul C. Duilius remporta à Myles, en 260 a.C., la première victoire navale romaine — en fait un combat d'infanterie sur les ponts des navires.

7. C. Lutatius Catulus, consul en 242 a.C. remporta sur les Carthaginois la victoire décisive des îles Égates le 10 mars 241.

8. Cf. *supra* 28,4 et n. 9 *ad. loc.*

9. Cf. *supra* 28,4 et n. 11 *ad. loc.*

10. Cf. *supra* 28,4 et n. 12 *ad. loc.*

11. Q. Fulvius Flaccus, consul en 237, 224, et 212 a.C.

12. Cf. *supra* 28,4 et n. 13 *ad. loc.*

13. Cf. *supra* 28,4 et n. 14 *ad. loc.*

14. Cf. *supra* 18,6 et n. 8 *ad. loc.*

15. Cf. *supra* 18,10 et n. 12 *ad. loc.*; 21,1; 28,4 et n. 16 *ad. loc.*

16. Cf. *supra* 18,12; 36,3.

17. Il manque le nom du quatrième général (Scipion l'Africain) et la notice qu'Ampélius aurait dû lui consacrer à cet endroit: lacune de *M* ou ce qui est moins probable, choix de rédaction de l'auteur qui a pu estimé avoir suffisamment parlé des Scipions?

Chapitre 47 (p. 52-53)

6. Ampélius a confondu Scipion Émilien, vainqueur de Numance et des Celtibères, avec son frère, Q. Fabius Maximus Aemilianus, consul en 142 a.C., fils également de Paul-Émile, qui portait le même cognomen rappelant sa *gens* d'origine; Fabius avait battu Viriathe en 141, reçu sa capitulation, puis commis diverses atrocités.

7. Viriate fut assassiné par les siens en 139 a,C., à l'instigation du proconsul Q. Servilius Caepio (consul en 140); il avait dirigé pendant huit ans la lutte des Lusitaniens contre les Romains.

8. Cf. *supra* 19,4 et les notes *ad. loc.*; 23,1; 26,2.

9. Cf. *supra* 23,1 et n. 4 *ad. loc.*

10. M. Fulvius Nobilior, cf. *supra* la n. 3 au chap. 8.

11. Cf. *supra* 18,15 et la n. 21 *ad. loc.*; la n. 3 au chapitre 37.

12. Cf. *supra* 18,15 et la n. 22 *ad loc.*

13. Cf. *supra* 40,1 et n. 2 *ad loc.*; 42,1.3 et n. 5 *ad. loc.*

14. Cf. *supra* 18,18 et la n. 26 *ad loc.*

18. L'Égypte devint province romaine après le suicide de Cléopâtre en 30 (cf. *supra* 40,4 et n. 9 *ad. loc.*), mais Auguste et ses successeurs lui donnèrent un statut particulier et y régnèrent, comme avant eux les Lagides, en reprenant la titulature pharaonique.

19. Le rêve augustéen d'une Germanie romaine étendue jusqu'à l'Elbe ne put être réalisé, malgré les campagnes de Drusus l'Aîné et de Tibère, sous Auguste, et de Germanicus, sous Tibère. Le désastre de Varus en 9, puis le coût énorme, en hommes et en matériel, des campagnes de Germanicus firent que la frontière avec les barbares se stabilisa sur le Rhin.

20. Auguste fit lui-même campagne contre les Astures et les Cantabres en 26-25 a.C.; la pacification ne fut pas totale et il y eut encore plusieurs révoltes: la dernière fut étouffée par Agrippa, le gendre d'Auguste, en 19 a.C.

21. Le règne de Trajan (98-117) est marqué par la reprise de l'expansion romaine, mais les acquisitions territoriales seront éphémères; Hadrien évacua les conquêtes asiatiques de Trajan: l'Arabie, conquise en 105-106, l'Arménie annexée en 114, l'Assyrie et la Mésopotamie, conquises en 116; seule la Dacie, annexée en 107, restera province romaine jusqu'en 274.

Chapitre 48 (p. 53)

1. L'étymologie du nom *comitium* est inconnue: Ampélius rapproche *comitia* de *comitatus* (**com-it-s > comes*), que l'on pourrait traduire de façon périphrastique par: «le résultat de l'action d'avoir été ensemble quelque part»; l'explication de Festus (P.F. 34,13) est assez proche: «*comitium qui locus a coeundo, id est insimul ueniendo est dictus*».

2. Les compétences des trois types de comices à la fin de la République sont rappelées dans un raccourci hardi, dont l'imprécision est telle que l'esquisse tracée par Ampélius, bien longtemps après que les comices eurent cessé de fonctionner, n'est pas absolument fausse.

ANNEXE 1

CHOROGRAPHIE

Tableau 1

PEUPLES (6,3-5)	GÉOGRAPHIE PHYSIQUE Localisation	Montagnes (6,6-7)	Fleuves (6,8-11)
ASIE			
Indiens	Inde	2 Emodus	1 Indus
	Inde		2 Gange
	Inde		3 Hydaspe
	Arménie		4 Araxe
	Colchide		5 Thermodon
	Colchide		6 Phase
Sères			
Perses			
Mèdes			
Parthes	Parthie		35 Tigre
	Parthie		36 Euphrate
Arabes			
Bithyniens			
Phrygiens	Phrygie		17 Simois
	Phrygie		18 Xanthos
Cappadociens			
Ciliciens	Cilicie		15 Cydne
Syriens	Syrie	3 Liban	16 Oronte
Lydiens	Lydie		11 Hermos
	Lydie		12 Pactole
	Lydie		13 Méandre
	Lydie		14 Caystros
EUROPE			
Scythes	Scythie	1 Caucase	7 Tanaïs
Sarmates			
Germains	Germanie		37 Rhin
Daces			
Mésiens	Mésie		24 Save
	Mésie		25 Danube

Thraces	Thrace		8 Strymon
	Thrace		9 Hèbre
	Thessalie		10 Sperchios
Macédoniens	Macédoine	4 Olympe	
Dalmates			
Pannoniens			
Illyriens	Illyrie		28 Timave
Grecs	Attique	5 Hymette	
	Lacédémone	6 Taygète	19 Eurotas
	Béotie	7 Cithéron	
	Béotie	8 Éléon	
	Epire	9 Parnasse	22 Achelous
	Epire	10 mts. Acrocér.	23 Inachos
	Arcadie	11 Ménale	21 Ladon
	Elide		20 Alphée
Italiens	Italie	12 Apennin	26 Eridan
	Italie		27 Tibre
	Sicile	13 Éryx	
Gaulois	Gaules	14 Alpes	29 Rhône
	Gaule/Espagne	15 Pyrénée	
Espagnols	Espagne		30 Ebre
	Espagne		31 Bétis
AFRIQUE	Afrique	16 Atlas	
	détroit Oc.	17 Calpè	
Ethiopiens			
Maures			
Numides	Numidie		32 Bagrada
Puniques			
Gétules	Gétulie		33 Triton
Garamantes			
Nasamones			
Egyptiens	Egypte		34 Nil

N.B. Les nombres qui précédent les noms des montagnes et de fleuves indiquent l'ordre suivi par Ampélius dans son énumération.

Tableau 2

I LES ÎLES ET LEUR LOCALISATION
(6,12-15)

1. Dans notre mer

Sicile
Sardaigne
Crète
Chypre
Eubée
Lesbos
Rhodes
les deux Baléares
Ibiza
Corse
Gadès

2. Dans l'océan

vers l'orient, Taprobane;
vers l'occident, la Bretagne;
vers le septentrion, Thulè;
vers le midi, les îles Fortunées.

3. Autres îles

Dans la mer Egée
— les douze Cyclades: Délos, Gyaros, Myconos, Andros, Paros, Ténos, <Ios>, Cythnos, <Siphnos>, Mélos, Naxos, Donusa
— les Sporades innombrables: les plus fréquentées sont Egine, Salamine, Cos, Chios, Lemnos, Samothrace

Dans la mer Ionienne
— les Echinades
— les Strophades
— Ithaque, Céphallénie, Zacynthe

Dans la mer Adriatique, les îles Cratées (un millier)
Dans la mer Sicule, les huit Eoliennes
Dans la mer Gauloise, les trois îles Stéchades
Dans les Syrtes, Cercina et Méninx, appelée aussi Djerba

II DIVISIONS DE LA MER OCÉANE
(7,1)

Septentrion	: mer Caspienne
Orient	: mer Persique
Midi	: mer Arabique = mer Rouge = mer Erythrée
Occident	: Grande mer = Atlantique → détroit de Gadès → mer qui inonde le milieu de la terre

III DIVISIONS DE LA MER QUI INONDE LE MILIEU DE LA TERRE
(7,2-5)

MER	CÔTES
mer Baléarique,	Espagne,
mer Gauloise,	Gaules,
mer Ligustique,	Ligures,
mer Etrusque,	Italie, côté droit,
ou Tyrrhénienne,	Italie, côté droit,
ou Inférieure,	Italie, côté droit,
mer Adriatique,	Italie, côté gauche,
ou Supérieure,	Italie, côté gauche,
mer Sicule,	Sicile,
mer Crétique,	Crète,
mer Ionienne,	Achaïe, ou Péloponnèse,
et mer Egée,	Achaïe, ou Péloponnèse,
mer de Myrtos,	qui touche à la mer Egée,
mer Icarienne,	qui touche à la mer Egée,
mer Pontique,	Scythes,
mer Hellespontique,	Sestos en Asie, Abydos en Europe,
mer Tanaïtique,	Asie,
mer Egyptienne,	Egypte,
mer Libyque,	Libye,
mer des Syrtes,	les deux Syrtes.

ANNEXE 2

LES SEPT MERVEILLES DU MONDE

AMPÉLIUS 8,18-23	HYGIN *Fab.* CCXXIII[1]	VIBIUS SEQVESTER *appendix*[2]	CASSIODORE *Var.* VII,15[3]
		1	
Aedis Dianae Epheso quam constituit Amazon.	Ephesi Dianae templum quod fecit Amazon Otrira, Martis coniunx.	Aedis Dianae Epheso quam constituit Amazon.	Ephesi Dianae templum.
		2	
	Munimentum	Mausoleum	Regis Mausoli pulcherrimum
	regis Mausoli,		monumentum, a quo et Mausolea dicta sunt.
		in Caria	
	lapidibus lychnicis,		
	altum pedes LXXX,	altum pedes CLXXX	
	circuitus pedes MCCCXL	et in circuitu pedum CCCC,	
Ibi et sepulcrum Icari stertentis quasi dormiat mirae magnitudinis		ibi est sepulcrum regis	
ex orichalco et ferro.		lapide lychnite.	

3

Rhodi colossus, signum Solis aeneum	Rhodi signum Solis aeneum, id est Colossus,	Colossus Rhodi	Rhodi Solis aeneum signum quod Colossus uocatur.
	altus pedibus XC.	altus pedes CV.	
super columna marmorea cum quadriga cupro; columna uero habet cubitus centum.			

4

Signum Iouis Olympii	Signum Iouis Olympii quod fecit Phidias	Iouis Olympi factus a Phidia	Iouis Olympici simulacrum quod Phidias primus artificum summa elegantia
eburneum, facies ex auro,	ex ebore et auro	ex ebore et auro	ebore auroque formauit.
quod fecit Phi- dias,			
<altum> cubi- tis CL, et latum cubitis LX.	sedens pedes LX.	pedum C.	

5

Domus illa Cyri regis	Domus Cyri regis in Ecbatanis quam fecit	Domus regis in Ecbatanis quam Memnon	Cyri Medorum regis domus quam Memnon arte prodiga
aedificata lapidibus candi-	Memnon lapidibus uariis	aedificauit lapidibus candi-	 illigatis auro

dis et nigellis auro uinctis, ubi sunt columnae diuersis coloribus et innumerabiles lychnides ferreae, fenestrae ex argento et tegulae ex lapide prasino.	et candidis uinctis auro.	dis et uariis auro uinctis.	lapidibus fabricauit.

6

Murus intus Babyloniae quam Memnon aedificauit,	Murus in Babylonia	Murus Babylonis	Babyloniae muri
	quem fecit Semiramis, Dercetis filia,		quos Samiramis regina
lapide cocto, id est calce et	latere cocto et	latere cocto	latere cocto,
sulphure, ferro intermixtus ubi sunt iuncturae;	sulpure ferro uinctum,	sulphure et ferro uinctus,	sulpure ferroque
			construxit.
latitudo eius cubitis XXX,	latum pedes XXV,	latus pedes XXV (XXXII)	
altus	altum pedes LX,	altus pedes LXXV	
cubitis CXXX,		(L cubitos)	
cingitur milia passuum XXX.	in circuitu stadiorum CCC.	in circuitu stadiis DCCC (CCCLXVIII).	
Hunc coepit Semiramis, filius eius perfecit.		Hunc regina Semiramis aedificauit.	

7

Pyramides in Aegypto	Pyramides in Aegypto,	Pyramides in Aegypto	Pyramides in Aegypto,

<table>
<tr><td></td><td>quarum umbra
non uidetur,</td><td></td><td>quarum in suo
statu se umbra
consumens, ultra
constructionis
spatia nulla
parte respicitur.</td></tr>
<tr><td></td><td>altae pedes LX.</td><td>latae et
altae pedes DC.</td><td></td></tr>
<tr><td>quas aedificauit
Agartus.</td><td></td><td></td><td></td></tr>
</table>

1. H.-I. Rose, *Fabulae*, Leyde, 1963.
2. Alex. Riese, *Geographi Latini minores*, p. 159.
3. M.G.H., *A.A.* XII, p. 211-212 (Mommsen).

ANNEXE 3

LES GÉNÉALOGIES DIVINES

CICÉRON (*De nat. deorum*)	AMPÉLIUS (chap. 9)
I Jupiter	I Jupiter
1. né en Arcadie	1. =
fils d'Aether	= surnommé «Aetherius»
père de Proserpine	∅
père de Liber 1	∅
père de Sol 1	=
2. né en Arcadie	2. =
fils du Ciel	surnommé «Saturnius»
père de Minerve 3	=
père des Muses 1	∅
	père de Liber (avec Proserpine)
3. né en Crète	3. =
fils de Saturne	fils de Saturne et Ops
	«Optimus Maximus»
II Dioscures	∅
1. «Anaces»: Tritopatreus, Eubuleus, Dionysus fils de Jupiter et Proserpine	
2. Castor et Pollux fils de Jupiter 3 et Léda	
3. Alco, Melampus, Tmolus fils d'Atrée, le fils de Pelops	
III Muses	∅
1. les quatre premières, filles de Jupiter 2: Thelxinoè, Aoedè, Archè, Meletè	
2. les neuf Muses nées de Jupiter 3 et Mnémosyne	

3. les neuf Piérides
   nées de Piérus et Antiope

∅	II Mars
	1. Enoplios, Leucaspis, Enyalius
	2. fils de Jupiter et Junon
IX Soleil	III Soleil
1. fils de Jupiter 1	1. =
2. fils d'Hypérion	2. =
3. fils de Vulcain,	3.
lui-même fils du Nil	fils du Nil
	l'Egypte lui est consacrée
4. fils d'Acanthos	4. ∅
né à Rhodes	=
père de Ialysus, Camirus, Lindos, Rhodos	père de Sminthée
5. père de Aétès	5. père de Médée
père de Circé	=
	père de Phaethon
en Colchide	fils de Colchos
V Vulcain	IV Vulcain
1. fils du Ciel	1. fils du Ciel et d'Ops
père d'Apollon 1	=
2. fils du Nil	2. =
appelé Phtah en Egypte	∅
3. fils de Jupiter 3	3. =
et Junon	
maître des forges de Lemnos	∅
4. fils de Memalius	4. fils de Melétée
maître des îles de Vulcain	en Sicile
VI Mercure	V Mercure
1. fils du Ciel et du Jour	1. =
2. fils de Valens et Phoronis	2. fils de Jupiter et Cronia
M. souterain «Trophonius»	∅
3. fils de Jupiter et Maia	3. fils de Cronos et Maia
père de Pan	∅
	inventeur de la lyre
4. fils du Nil	∅
le nommer est *nefas*	∅

5. ∅	4. fils de Cyllénè
a donné aux Egyptiens	=
lois et écriture	écriture et calcul
«Thot» en Egypte	
VII Esculape	**VIII Esculape**
1. fils d'Apollon 1	1. fils de Vulcain
honoré en Arcadie	∅
2. frère de Mercure 2	2.
→ fils de Valens	fils de Lycius
et Phoronis	
foudroyé à Cynosura	∅
3. fils d'Arsippus	3. fils d'Aristée
et d'Arsinoë	et d'Alcippè
tombeau en Arcadie	
VIII Apollon	**VI Apollon**
1. fils de Vulcain 1	1. =
et Minerve 1	=
2. fils de Corybas	2. =
né en Crète	∅
combattit Jupiter	∅
3. fils de Jupiter et Latone	3. =
vient d'Hyperborée à Delphes	∅
4. né en Arcadie	4. =
surnommé Nomios	∅
∅	fils de Silène
∅	5. fils d'Ammon et de Libye
IX Diane	**VII Diane**
1. fille de Jupiter	1. fille de Jupiter ou Cronos
et Proserpine	et Proserpine
∅	sœur de Liber
2. fille de Jupiter 3	2. =
et Latone	=
∅	sœur d'Apollon
3. fille de Oupis	3. ∅
et Glaucè	=
appelée Oupis	appelée Oupis
X Dionysos	**XI Liber**
1. fils de Jupiter 1	1. =
et Proserpine	=

∅	frère de Cérés
∅	inventeur du vin
2. fils du Nil	2. fils de Melo (= le Nil) et Flora
tua Nysa	∅
∅	éponyme du Granique
3. fils de Cabirus	3. =
roi d'Asie	=
honoré par les «Sabazia»	∅
4. fils de Jupiter et Luna	4. fils de Saturnius (= Jupiter 2) et Semela
honoré par les rites orphiques	<...> *dicunt*
5. fils de Nisus et Thyonè	5. fils de Nisus et Hesiona
fondateur des Triétérides	∅
XI Vénus	**IX Vénus**
1. fille du Ciel et du Jour	1. =
sanctuaire à Elis	∅
2. née de l'écume de la mer	2. =
	fille d'Ether et Océan
mère de Cupidon 2	∅
3. fille de Jupiter et Dionè	3. ∅
épouse de Vulcain	=
mère d'Antéros (avec Mars)	mère de Cupidon (avec Mars)
4. née de Syria et Cypris	4. =
appelée Astarté	∅
épouse d'Adonis	=
XII Minerve	**X Minerve**
1. Mère d'Apollon 1	1. fille de Vulcain
avec Vulcain 1	(9,6 ↔ 9,10)
∅	fondatrice d'Athènes
2. fille du Nil	2. =
honorée à Saïs	honorée par les Egyptiens
3. fille de Jupiter 2	3. =
4. fille de Jupiter et de Coryphé, fille d'Océanus	4. fille du Soleil
	∅
inventeur du quadrige	qui attela le quadrige
5. fille de Pallas	5. =
	fille de Titanis
tua son père pour préserver	=

sa virginité
ailes aux chevilles
∅

∅

XIII Cupidon

1. fils de Mercure et Diane 1
2. fils de Mercure et Vénus 2
3. fils de Mars et Vénus
   surnommé Antéros

∅
surnommée Pallas

XII Hercule

1. fils de Jupiter 1 «Aetherius»
2. fils du Nil
   honoré par les Egyptiens
3. père fondateur des Hellènes
4. fils de Cronos et Carthérè
   honoré par les Carthaginois
5. fils de Ioab
   combattit le roi des Mèdes
6. fils de Jupiter et d'Alcmène

∅

ANNEXE 4

TABLEAU DES SOURCES

AMPÉLIUS	TEXTES PARENTS	SOURCES PROBABLES
1. MVNDVS		(Nigidius?)
1 Mundus		
2 Elementa mundi		
3-4 Caelum		
2. SIGNA XII		
1 Aries	*Sc. G* 80,8; 143,12 Hyg. *A*. 2,20; *F*. 133	Nigidius (89)
2 Taurus	*Sc. G*. 74,12; 135,5 Hyg. *A*. 2,21	Nigidius (90)
3 Gemini	*Sc. G*. 68,18; 127,9	Nigidius (91)
4 Cancer	Hyg. *A*. 2,23	Nigidius? (92)
5 Leo	*Sc. G*. 72,1; 131,9	Nigidius (93)
6 Virgo	*Sc. G*. 65,20; 126,1 Hyg. *A*. 2,4; *F*. 130	Nigidius (94)
7 Libra		Nigidius? (95)
8 Scorpius	*Sc. G*. 63,13; 122,6; 166,4	Nigidius (96)
9 Sagittarius	*Sc. G*. 90,3; 159,1 Hyg. *A*. 2,27; *F*. 224	Nigidius (97)
10 Capricornus	*Sc. G*. 87,11; 156,3 Hyg. *A*. 2,28	Nigidius (98)
11 Aquarius	*Sc. G*. 85,13; 154,1 Hyg. *A*. 2,29	Nigidius (99)
12 Pisces	*Sc. G*. 81,20; 145,9 Hyg. *A*. 2,30.41	Nigidius (100)
3. POTENTISSIMA SIDERA		(Nigidius?)
1 Septemtriones, Arcturus		
2 Orion, Pliades, Hyades, Canicula		
3 Stellae potentissimae VII		

4. QVIBVS PARTIBVS SEDEANT XII SIGNA XII VENTORVM?	Horologium Augusti	Zodiaque figuré
5. VENTI	Nigidius (104)	(Nigidius?)
6. ORBIS TERRARVM		
1-2 Orbis terrarum		
3-5 Clarissimae gentes		Carte
6-7 Clarissimi montes		Carte
8-11 Clarissima flumina		Carte
12-15 Clarissimae insulae		Carte
7. MARE OCEANVM		Carte
8. MIRACVLA QVAE IN TERRIS SVNT?		
1 Apolloniae		Périégèse grecque?
2 Ambraciae		Périégèse grecque?
3 Argis in Epiro		Périégèse grecque?
4 Leucade		Périégèse grecque?
5 Sicyone		Périégèse grecque?
6 Argis		Périégèse grecque?
7 Olympiae		Périégèse grecque?
8 Corintho		Périégèse grecque?
9 Boetiae		Périégèse grecque?
10 Athenis		Périégèse grecque?
11 Ilio		Périégèse grecque?
12 Ephesiae Dianae fanum		Périégèse grecque?
13 Samio in templo Iunonis		Périégèse grecque?
14 Pergamo		Périégèse grecque?
15 Iaso		Périégèse grecque?
16 Bargyliis		Périégèse grecque?
17 Magnesiae apud Sipylum		Périégèse grecque?

18	Aedis Dianae Epheso	voir annexe 2	Varron, *Hebdomades*?
	Sepulcrum Icari	voir annexe 2	Varron, *Hebdomades*?
19	Rhodi colossus	voir annexe 2	Varron, *Hebdomades*?
20	Signum Iouis Olympii	voir annexe 2	Varron, *Hebdomades*?
21	Domus Cyri	voir annexe 2	Varron, *Hebdomades*?
22	Murus Babyloniae	voir annexe 2	Varron, *Hebdomades*?
23	Pyramides in Aegypto	voir annexe 2	Varron, *Hebdomades*?
24	Nilus fluuius		
25	Signum Iouis Olympii		

9. QVOT FVERE IOVIS, VEL VBI DEI DEAEQVE?

1	Ioues III	Cic. *N.D.* 3,53	Clitomachos?
2	Martes II		Clitomachos?
3	Soles V	Cic. *N.D.* 3,54	Clitomachos?
4	Vulcani IV	Cic. *N.D.* 3,55	Clitomachos?
5	Mercurii IV	Cic. *N.D.* 3,56	Clitomachos?
6	Apollines V	Cic. *N.D.* 3,57	Clitomachos?
7	Dianae III	Cic. *N.D.* 3,58	Clitomachos?
8	Aesculapi III	Cic. *N.D.* 3,57	Clitomachos?
9	Veneres IV	Cic. *N.D.* 3,58	Clitomachos?
10	Mineruae V	Cic. *N.D.* 3,59	Clitomachos?
11	Liberi V	Cic. *N.D.* 3,58	Clitomachos?
12	Hercules VI	Cic. *N.D.* 3,42	Clitomachos?

10. IMPERIA VII — Aemilius Sura = Velleius 1,6,6

11. REGES ASSYRIORVM

1	Ninus		Nepos, *Reg. ext.*?
2	Belus		Nepos, *Reg. ext.*?
3	Samiramis		Nepos, *Reg. ext.*?
4	Sardanapalus		Nepos, *Reg. ext.*?

12. REGES MEDORVM

1	Arsaces		Nepos, *Reg. ext.*?
2	Astyages		Nepos, *Reg. ext.*?

13. REGES PERSARVM

1	Cyrus	Nepos, *Exc. duc.* 21,1	Nepos, *Reg. ext.*?

2 Cambyses		Nepos, *Reg. ext.*?
3 Darius	Nepos, *Exc. duc.* 21,1	Nepos, *Reg. ext.*?
4 Xerxes	Nepos, *Exc. duc.* 21,1	Nepos, *Reg. ext.*?

14. DVCES ET REGES LACEDAEMONIORVM

1 Eurysthenes et Procles gemini		Nepos, *Exc. duc.* 17,1
2 Lycurgus		Nepos, *Reg. ext.*?
3 Theopompus et Polydorus		Nepos, *Reg. ext.*?
4 Othryades		Nepos, *Reg. ext.*?
5 Tyrtaeus		Nepos, *Poet. Gr.*?
6 Leonidas	Nepos, *Exc. duc.* 2,3,1	Nepos, *Reg. ext.*?
7 Pausanias		Nepos, *Exc. duc.* 4
8 Lysander		Nepos, *Exc. duc.* 6
9 Xanthippus		Nepos?
10 Agesilaus		Nepos, *Exc. duc.* 17

15. CLARISSIMI REGES ET DVCES ATHENIENSIVM

1 Cecrops		Nepos, *Reg. ext.*?
2 Erichthonius		Nepos, *Reg. ext.*?
3 Pandion		Nepos, *Reg. ext.*?
4 Theseus		Nepos, *Reg. ext.*?
5 Demophon		Nepos, *Reg. ext.*?
6 Codrus		Nepos, *Reg. ext.*?
7 Pisistratus		Nepos?
8 Harmodius et Aristogiton		Nepos?
9 Miltiades		Nepos, *Exc. duc.* 1
10 Aristides Dicaeos		Nepos, *Exc. duc.* 3
11 Cimon		Nepos, *Exc. duc.* 5
12 Alcibiades		Nepos, *Exc. duc.* 7
13 Thrasybulus		Nepos, *Exc. duc.* 8
14 Conon		Nepos, *Exc. duc.* 9
15 Dion		Nepos, *Exc. duc.* 10
16 Iphicrates		Nepos, *Exc. duc.* 11
17 Phocion		Nepos, *Exc. duc.* 19
18 Chabrias		Nepos, *Exc. duc.* 12
19 Demetrius Phalereus	Nepos, *Exc. duc.* 1,6,4	Nepos?

16. REGES MACEDONVM

1 Philippus	Nepos, *Exc. duc.* 21,2	Nepos, *Reg. ext.*?
2 Alexander	Nepos, *Exc. duc.* 21,2	Nepos, *Reg. ext.*?
3 Philippus		Nepos, *Reg. ext.*?

4 Perses Philippus		Nepos, *Reg. ext.*?
5 Pseudo-philippus		Nepos, *Reg. ext.*?
17. REGES ET DVCES ROMANORVM		
1 Romulus		Nepos, *Reg. R.*?
Numa Pompilius		Nepos, *Reg. R.*?
Tullus Hostilius		Nepos, *Reg. R.*?
Ancus Marcius		Nepos, *Reg. R.*?
2 Seruius Tullius		Nepos, *Reg. R.*?
Priscus Tarquinius		Nepos, *Reg. R.*?
Tarquinius Superbus		Nepos, *Reg. R.*?
18. CLARISSIMI DVCES ROMANORVM		
1 Brutus		Nepos, *Exc. duc. R.*?
2 Valerius Publicola		Nepos, *Exc. duc. R.*?
3 Mallius Torquatus		Nepos, *Exc. duc. R.*?
4 Quinctius Cincinnatus	*V. ill.* 17,1	Nepos, *Exc. duc. R.*?
5 Camillus	*V. ill.* 23,10	Nepos, *Exc. duc. R.*?
6 Fabii duo	*V. ill.* 32,1; 14,6; 43,2	Nepos, *Exc. duc. R.*?
7 Papirius Cursor	*V. ill.* 31,1.4	Nepos, *Exc. duc. R.*?
8 Curius	*V. ill.* 33,7 Florus 1,13,22	Nepos, *Exc. duc. R.*?
9 Fabricius Luscinus	Florus 1,13,22	Nepos, *Exc. duc. R.*?
10 Claudius Marcellus	*V. ill.* 45,3	Nepos, *Exc. duc. R.*?
11 Scipiones duo		Nepos, *Exc. duc. R.*?
12 Quintus Nero		Nepos, *Exc. duc. R.*?
13 Paulus	*V. ill.* 56,4	Nepos, *Exc. duc. R.*?
14 Duo Metelli		Nepos, *Exc. duc. R.*?
15 Gaius Marius		Nepos, *Exc. duc. R.*?
16 Sulla		Nepos, *Exc. duc. R.*?
17 Sertorius		Nepos, *Exc. duc. R.*?
18 Lucullus		Nepos, *Exc. duc. R.*?
19 Pompeius		Nepos, *Exc. duc. R.*?
20 Gaius Caesar		Nepos, *Exc. duc. R.*?
21 Iulius Caesar Augustus	*V. ill.* 79,7 Florus 2,64	Nepos, *Exc. duc. R.*?
19. ROMANI QVI IN TOGA FVERVNT ILLVSTRES		
1 Menenius Agrippa		(Nepos, *Or.R.*)?

2	Appius Caecus		(Nepos, *Or.R.*)?
3	Tiberius Gracchus	*V. ill.* 57,1	(Nepos, *Or.R.*)?
4	Dec. Brutus Callaecus	Plut. *Gr.* 21	= Nepos, fr. 9
5	M. Brutus		(Nepos)?
6	Livius Drusus		(Nepos)?
7	Lutatius Catulus	*V. ill.* 77,3	(Nepos)?
8	Cato censorius	Nepos, *C.* 2,4	Nepos, *Caton* = Sall. *H.* fr. 4
9	Cato praetorius	*V. ill.* 80,3	(Nepos, *Or.R.*)?
10	Scaurus	*V. ill.* 72,10 Horace, *Od.* 1,12,37	(Nepos)?
11	Scipio Nasica	*V. ill.* 2,3	(Nepos, *Or.R.*)?
12	Cornelius Cethegus		(Nepos, *Or.R.*)?
13	Tullius Cicero		(Nepos, *Or.R.*)?

20. QVI PRO SALVTE SE OPTVLERVNT?

1	Horatius trigeminus		(Nepos)?
2	Fabii trecenti		(Nepos)?
3	Mucius Cordus		(Nepos)?
4	Horatius Cocles	*V. ill.* 11,1	(Nepos)?
5	CCC sub Calpurnio Flamma contra Poenos	Florus, 1,18,13-14	(Nepos)?
6	Duo Decii	*V. ill.* 26,5; 27,3	(Nepos)?
7	Folius Pontifex		(Nepos)?
8	Regulus		(Nepos)?
9	Curtius		(Nepos)?
10	Spurius Postumius		(Nepos)?
11	Gaius Metellus pont.		(Nepos)?

21. QVI SPOLIA OPTIMA RETTVLERVNT?

—	Romulus	*V. ill.* 2,3 Florus 1,1,11	(Nepos)?
—	Cossus Cornelius	*V. ill.* 25,1	(Nepos)?
—	Claudius Marcellus	*V. ill.* 45,1-2	(Nepos)?

22. QVI PROVOCATI AB HOSTIBVS MANV CONTENDERVNT?

1	Mallius Torquatus	*V. ill.* 28,3	(Nepos)?

2 Valerius Coruinus	*V. ill.* 29,1-2	(Nepos)?
3 Scipio Aemilianus	*V. ill.* 58,2	(Nepos)?
4 Lucius Opimius		(Nepos)?
23. QVI PRO ROMANIS GENTES SVPERAVERVNT?		(Nepos)?
24. QVOT ILLVSTRES SCIPIONES ...?		(Nepos)?
25. SECESSIONES PLEBIS IV	Florus 1,17	(Nepos)?
26. SEDITIONES IN VRBE IV	Florus 2,2-5	(Nepos)?
27. QVI ADVERSVS PATRIAM NEFARIA INIERE CONSILIA?		
1 Coriolanus	*V. ill.* 19,2-4	(Nepos)?
2 Marcus Maelius	Florus 1,17	(Nepos)?
3 Spurius	Florus 1,17	(Nepos)?
4 Manlius	Florus 1,17	(Nepos)?
Capitolinus	*V. ill.* 24,5-6	(Nepos)?
5 Catilina	Florus 2,12,2.9.11	(Nepos)?
28,1 POPVLVS ROMANVS CVM QVIBVS GENTIBVS BELLA CONSERVIT ET QVIBUS DE CAVSIS?		
28,2-4 QVI REGES VEL DVCES CVM ROMANIS BELLA GESSERVNT?		
2 Pontius Telesinus	*V. ill.* 30,1.3.5	(Nepos)?
3 Pyrrhus	Nepos, *Exc. duc.* 21,2 *V. ill.* 35,1.3.6.8.10 Florus 1,13,24	Nepos, *Reg. Ext.*?
4 Hannibal		Nepos, *Exc. duc.* 23
29 STATVS P. R. QVAS COMMVTATIONES HABVIT?		
30. INITIVM REGNI MITHRIDATIS		Salluste, *Hist.*?
31. REGES PARTHORVM		
1 Seleucos		Nepos, *Reg. Ext.*?
2 Arsaces		Nepos, *Reg. Ext.*?

3 Orodes		Nepos, *Reg. Ext.*?
4 Pacorus		Nepos, *Reg. Ext.*?

32. REGES CAPPADOCIAE ET ARMENIAE

1 Tigranes	cf. 46,7	
2 Bellus		
3 Polycrates		
4 Epaminon		
<REGES CORINTHI>		
5 Periandrus		
6 Timoleon		Nepos, *Exc. duc.* 21

33. REGES ASIAE ET PERGAMI

1 Eumenes		Nepos, *Exc. duc.* 18
2 Antiochus	cf. 24,3	Nepos, *Reg. ext.*?
3 Eumenes alius	Nepos, *Exc. duc.* 23,10	Nepos, *Reg. ext.*?
4 Attalus		Nepos, *Reg. ext.*?

34. REGES PONTI ET BITHYNIAE

1 Pharnaces	*V. ill.* 78,7	Nepos, *Reg. ext.*?
2 Prusias	Nepos, *Exc. duc.* 23,12	Nepos, *Reg. ext.*?
	V. ill. 42,6	Nepos, *Reg. ext.*?
3 Nicomedes	*V. ill.* 78,1	Nepos, *Reg. ext.*?

35. REGES ALEXANDRIAE

1 Ptolomaeus Euergetes		Nepos, *Reg. ext.*?
2 Ptolomaeus Philadelphus		Nepos, *Reg. ext.*?
3 Ptolomaeus Soter		Nepos, *Reg. ext.*?
4 Ptolomaeus Physcon, Cyprius		Nepos, *Reg. ext.*?
5 Ptolomaeus Pupillus		Nepos, *Reg. ext.*?

36. DVCES ET REGES CARTHAGINIENSIVM

1 Hanno et Mago		Nepos, *Exc. duc. R.*?
2 Hamilcar Bocor		Nepos, *Exc. duc.* 23-24
3 Hasdrubal	cf. 18,12	Nepos, *Exc. duc. R.*?

37. REGES NVMIDIAE

1 Syphax		
2 Masinissa		
3 Iugurtha		

38. REGES MAVRITANIAE

1 Iuba (I)	Florus 2,13,69	(Nepos)?
2 Iuba (II)		

39. QVI ADVERSVS P. R. ARMA SVMSERVNT?

1 Tatius	Florus 1,1 *V. ill.* 2,7-9	(Nepos)?
2 Mettius Suffetius	Florus 1,1 *V. ill.* 4,10-13	(Nepos)?
3 Porsenna	*V. ill.* 11,1	(Nepos)?
4 Tiridates		

40. CIVILIA BELLA IV
   1 bellum primum
   2 bellum secundum
   3 tertium bellum
   4 quartum bellum

41. BELLORVM GENERA IV

42. ORDO BELLI MARIANI	Florus 2,9,6-25 *V. ill.* 67,4-5 *V. ill.* 75,8-9	(Nepos)?

43,1 ORDO BELLI INTER CAESAREM ET POMPEIVM	Florus 2, 13,10-13

43,2 <ORDO BELLI INTER AVGVSTVM ET ANTONIVM>

44. P.R. CVM MACEDONIBVS BELLVM III GESSIT	cf. 16,3-5

45 <QVIBVS> BELLIS P.R. <...> ?

1 — Etrusco bello	cf. 39,3
— Gallico bello	cf. 18,5; 20,7
2 — Tarentino bello	cf. 19,2; 28,3
— Punico bello	cf. 28,4; 46,4-6
— Cimbrico bello	cf. 18,15
3 — seruili bello	Florus 2,8,3

46. P. R. CVM CARTHAGINIENSIBVS DIMICAVIT

1-3 primum Punic. b.	Florus 1,18,5.9.33
4-6 secundum Punic. b.	cf. 28,4 Florus 2,6,3.10.15.

	27.29
7 tertium	cf. 18,11; 24,2; 32,1
Punic. b.	Florus 2,15,3.7.12-18

47. VSQUE IMPERIVM TRAIANI QVI VICTI SVNT ET PER QVOS DVCES?

1 — per Flamininum	cf. 16,3; 44,1-2
2 — per Scipiones Afr.	cf. 18,11
— per Paulum	cf. 16,4; 44,1-2
— per Scipionem Asiat.	cf. 24,3
— per Scipionem Aem.	cf. 18,11
3 — per Scipionem Aem.	
— per Decimum Brutum	cf. 23,1
— per Mummium Achaicum	cf. 23,1
4 — per Fuluium Nobiliorem	
— per Marium	cf. 18,15
5 — per Sullam	cf. 42,3
— per Lucullum	cf. 18,18
— per Pompeium	cf. 18,19
6 — per C. Caesarem	cf. 18,20
7 — per Caesarem Augustum	cf. 18,21

48. COMITIA

49. P.R. DISTRIBVTIO

1 antiquissima	Cic. *Rep.* 2,14.36?
2 secunda	Cic. *Rep.* 2,39
3 tertia	

50. RERVM PVBLICARVM III GENERA	Cic. *Rep.* 2,41

ABBRÉVIATIONS

Cic. *N.D.*	= Cicéron, *De Natura deorum.*
Cic. *Rep.*	= Cicéron, *De Re publica.*
Hyg. *A.*	= Hygin, *Astronomica.*
Hyg. *F.*	= Hygin, *Fabulae.*
Nepos, *Exc. duc.*	= Cornélius Népos, *De excellentibus ducibus exterarum gentium.*
Nepos, *Exc. duc. R.*	= Cornélius Népos, **De excellentibus ducibus Romanorum.*
Nepos, *C.*	= Cornélius Népos, *Cato* (*excerptum e libro de Latinis historicis*).
Nepos, *Or. R.*	= Cornélius Népos, **De oratoribus Romanis.*
Nepos, *Reg. ext.*	= Cornélius Népos, **De regibus exterarum gentium.*
Népos, *Reg. R.*	= Cornélius Népos, **De regibus Romanorum.*
Nigidius	= Nigidius Figulus, fragments éd. par A. Swoboda, *P. Nigidii Figuli operum reliquiae* (Vienne 1889 et Amsterdam 1964).
Plut. *Gr.*	= Plutarque, *Vitae: Tiberius et Caius Gracchus.*
Sall. *Hist.*	= Salluste, **Historiae.*
Sall. *H. fr.*	= Salluste, *Historiarum fragmenta quae supersunt.*
Sc. G.	= *Scholia ad Germanici Aratea*, citées par A. Swoboda dans *P. Nigidii Figuli operum reliquiae* d'après l'édition de A. Breysig des *Aratea* de Germanicus (Teubner[2] 1899). Les références sont données aux pages de l'édition de Breysig.
V. ill.	= *Liber de Viris illustribus Vrbis Romae.*

* Œuvre perdue.

INDEX NOMINVM LATINORVM

B

C

N

O

P

INDEX NOMINVM GRAECORVM

ÉLÉMENTS DE BIBLIOGRAPHIE

J.M. ALONSO-NUÑEZ, «El Liber memorialis de Lucius Ampelius», *ACD* 17/18, 1981/82, p. 189-193.

E. ASSMANN, «Der Liber Memorialis des Lucius Ampelius», *Philologus*, 94, 1940, p. 197-221, 303-329.

L. BESSONE,

— «In margine al' de viris illustribus», *NAC* 5, 1976, p. 169-189.

— «Di alcuni errori di Floro», *RFIC* 106, 1978, p. 421-431.

— «Spurio Cassio e Spurio Melio in Floro e in Ampelio», *RFIC* 111, 1983, p. 435-451.

W. BOBETH, *De indicibus deorum*, Diss, Leipzig 1904, p. 29-43, 57-79.

D. BO, «La lingua del *Liber memorialis* di Ampelio e la questione cronologica che lo riguarda», *Athenaeum*, N.S. 39, 1961, p. 134-168.

F. BUECHELER, «Zu Nigidius», *Rh. Mus.* 13, 1858 = *Kl. Schr.* 1, 1915, p. 110-114.

V. COLONNA,

— «Sul cap. 9 del Liber Memorialis di L. Ampelio», *AFLB* 15, 1972, p. 67-104.

— *Lucii Ampelii Lexicon*, Gênes 1980.

A. DELLA CASA,

— «Ampelio, cap. IV e V», *Tetraonyma Misc. Graeco-Romana*, Gênes 1966, p. 91-105.

— «Quot fuere Ioues», *Mythos, Scripta in honorem M. Untersteiner*, Gênes 1970, p. 127-156.

F. DELLA CORTE, cr. de l'éd. Terzaghi, *GIF* I 1948, p. 88-93.

A. ENMANN, «Eine verlorene Geschichte der römischen Kaiser und das Buch *De uiris illustribus urbis Romae*», *Philologus* 4 Suppl. Band, 1884.

A. EUSSNER,

— *Specimen criticum*, Wissembourg, 1868

— «Zu Ampelius», *Philologus* 25 1865, p. 651;

— «Zu Ampelius», *Philologus* 26, 1866, p. 43;

— «Lucius Ampelius» *Philologus* 37, 1877, 146-154.

M. GALDI, *L'Epitome nella litteratura latina*, Naples 1922.

C.E. Glaeser, «Das Zeitalter des L. Ampelius», *Rhein. Mus.* 2, 1843, p. 145sq.

A. von Gutschmid, *Kl. Schr.* 5.

K. Halm, «Ueber die handschriftliche Sammlung der Camerarii und ihre Schicksale» *Sitzungsberichte München* (*phil.-hist. Klasse*) 3, 1873.

L. Herrmann,

— «Lucius de Patras et les trois romans de l'Ane», *AC* 41, 1972, p. 573-599.

— «Lucius de Patras et le *Liber memorialis*», *AC*, 42, 1973, p. 532-535.

F. Hoffmann, *M. Valerius Messala Corvinus, L. Ampelius und S. Rufus*, Stuttgart 1830, p. 35-85.

D. Liuzzi, *Nigidio Figulo «astrologo e mago», testimonianza e frammenti*, Milella-Lecce 1983.

J.B. Mayor, *Cicero. De natura deorum*, Cambridge 1885.

B.A. Mueller, «Zum Realienbuch des Lucius Ampelius», *PhW* 52, 1932, p. 989-998.

F. Murru, «Les vocables grecs de graphie grecque chez L. Ampelius», *A. Ant. Hung.* 27, 1979, p. 245-253.

F. Pfister, «Die Wunderliste bei Ampelius und die neue Chronik von Lindos», *WKPh* 31, 1914, p. 475-478.

F. Préchac, «Ampeliana», *RA* 5. S. 11. 1920, p. 236-270.

F. Preisshofen, «Phidias-Dädalus auf dem Schild der Athena Parthenos? Ampelius 8,10», *JDAI* 89, 1974, 50-69.

A.J. Reinach, «Origine de deux légendes homériques», *RHR* 70, 1914, p. 21sqq.

H. von Rhoden, *De mundi miraculis*, Diss. Bonn 1875.

A. Roehrig, *De P. Nigidio Figulo*, Diss. Leipzig 1887.

H. Schott, *De septem orbis spectaculis*, Ansbach 1891.

J. Šorn, «Einige Bemerkungen zum 'Liber memorialis' des L. Ampelius», *Gymn.-Progr.* Laibach 1901.

F. Stabile, «Sull'età di L. Ampelius», *Classici e Neolatini* 6, 1910, p. 115-121.

A. Swoboda, *P. Nigidii Figuli operum reliquiae*, Vienne 1889 ([2]Amsterdam 1964).

N. Terzaghi, «Ampeliana», *S.I.F.C.*, 22, 1947, p. 79-92.

E. Woelfflin,

— *De Lucii Ampelii Libro Memoriali quaestiones criticae et historicae*, Göttingen 1854.

— *Archiv. für lat. Lex.* 5 1888, p. 602.
— *Archiv. für lat. Lex.* 9 1896, p. 318.
M. Zink, «Zum Liber memorialis des Ampelius», *Eos* 2, 1866, p. 317-328.

TABLE DES MATIÈRES

LE MONDE

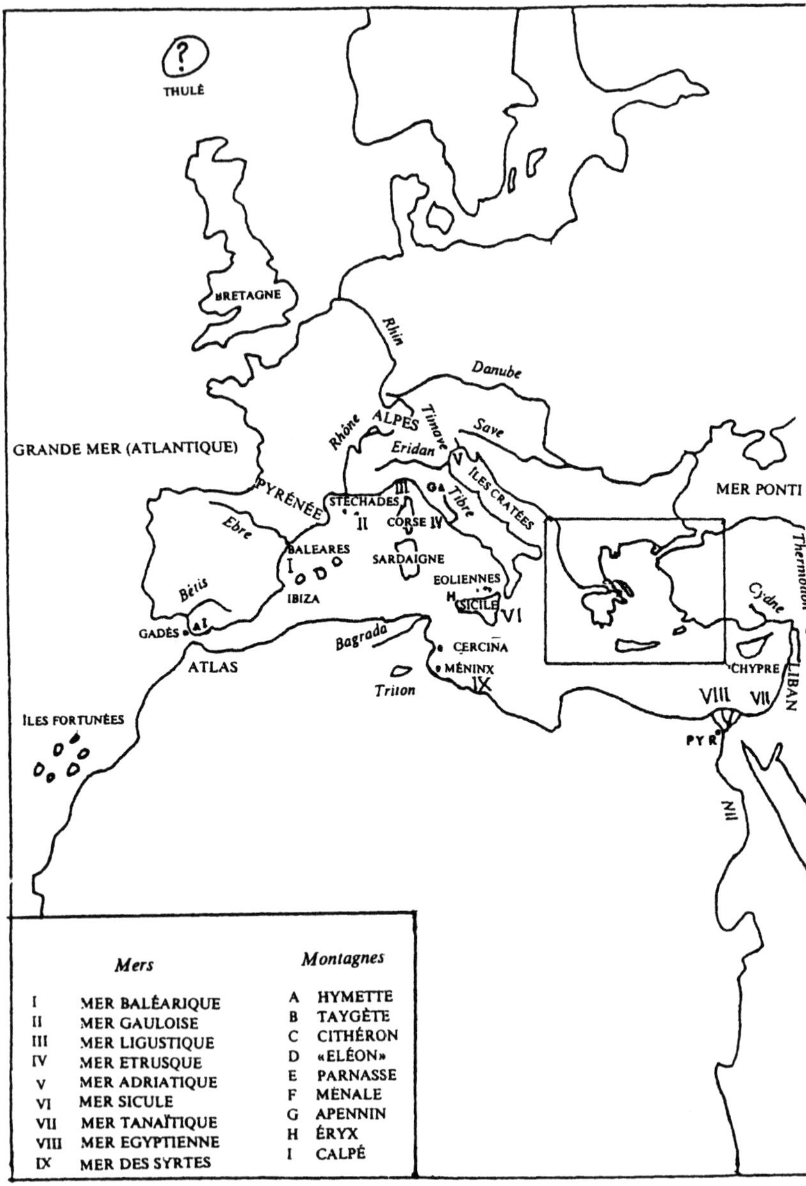

THULÉ
BRETAGNE
Rhin
Danube
GRANDE MER (ATLANTIQUE)
Rhône
ALPES
Timave
Save
Eridan
PYRÉNÉE
STECHADES
CORSE
SARDAIGNE
Tibre
ÎLES CRATÉES
MER PONTI
Ebre
BALEARES
IBIZA
Bétis
GADÈS
EOLIENNES
SICILE
Thermodon
Cydne
Oronte
Bagrada
CERCINA
MÉNINX
Triton
ATLAS
CHYPRE
LIBAN
PYR
Nil
ÎLES FORTUNÉES
Mers
I MER BALÉARIQUE
II MER GAULOISE
III MER LIGUSTIQUE
IV MER ETRUSQUE
V MER ADRIATIQUE
VI MER SICULE
VII MER TANAÏTIQUE
VIII MER EGYPTIENNE
IX MER DES SYRTES
Montagnes
A HYMETTE
B TAYGÈTE
C CITHÉRON
D «ELÉON»
E PARNASSE
F MÉNALE
G APENNIN
H ÉRYX
I CALPÉ

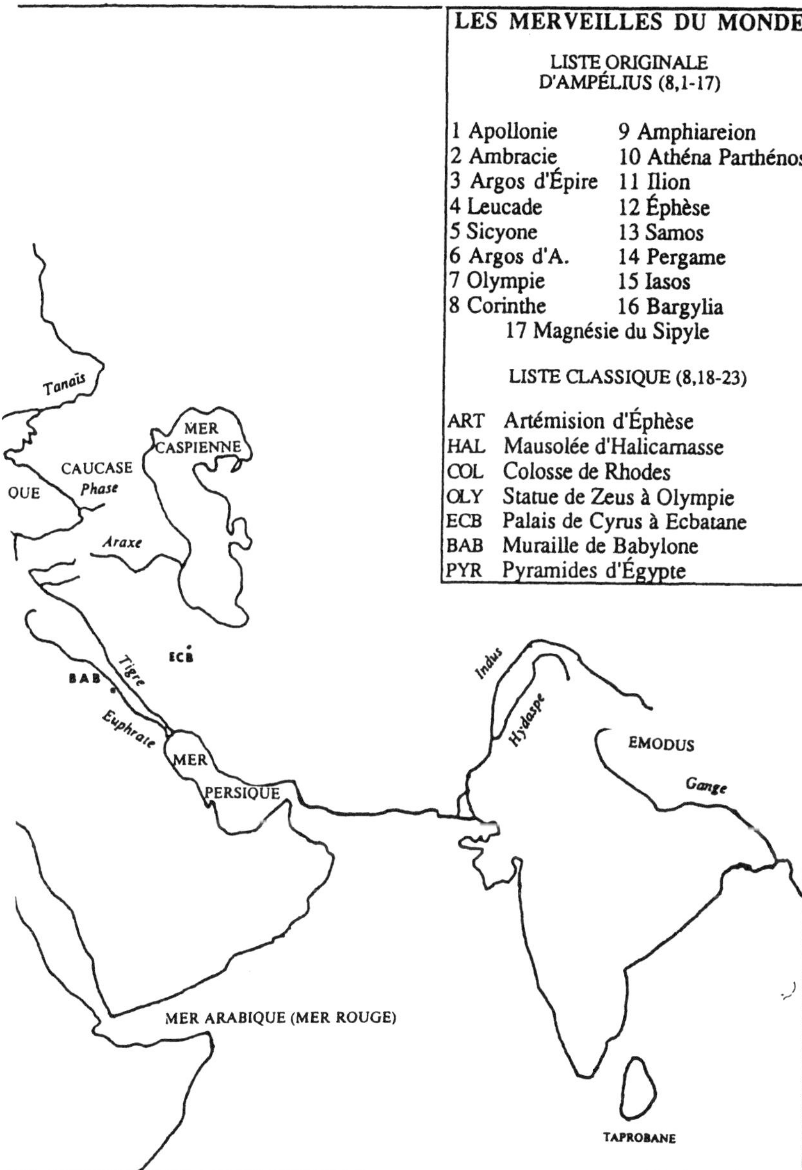

LES MERVEILLES DU MONDE

LISTE ORIGINALE
D'AMPÉLIUS (8,1-17)

1 Apollonie	9 Amphiareion
2 Ambracie	10 Athéna Parthénos
3 Argos d'Épire	11 Ilion
4 Leucade	12 Éphèse
5 Sicyone	13 Samos
6 Argos d'A.	14 Pergame
7 Olympie	15 Iasos
8 Corinthe	16 Bargylia
17 Magnésie du Sipyle	

LISTE CLASSIQUE (8,18-23)

ART	Artémision d'Éphèse
HAL	Mausolée d'Halicarnasse
COL	Colosse de Rhodes
OLY	Statue de Zeus à Olympie
ECB	Palais de Cyrus à Ecbatane
BAB	Muraille de Babylone
PYR	Pyramides d'Égypte

LE MONDE

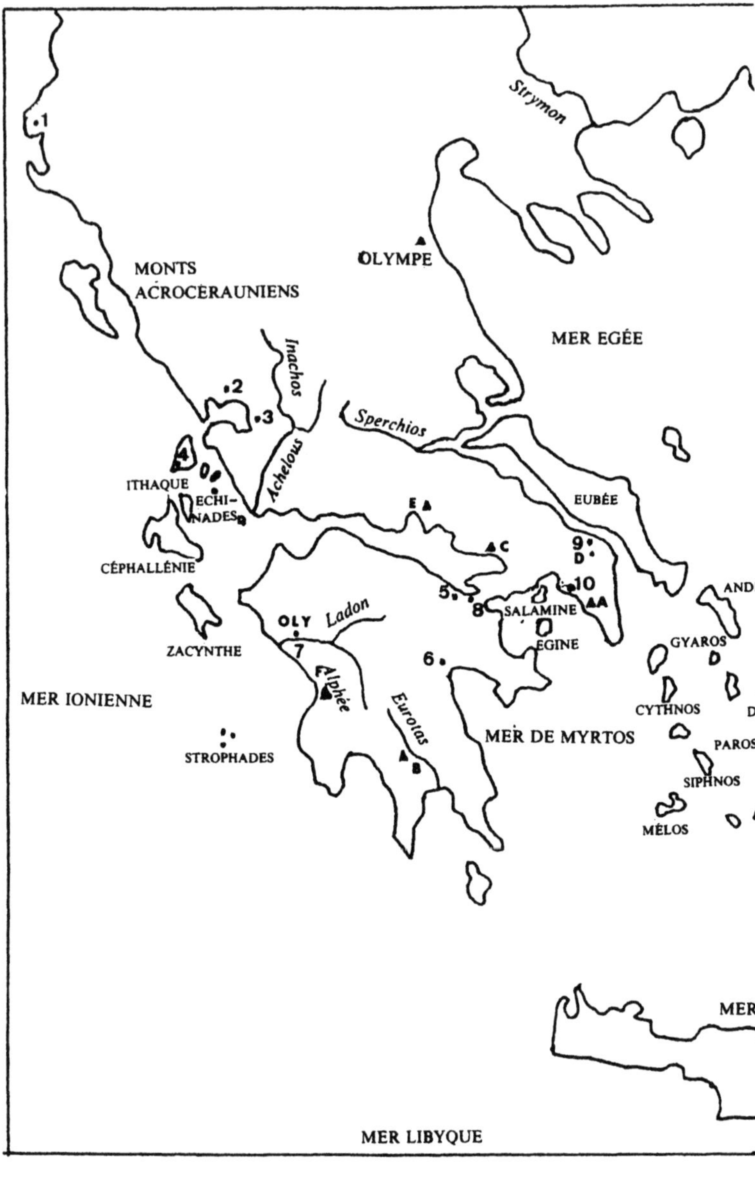

Strymon
MONTS
ACROCERAUNIENS
OLYMPE
MER EGÉE
Inachos
Sperchios
Achelous
ITHAQUE
ECHI-
NADES
EUBÉE
CÉPHALLÉNIE
Ladon
OLY
SALAMINE
ANDROS
ZACYNTHE
EGINE
GYAROS
MER IONIENNE
Alphée
Eurotas
CYTHNOS
DÉLOS
MER DE MYRTOS
PAROS
STROPHADES
SIPHNOS
MÉLOS
MER
MER LIBYQUE

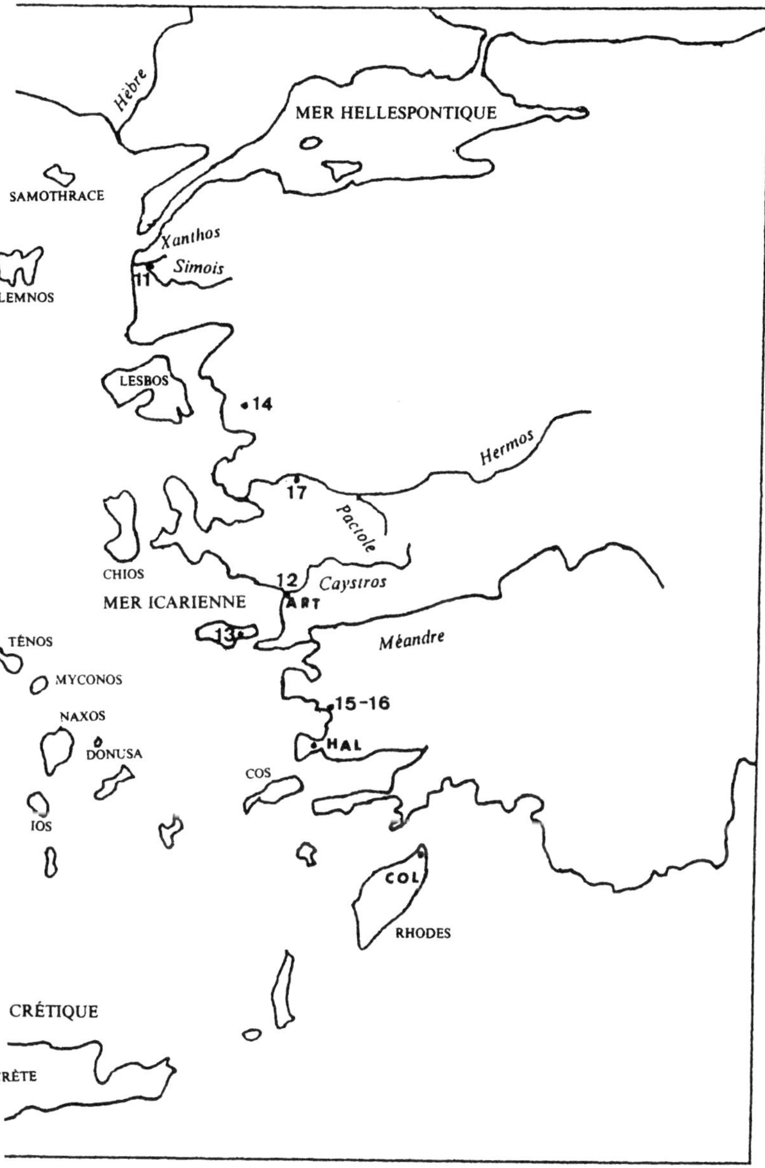
Hèbre
MER HELLESPONTIQUE
SAMOTHRACE
Xanthos
Simois
11
LEMNOS
LESBOS
14
Hermos
17
Pactole
CHIOS
12
Caystros
MER ICARIENNE
ART
13
TÊNOS
Méandre
MYCONOS
15-16
NAXOS
HAL
DONUSA
COS
IOS
COL
RHODES
CRÉTIQUE
CRÈTE

Ce volume,
de la Collection des Universités de France,
publié aux Éditions Les Belles Lettres,
a été achevé d'imprimer
en janvier 2003
sur presse rotative numérique
de Jouve
11, bd de Sébastopol, 75001 Paris

308e volume de la série latine

N° d'édition : 4652
Dépôt légal : janvier 2003

Imprimé en France